云淡风轻，也是情

——走过美丽财经岁月

李彬 ◎ 著

中国金融出版社

责任编辑：黄海清
责任校对：李俊英
责任印制：裴　刚

图书在版编目（CIP）数据

云淡风轻，也是情：走过美丽财经岁月（Yundan Fengqing Yeshi Qing: Zouguo Meili Caijing Suiyue）/李彬著. —北京：中国金融出版社，2017. 10

　　ISBN 978-7-5049-9176-8

　　Ⅰ.①云…　Ⅱ.①李… 　Ⅲ.①中国经济—经济发展—文集
Ⅳ.①F124-53

　　中国版本图书馆CIP数据核字（2017）第222228号

出版
发行　中国金融出版社

社址　北京市丰台区益泽路2号
市场开发部　　（010）63266347、63805472、63439533（传真）
网上书店　http://www.chinafph.com
　　　　　　　（010）63286832、63365686（传真）
读者服务部　　（010）66070833、62568380
邮编　100071
经销　新华书店
印刷　北京市松源印刷有限公司
尺寸　169毫米×239毫米
印张　19.5
插页　8
字数　319千
版次　2017年10月第1版
印次　2017年10月第1次印刷
定价　50.00元
ISBN 978-7-5049-9176-8
如出现印装错误本社负责调换　联系电话（010）63263947

2009年5月22日，在"2009中国理财高峰论坛"上讲话

2009年7月，为兴业全球基金管理有限公司颁奖，右二为公司总经理杨东、右一为投资总监王晓明、左一为公司副总经理杨卫东

2010年6月3日，在"2010中国信托业峰会"上讲话

2010年6月22日，在"2010年金融与投资峰会"上讲话

2010年7月12日，为嘉实基金管理有限公司颁奖，右一为嘉实基金总经理赵学军

2010年11月3日，在"上证黄金经济论坛"上讲话

2011年1月22日，在上海证券报社"2010年度总结表彰大会"上讲话

2014年12月26日，在"2014中国上市公司高峰论坛"上讲话

2016年3月22日，接待康普顿新股发行网上路演嘉宾

2016年9月1日，接待网达软件新股发行网上路演嘉宾

2016年9月14日，接待泰晶电子新股发行网上路演嘉宾

2016年9月19 日，接待常熟银行新股发行网上路演嘉宾

2016年9月22日，接待来伊份新股发行网上路演嘉宾

2016年10月13日，接待杭州银行新股发行网上路演嘉宾

2017年1月21日，在上海证券报社"2016年度总结表彰大会"上讲话

2017年6月15日，接待日盈电子新股发行网上路演嘉宾

序言

在三十多年中国改革的浪潮中,资本市场的建设与发展是至关重要的一环,能够作为一名财经媒体人,透过媒体的视觉去记录、去见证中国资本市场的发展历程,李彬是幸运的。书中一篇篇有力的报道,让大家了解中国公司治理的不断完善,资本市场在不断走向成熟。

《上海证券报》是新中国的第一张财经大报,独特的地位让李彬有机会接触到近1500家上市公司的高管团队,近距离观察中国上市公司及中国经济的发展。从宏观政策到微观企业,从改革试点到走向规范,本书反映了中国资本市场的风云变幻。

在我看来,证券市场的核心是信息披露,上市公司好不好,是投资者自己把关的事情,最重要的前提就是要信息披露充分。因此,监管重点应该是信息披露,行政干预过多反而让这个市场失效。

《上海证券报》其中一个重要的作用就是信息披露和市场监督,从专业角度对上市公司的问题予以揭示,对投资价值予以发现。资本市场被誉为中国经济的晴雨表，从散户投资者到机构投资者，从主板、创业板到新三板，市场容量在不断扩大。

作为一名商学院的会计学教授，我是一名价值投资的坚定信仰者。在我刚回国那几年，有EMBA学员在课堂上挑战我，他们认为中国的A股市场是非理性的，我的理念没有实战价值。2011年，我与私募合作推出了中国第一只以教授名字命名的对冲基金——"朱雀丁远指数中性基金"，通过事实说明价值投资在任何市场都是行之有效的。

不成熟的市场才会有乱象，从本书中可以看到当年的股市百态，公司造假、大股东占用、违规坐庄、投机炒作等一系列问题和现象。正是在李彬等媒体人的不断关注和报道下，市场走向了健全和完善。那些违规操作的公司及人物也被大浪淘沙。

能够健康发展的上市公司和能够保持稳定业绩的基金一定是那些坚持价值投资理念的公司和基金经理。书中的文章也反映了这一点。

作为一名女性，李彬还尝试将艺术与财经进行结合，带给资本市场对真善美艺术创作的认识和追求。李彬撰文刊发了"上证艺术大家"系列。从周春芽到潘鸿海，优美的文章构成了一道风景线。

从财经记者到上海证券报社的管理者，当年李彬在中欧EMBA的学习助力她上了一个新的台阶，观察分析问题的视角也有了新的高度。阅读李彬这本书，就如同与她一起经历过证券市场的风雨，一起见证一段不可忽视的发展历程。

中国资本市场的建设，还在路上。投资者教育，任重道远。

中欧国际工商学院副院长兼教务长
法国凯辉会计学教席教授　丁远博士

自序

PREFACE

似水流年，转眼已是二十年。墨香萦绕的人生，一直想用一本书做份总结，一份淡淡的书香，则是送给这段最美财经人生的最好礼物。

1997年的一个机缘，"误入藕花深处"，我走进了《上海证券报》，新中国的第一张财经日报，中国的华尔街日报。黄浦江，浪奔浪涌；东方明珠，熠熠生辉。当时，正值浦东开发开放，上海是中国改革的沸腾热土，报社刚从外滩青浦路迁到浦东杨高南路办公，周围随处可见一片片农田。

八千里路云和月。新闻人，心怀理想，追逐梦想。青春洋溢的岁月，带着未知与好奇，虽然对证券市场完全懵懂，却如饥似渴学习股市知识，乐此不疲。就这样，开始了我的财经媒体生涯，每天听取蛙声一片。

证券市场那时还不成熟，股市问题非常突出。与中国内地证券市场相伴而生的证券报纸，在当时有着绝对的权威性和影响力。尤其起源于上海证券交易所创办的报纸，有着与交易所天然的血脉之缘，在一定程度上经常被市场解读为监管部门发出的声音。

当时资讯尚不发达，做股票的人，无论是机构还是散户，熙熙攘攘，每天抢着看上证报，报纸可谓洛阳纸贵。证券报社记者的采访文章，有着沉甸甸的分量。

坚决地试，引领着资本市场逐步走上规范发展之路。作为资本市场的监督者，也是建设者和推动者，积极发挥专业财经媒体的作用，从专业角度，对上市公司的问题予以揭示，对资本市场的建设鼓与呼。本书的前三章，选取了1997年至2004年4月这段时期我做记者所采写的文章。

2005年12月8日，上证报一夜之间改头换面，展露了新的容颜。这是新华社积极推动报社适应资本市场的发展和上海金融中心建设的步伐，于2005年对报社大刀阔斧实施改革。无法忘怀，上证报正式改版推出新报的那天，一上午，接到市场各方来电，纷纷表示欣喜与祝贺。

这一时期，伴随着中国改革开放三十年带来的经济高速发展，财经媒体迅速繁荣。不仅《上海证券报》《中国证券报》《证券时报》继续保持信息披露的垄断地位和证券报道的权威性，更有《财经》《21世纪经济报道》《经济观察报》《第一财经》以及"新浪财经"等一批新兴财经媒体纷纷横空出世，成为新锐。

华丽转身，是我采写瑞银中国区主席李一先生的文章标题。当时他从红筹公司招商局国际的辉煌事业平台转身到百年欧洲金融集团瑞银，第一时间的采访，文章流传很广。

此时，我自己也转向管理工作岗位，开启又一段绚丽多彩的灿烂时光。感谢，坚持学习深造，是我人生重要的修行。当2003年在中欧国际工商学院攻读金融工商管理专业学习，有幸聆听到江平、吴敬琏、谢平等一批知名教授和专家的授课，聆听刘吉院长的启蒙，人生由此站上一个新的高度。

开弓没有回头箭。2005年4月29日，证券市场迎来了股权分置改革试点，随后到9月4日，股权分置改革全面铺开。东风浩荡，每天有来自全国各地的四五家上市公司前来进行股改的网上路演活动。

随后新股发行步入正轨，一批又一批的国有大型企业和新兴民营企业纷纷步入资本市场。在接待这些来自不同领域公司新股发行的网上路演活动中，近距离领略了不同企业的不一样的风采与投资价值。

坐看云起时，资本市场被喻为中国经济的晴雨表。在日趋融入全球经济的进程中，中国经济的快速发展推动了资本市场的开放与发展，一定程度带来了全民财富的迅速增长。国内的机构投资者应运而生，一批公募基金成长起来。

完整见证了公募基金近二十年的发展历程，是难得的经历与财富。无论是分管基金报道，还是每年组织"金基金"评选、颁奖和论坛活动，我长期持续地关注各大基金公司，对行业的制度缺陷以及不同基金公司运作中存在的问题，有着客观、专业的认识与评价。苟日新，又日新，日日新。公募基金行业积聚了中国一批最优秀的资产管理者，我与其中不少卓越的领导者成为合作伙伴和专业之交的朋友，受益良多。

滚滚长江东逝水，浪花淘尽英雄。资本市场每一次洗牌就是一次洗礼，淘汰了多少的"弄潮儿"。上市几年间，一批公司已走向亏损，公司管理层或被"下课"或被谴责，转眼已不见了踪影。不成熟的市场催生了一个又一个庄家，坐庄炒股，扰乱股市，每个时期，都有人前仆后继。

一波牛市涌起，成就了有实力的投资机构和大户，也迎来无数的小散户，无知无畏地往前冲。眼见他起高楼，眼见他宴宾客，眼见他楼塌了。转眼便是熊市，只落得一地鸡毛。最惊心动魄的是2015年6月12日股灾的发生，股市从一路高歌猛进，到突然掉头连续暴跌，转眼间灰飞烟灭，沪深两市25万亿元市值蒸发，重挫了股市的投机之风，也让国家高层重新审思资本市场的监管与发展。

情到深处，心怀敬畏，无论是对资本市场，还是身上的这份职责。这一年多，资本市场迎来难得一遇的公司发行上市浪潮，每天前来进行新股发行网上路演活动的公司纷至沓来。与公司深入交流，愈发意识到，一批民营企业经过二十年或十几年的发展，已经成为各细分行业的世界级龙头，成为中国制造业的基石，对今后借助资本市场实现新的腾飞，公司充满期待。

这份眼花缭乱的忙碌，让我对中国经济，抱有乐观和信心。也突然想起，自己的初心呢？追求美好的事物，追求美好的境界，不忘初心，让我欣赏人生一路前行。

　　再回首，感叹时光荏苒。从青涩到成熟，从单纯到智慧与包容，一路走过，感谢在上证报的风华岁月，感恩在报社沐浴的阳光雨露，二十年的光阴故事，抒写了人生最灿烂的好时光，足矣。

　　此时，窗外云淡风轻。我心，已然。

目录

CONTENTS

第一章

Chapter1

风云激荡的财经岁月

1997年12月19日，上海证券交易所从外滩迁址浦东。这成为浦东开发开放的标志，奠定了陆家嘴金融中心的核心，开启了中国内地资本市场发展的新纪元。

这一时期，资本市场建设从初创走向渐趋丰富和不断完善，但依旧处于不成熟阶段。在不断创新探索中，谋求资本市场更大发展，是那个时代资本市场开创者与建设者的责任与使命。

很幸运，一入行，恰逢资本市场拉开资产重组的大幕。上药借壳、上实重组、上海纺织涅槃、华源入主浙江凤凰，一批上市公司推出独具特色的重组方案，重组的深度和广度前所未有，市场演绎着精彩纷呈的重组大戏。

每天的深入采访中，也先后结缘上实联合、上海纺织、上海医药、上海机场等这些在当时风头最劲的一批上市公司以及它们的卓越企业家，近距离欣赏优秀的改革者叱咤风云地引领资本市场，见证了中国资本市场勤于探索、勇于创造、敢于超越的改革精神。

坚决地试，引领着资本市场逐步走上规范发展之路。进入21世纪，伴随着宝钢股份、外运发展、中远航运、招商银行等一批大型国企纷纷迈入资本市场，如火如荼地探索与创新，奏响了股市的最强音，也让我的键盘叮叮咚咚每天流淌出一篇篇报道，织就成岁月的华彩乐章。廖有全、朱匡宇、席时平、谢企华、魏家福、张斌、刘晓光一批叱咤风云的上市公司老总，精彩了中国资本市场，也带给我那段时光最为温暖的记忆。

忆往昔，走过财经记者奋斗的峥嵘岁月，一路挥洒着飞扬青春对财经事业的热爱与执着。从1997年至2004年4月，本章选取我在这段时期刊发的部分访谈文章，遗憾的是，中间还残缺了2001年这一年的光影。

此刻，摸着这些已经泛黄的历史采访报道文章剪贴本，一篇篇文章背后的光阴故事扑面而来。感谢岁月的馈赠，感叹曾经与一批最优秀的财经媒体人有过一起谋篇布局的好时光。专业与敬业，以青春镌刻了生命的灿烂，在最美的时光刻画了资本市场与财经事业的波澜壮阔，是我们惊艳了岁月，还是岁月成就了我们。我心澎湃。

如今，伴随资本市场20年曲折前行，有些文章不可避免地有着历史的局限，仅代表当时的观点。曾经叱咤风云的人物，或成为智慧的思想者，或归于平淡沉寂，还有的已遗憾离开人世间。对于一些目前已经走上更高领导岗位的访谈者，当年的采访文章此次没有参录。

历史正是一步步向前，才不断发展成就了现在。而今，选取部分文章作为代表，作为历史的一笔留痕。

上海纺织业的重大资产重组引起市场强烈关注，不是简单的解困，而是彻底的改革，面对这一资产运作的大手笔，上海纺织控股（集团）公司董事长朱匡宇坦言，重组将使上海纺织业——

站上新高地再造新纺织

（原载于1998年6月17日　上海证券报）

尽管脸上依稀带着紧张运作一个月的疲惫，上海纺织控股（集团）党委书记、董事长朱匡宇昨日还是颇为爽快地接受了记者采访。朱匡宇非常明确地表示，这次重组对于纺织行业是千载难逢的机遇，体现了党中央、国务院以纺织业为突破口对国有企业三年解困势在必得的决心和信心，可以说经过这场彻底改革，上海三家纺织上市公司已经从挣扎在一片低洼地的困境中走出，开始以新的面貌，站在新的起点，进行优势扩张的新创业。

朱匡宇认为，这次资产重组，国家允许纺织上市公司的不良资产剥离，注入新系统内最优质资产，并大比例增发新股，这是对纺织行业加快解困脱贫的最大关心和支持，解决了老国有企业长期想解决而一时不能解决的问题。由于纺织业具有承担突破口任务的重大责任，因而这次重组的重大意义，又不仅仅体现在纺织业微观的一面，更重要的是探索出从根本上使国有企业解困脱贫的新路，其积极意义不可比拟。

朱匡宇表示，经过精干主体、压缩总量这一断臂求生的阵痛，上海纺织业已经从适应性调整进入到建设性调整的新阶段，龙头、申达和三毛的资产重组，一方面为建设纺织工业高地，展现都市纺织形象，提供了一个可持续发展的运行载体；另一方面为加快国有企业改制、建立现代企业制度装上一个助推器。朱匡宇介绍说，上海纺织业调整是上海大规模经济战略调整的重要一环，因而建设都市型纺织业势在必行，具体表现为发展大服装、大服饰和产业用纺织品三大概念。目前，三枪、菊花、海螺、民光这四家明星企业全部重组进龙头中，具有了大服装和大服饰两大概念，二毛进入三毛，形成了与服装相配套的面料基地，产业用纺织品资产注进申达，使申达拥有了产业用纺织品新概念，如此扎扎实实的运作，旨在使最具优势的纺织企业加快改制，一步迈进上市公司，尽快实现充分利用资本市场的融资优势，加速产业结构调整和规模扩张，从而凸显纺织高地，做大都市纺织。

对于投资者颇为关心的重组公司下一步的运作，朱匡宇强调，关键在于两大业务，朱匡宇解释说，第一是拓展"明星"业务，三家公司凝聚了三枪、菊花、海螺、民光、二毛等一大批纺织明星企业，就要实现存量资产向优质资产的战略转移，通过实施名牌战略和扩大市场网络，使这批明星企业进一步做大品牌经营，实现高市场占有率和高成长性，真正成为重塑纺织辉煌的旗舰；第二是拓展"金牛"业务，具体表现为实现纺织业三大转移，即从单纯纺织业向多元化投资转移，从单纯投资实业向资本经营转移，从单纯的自我发展向建立广泛战略联盟转移，也就是说纺织业通过积极拓展，能真正牵出一条"金牛"，喂饱和喂壮明星企业。朱匡宇最后充满信心地表示，只要相得益彰，三家纺织公司必将带动整个纺织行业，实现再造新纺织。

廖有全谈上海医药的整合之路

（原载于1999年3月19日　上海证券报）

我们正在突破大公司重组及自身急剧发展进程中的临界点，围绕铸就公司可持续发展的强大能力展开历史性的变革。

我们正在接受我国医药商业的剧烈重组和医疗体制改革的严峻挑战，在新一轮的市场竞争中寻找并抢占制高点。

——廖有全

在1998年证券市场轰轰烈烈的资产重组中，上海医药（600849）成为引人注目的热点。战略性的重组带来转折性变化，日前上海医药正式推出年报，成为1998年实施重组并增发新股公司中的第一家，公司业绩不孚众望。上海医药在重组后究竟实施了哪些重大变革？公司行业中的独特竞争优势是什么？公司还将寻找怎样的新成长点？带着这些投资者关注的问题，我们采访了上海医药总经理廖有全。

重组后重要的是企业内部首先要进行一系列变革

记者：1998年上海医药实现了借壳上市，您认为对于一个重组公司，重组后首要的课题是什么？

廖：从共性角度来说，重组企业与其他所有上市公司一样，公司的最终目标就是研究如何使资产保值增值，使各个股东都能得到很好的回报。但实现这个目标的过程，对于重组企业和一般公司可能侧重点有所不同，重组后我们的指导思想主要是把握怎么样进行资源的优化配置，怎么样进行机制的改造，怎么样达到制度的创新，同时我们在运作过程中还感到另外一个非常重要，而且很快就成为我们运作的重点和先导，这就是怎么样抓住文化变革。

从个性角度来说，重组以后上海医药主要研究怎么样在相同领域和同行当中建立自己的竞争性壁垒，建立自己的独特优势，使我们能在相同行业中争取领袖地位，所以重组以后我们一直在研究如何拉开与同行之间的距离，也就是建立我们新的高地。

记者：文化变革更多涉及人的理念和价值观的问题，上海医药的文化变革是在为公司奠定一种怎样的基础？

廖：我们的文化变革很有特殊性，因为上海医药是三家企业合并同时与四药股份资产整体置换后上市，既合并又上市对公司考验很大，一般来说，企业在自己的发展过程中有它的临界点，现在突然跳跃了一个等级，公司要突破自身的历史局限，达到一个新的规模和层次，面临的情况是很严峻的。怎样突破，这里有个价值观念问题，上海医药明确了公司新的战略发展目标，就是要创立与共和国国力相称的、具有时代领先水平的、优越的社会主义国有大企业，并且要求各个系统都要按照这一目标去努力。

在这个过程中是有几个观念作为支撑的。我们明确提出首先要建立一种强者文化，现代市场经济下企业文化应该是一种强者的文化，它不是在一种温馨的过程中体现出来的，不是让员工寻求企业的保护，而是寻求企业的竞争环境，在竞争当中求得企业的发展，在企业发展当中让个人得到稳定，这就要求我们要为强者创造条件，使强者感到公司是最好的。

其次要建立一种满足需求的文化，就是怎么样使员工感到自己需要奉献、愿意奉献，而这种奉献的前提是企业能够满足竞争的需求，而不是保护落后的需求。

最后要努力建立一种法制文化，一种规范的使国有资产保值增值的文化，作为上市公司我们现在是面对千百万股民，公司对每一笔投资都要研究回报，因此我们首要任务是研究资产的保值，进一步做到增值。

记者：那么公司其他几个方面的变革是怎样进行的呢？

廖：在具体运作上我们是这样进行的，我们着力于实现组织再造，以统一、有序、协调、高效为目标，完成对管理组织和营销组织机构进行全方位的调整，缩短管理链条，提高工作效率。

我们着力于引进流程化管理，以著名的麦肯锡咨询公司为我们制订的方案为核心，建立覆盖整个经营系统的订单履行程序，从而逐步降低公司费用率。

我们着力于投资优质资产，公司先后收购了长征富民药业公司、投资组建了医药信息公司、贸易公司、安庆公司、池州华氏公司和太阳集团，开发了一批新的经营领域和新的经济增长点。

我们着力于资产保全责任制，为对广大投资者负责，通过对现有资产明确管理责任、确定保全界面，落实资产营运责任等措施，保持资产净值的完整和增值的空间。

我们着力于推进工业专业化生产和一体化管理，为强化公司工业制造基础和避免行业内竞争，我们实施了"规划一盘棋、生产专业化、管理一体化、效益最大化"的战略，在生产专业化上，摒弃了"局部割据、自成体系"的现状，对资产重新优化组合，彻底解决低水平重复和分散生产现象，形成若干个专业化生产基地。

我们还着力于形成新的科研机制，公司建立了融资、科研、生产和市场开发一体化的科研孵化和经营机制，形成拥有较大发展空间的新药科研孵化和经营摇篮，并与10家科研院所建立了契约关系，成立了12个项目公司，目前在研项目有20余项。

记者：我们的感觉是，上海医药对夯实内部基础非常重视，在此投入了很大精力物力，是否这样？

廖：这种感觉一点没错，去年我们确实内部做了大量工作。我们认为我们所有做的这些事情十分重要，企业内部的这些变革开始是很困难的，改变观念是最困难的事情，但是这些事情做不好，基础打不好，公司今后发展就可能歪歪斜斜。我们研究和咨询了一些国外大公司，它们新文化的建立一般至少都要5年。

现代商业就是强调两大功能，这是上海医药的优势，也是商业的发展趋势

记者：目前全社会各行业的商业调配企业都已进入到微利或无利时代，投资者对上海医药的医药商业主营也抱有一些不同的看法，您对此是怎样认为的？

廖：医药商业绝对是微利的，甚至是无利的，上海医药的主营是药品销售，那我们的优势在哪里呢？我们感到我们的商业强就强在拥有两种代理功能，第一个是低交易成本的代理销售功能，第二个是高额获利的市场开发功能，前者是人家卖没有利的药我们还有利，后者是人家卖不了的药我们能够卖，由此形成优势。

为什么呢？这里有个努力降低交易成本使其低于工业企业销售费用的问题。我们明确提出从中间商的位置退到代理商的位置，也就是中间商革命，目的就是使交易成本降低，成为工业销售代理并谋求建立在更大市场份额基础上的规模效应。

而我们去年之所以能够做到低交易成本，主要归功于内部的业务流程变革，使整个经营过程中的环节大大缩短，通过实施这一变革，去年公司实际降低费用2.5个百分点，相当于1亿元，也就是说我们利润当中的一亿元来自交易成本的降低。再加上我们的规模大、药品品种多，能满足大批量药品的需求，这样人家卖无利可赚，而我们卖就有利润。

记者：去年上海医药的销售额和利润额都大幅度提高，其构成如何？同时对于公司的应收账款和利润率问题，投资者也非常关注，您对此怎么看？

廖：我们去年实现的销售额按统计局口径，达到60.8亿元，按上市公司合并报表口径，达到51.7亿元，同比增长30.9%，如与原四药股份比，则增长了1200.9%；公司去年实现净利润7873万元，同比增长68.5%，如与原四药股份比，则增长了269.2%。我们利润的构成主要来源于三个部分，第一是公司在推进低成本扩张战略中，努力降低交易成本，使公司费用率的下降超过毛利率的下降，由此赢得相当利润，这一部分要占到整个利润增长额的50%以上。第二是公司在推进差异性竞争战略中，努力提高新药的市场开发能力，由此获得相对丰厚的利润，这一部分占到整个利润增长额的20%以上。第三是公司工业板块增加了1293万元，占整个利润增长额的16.4%。其中有两个因素：一是因为实施公司内部工业企业专业化生产后，实增效益600万元，占利润增长额的7.7%；二是公司下属控股工业企业动迁补贴项目完工后形成的营业外收入1600万元中按控股权实际分得净收入692万元，占利润增长额的8.7%。而公司募集资金投资项目的回报，将在今年逐步体现。

对于去年的经济运行情况，我们自己比较满意。这一点，在公司的其他经营指标中也有反映，以应收账款为例，去年应收账款余额为9.57亿元，销售收入（含税）为51.71亿元，应收账款与整个销售收入相比占18.5%，平均周转为6次，公司销售范围遍布全国29个省份和国际市场，应收账款在60天之内，处于正常受控范围之内。

关于公司利润率不高问题，这是由全国医药进入过剩经济的基本状况决定的，目前中国现有医药经营企业近17000家，而国外如美国、法国、澳大利亚等，医药批发企业只有几家、十几家，毛利率只有5~7个百分点，完全是建立在拥有巨大市场份额基础上的规模效益，这是商业的发展趋势。

医药改革朝有利于上海医药的方向倾斜

记者：现在医药行业正面临着医药制度改革和药品价格整改的挑战，这对上海医药究竟是怎样的一种影响？

廖：医疗制度改革无论是对上海医药还是对全国医药的影响都是巨大的，它给整个市场带来的变化是我们共同面临的，它首先是对医药总量的一种控制，是对传统公费医疗过程中浪费现象的一种限制，是对用药结构合理化的一种推进，但同时对医药行业来说，它直接产生的结果是药品销售总量的下降。而药品价格的整改带来的则是医院用药方面直接的利益驱动性减弱，因为它压缩了药品经营过程中的让利空间。这两点是大家所看到的医疗制度改革和药品价格整改对医药企业带来的普遍不利的一面，但很少有人看到它们的积极的一面。积极的一面不仅是对整个社会的积极一面，而且是对那些具有较强竞争力、具有较好产品和全面品种以及具有很好服务优势的企业的有利一面，这两大改革实际上是对高附加值药品的限制，而上海医药实际上就是这样一个以竞争力强、药品品种全、服务好和药品附加值低为基本特征的企业，所以从这个角度来说对上海医药是很有积极的一面的。

从根本上说，药品的价格弹性系数很小，不会由于价格的很大变化带来用量的很大变化，尤其是对于一些常规药品，这个弹性系数更小，相反，有些地区的药品如果以前成本很低但价格区间却很大，或者是药品的附加值本来很高，其所受到的冲击则会很大，上海医药在这方面显然占有优势。医疗制度改革和药品价格整改今后将带来两个结果，一个是药品流通渠道的一次大重组，另一个是对医药利益分配方面的一次重新安排，我们比较乐观地看到这个天平的摆动是向着有利于上海医药方向倾斜的。

上海医药正在建立自己的竞争性壁垒和新高地

记者：那么上海医药自身是否采取了积极的应对措施？

廖：目前全国医药市场的竞争态势是这样的，一方面是在低成本竞争的扩张中一大批企业进一步亏损无法生存，从而加速重组，另一方面是医疗制度改革带来的利益重新分配过程中矛盾的不断加剧。我们认为竞争激烈对上海医药是很有好处的，不但加速了全国医药企业的两极分化，也加剧了公司对自身变革的要求。

所以公司也在积极采取应对措施。通过研究药品销售通道的变化，在非处方用药和零售药房的发展等方面，我们正在大力推进几项工作，今后我们将逐步向投资者公告公布。同时，我们也在加快对公司核心业务架构的调整和改变，进一步提高工业利润的比重。

记者：您是否能对提高工业利润比重这个问题具体谈一谈？

廖：我们主要是医药商业企业，去年公司利润构成中贡献最大的还是商业这一块，达到82%以上，我们注意到这一问题，因此现在正在构筑新的核心业务构架。为什么要这样做？因为医疗制度改革、药品价格整改都对我们提出要具有更强的抵御风险能力，因此虽然我们的商业主营具有独特竞争优势和面临较为有利的形势，但我们还是本着一种不进则退的忧患意识和发展意识，决心尽快建立我们自己的更具实力的竞争新壁垒。今年我们计划在利润绝对额继续保持增长的前提下，将商业利润比重下降到70%左右，2000年下降到60%左右，这就要求我们相应地迅速提高内部的工业板块、国际经贸板块、零售药房板块以及资产经营板块在利润构成中的比重，尤其是工业利润比重要达到25%左右。

如何实现工业利润的提升呢？我们要在自己的工业板块中生产差异化新产品，我们计划用2~3年时间，基本上从上海市的重复的医药产品竞争中退出，专门生产我们自己的差异化产品，这方面我们是有基础的，前面我已提到我们自己拥有实力较强的专门科研系统，它将为公司进行差异化竞争奠定基础。上海医药以生产经营普药为主，全国的医药企业也基本都是以普药为主，今后我们将逐渐改变普药的概念，走新药的道路，自己研制产品，或者是通过一种科研经营的方式不断吸收新产品到我们这个系统中，实现产业化。最近我们已推出一个新产品，叫头孢克洛分散片，是第二代口服类头孢抗生素，头孢克洛分散片是国外20世纪90年代开发的一种新型药物制剂，国内尚属首创。

记者：除了生产差异化新产品，1999年上海医药还有没有新的增长点，可以进一步提高自身的竞争门槛？

廖：我们着眼于拥抱21世纪初升的太阳，因此我们正在积极构筑我们新的高地，在今年4月我们将依托上海医药（集团）总公司的优势，入驻坐落在浦东金桥的上海医贸大厦。在那里，我们将举办一个世界性医药跨世纪博览会，展示一个世纪以来世界医药踏着科学技术的发展轨迹的历史变化以及在跨越世纪时刻的当今面貌，由此形成一个医药的世界之窗，并吸引世界医药更关注上海医药。我们将在那里发展国内外医药信息交流的信息网并实施电子商务，这个项目已被列为上海市重点工程之一。我们还将在那里组织开展国际性的医药科研和贸易的交流，并组建一个"联合国部队"，专门从事国内外医药新产品的市场开发。我们相信，这将是一个真正体现上海医药跨世纪风貌和构筑医药新高地风采的地方。同时，我们利用募集资金投资的一系列新的成长性项目，其效益也将在今年到2000年反映出来。

上市后感觉像穿上了红舞鞋，同时机遇也多得多

记者：企业上市前和上市后是截然不同的两个概念，上海医药上市后究竟是怎样的感受，公司是否由此确立了新的发展目标？

廖：上市后最大的变化是感受到作为上市公司的巨大压力，也就是对资产回报的责任性，对股东回报的责任性，以前没上市时企业发展可以快一点，也可以慢一点，一上市就感觉像穿上了红舞鞋，不能停止。同时，我们也深深感到上市后机

遇比以前多得多，因为公司的实力进一步扩大了，融资的能力也进一步增强了，所以许多好的项目和发展机会都来找你，这就要看是否有响应能力。

也正因为如此，我们提出充分利用上市公司的有利资源，努力提高对机会的把握能力，进一步形成公司外向型发展的态势，在有效实施募集资金项目的同时，延伸我们的触角，包括在信息技术的发展方面、在现代生物医药和天然药物发展方面、在形成新的控制性的医药基地方面、在国内的医药板块重组方面以及向医疗卫生行业的渗透方面，我们都会进行一些积极有效的探索。

应该说，今年我们通过踏踏实实的生产经营完成各项经济指标，完全没有问题，不过不排除我们也会有跳跃式的提升，突然遇到一个或几个可以形成新利润增长点的项目。而我们做这些努力的目的，就是要不断扩大影响，做大规模，提高质量，在深层次上拉开与不同竞争者之间的距离。

上海机场为经济腾飞敞开跑道

（原载于1999年9月23日 上海证券报）

浦东，东海之滨。

1996年的一天，当又一轮红日从海平面冉冉升起的时候，浦东滨海的一块南北长约8公里、东西宽约4公里的土地，被沸腾的浦东开发开放的气息唤醒了。伴随着上海迈向现代化国际大都市的脚步声，伴随着中国这一东方巨人崛起中的隆隆声，上海又一国际机场——浦东国际机场大规模建设拉开了序幕。

3年过去了。昔日沉睡的土地呈现出蓬勃生机，整个机场充分体现着21世纪"人、建筑、环境"和谐共存的主题，大面积醉人的绿地和碧波荡漾的环境水池，衬托着轻巧、透亮的候机楼，就像一只展翅翱翔的海鸥，象征着腾飞的上海、腾飞的浦东、腾飞的机场航空事业。

不久，浦东机场将迎来机场建成后的第一批客人——出席《财富》500强会议的包机、专机。作为浦东机场的主要投资者之一、刚刚入选"上市公司50强"的虹桥机场股份有限公司就将在这里迎接世界经济界的巨人。

上海向世界500强展示的第一件"作品"——浦东国际机场是虹桥机场参与投资兴建的，也是虹桥机场通过发行股票筹集到十数亿元资金的主要投向。可以说，证券市场为上海成为我国第一个拥有两个国际机场的城市贡献了力量。

虹桥机场是1998年由上海机场控股公司以候机楼、航空服务公司、安全检查站、急救中心等资产独家发起设立后上市的。虹桥国际机场为国家一类机场，也是我国规模最大、最繁忙的民用机场之一。随着上海及邻近地区经济的迅速发展和浦东对外的进一步开发开放，近年来，虹桥机场的旅客吞吐量和货邮吞吐量迅速增长，给机场现有设施的容纳能力带来了较大压力，目前已处于严重超负荷经营状态。

面对上海及邻近地区对航空运输不断增长的需求，除了有必要对虹桥机场国际候机楼进行改扩建及新建一个货运区外，从长远看，更迫切需要进行新机场——浦东国际机场的建设，从而为长江三角洲及沿江地区经济带成为我国经济发展新的增长点创造机会和条件。浦东新机场的建设也因此列入了上海及国家的重点工程。

航空港是反映城市形象的窗口。建设一个新机场，投资巨大且周期较长，从社会上筹集大量资金加速新机场建设，发行股票并上市是最有效的途径。浦东国际机场一期工程总造价约130亿元，其中20亿元为虹桥机场投入。1998年初，虹桥机场通过发行股票，迅速募集了近20亿元的资金，投入到了浦东国际机场的一期工程建设。根据机场控股公司的承诺，浦东机场投入运营后，将实行"模块式管理"，其经营性优质资产将委托虹桥机场公司管理，并采取"管理一步到位，资产分期注入"的方式运作。这20亿元将先用来收购浦东机场的部分优质资产。以后，依据可持续发展战略，利用证券市场的持续筹资功能，不断加强对浦东机场经营性优质资产的吸纳进程。据虹桥机场公司董事长杜春才介绍，浦东国际机场一期工程的候机楼等主要的优质经营性资产约为43亿元，另外还有大量相关的优质资产。这些将成为虹桥机场公司不久之后新的增长点和增长空间。杜春才说，有了这些优质资产，可以确保虹桥机场投资浦东机场可以得到优良的回报。

利用证券市场，多品种、多形式筹集资金，这是世界500强企业的"常规武器"。由于从利用证券市场中尝到了甜头，虹桥机场又从国际惯例出发，根据自己的情况，开始尝试进行金融创新探索，拟发行不超过公司净资产40%的可转换债券，所募资金将用于投资上海浦东国际机场候机楼。虹桥机场公司认为，该项目盈利性与成长性俱佳，而且与公司主营业务相关度高，公司可以发挥管理优势，有利于公司长期投资建设的培养，有利于改善公司股权结构和债务结构，筹资成本也较低。

证券市场不仅为虹桥机场引来了巨额资金，为公司快速壮大提供了条件，同时，也给虹桥机场带来了转换经营机制的良机。可以说，作为原来管制最严的航空领域转变为一个上市公司，在经营机制方面，虹桥机场所经历的跨度比任何一家别的公司都来得大。这方面，杜春才董事长特别强调了转变观念的重要性，凡事一定要从股东利益出发，要按股份公司的要求从严操作。

不久前，中国民航总局和上海市政府对浦东国际机场一期工程共同组织了初步验收，工程质量良好，工期合理，投资控制较好，初验通过。上月底，浦东机场进行了两次试飞，本月初，进行了有3000名旅客参加的通航前最后、规模最大的一次模拟运行，新机场的指挥、离港、地面信息、航班显示和行李分检等系统均接受了"实战检验"。作为接待"99《财富》500强"会议所有专机、包机的机场，已成立信息联络、来宾接待、物资保障、交通治安等小组，各种接待工作已经就绪。用身兼机场保障组副组长职务的杜春才董事长的话说，"万事俱备，只等来宾"。

浦东国际机场的一期工程将要投入使用，二期、三期、四期工程规模更加巨大。杜春才董事长说，纽约一市有3个机场、年吞吐旅客1.2亿人次，东京2个机场、年吞吐8700万人次，伦敦2个机场、年吞吐8000多万人次，亚特兰大年吞吐7000多万人次。与这些国际大都市现代化机场的规模相比，上海的2个机场差距还相当大。有关资料显示，民航运输业将是中国今后若干年内增长最快的产业之一，这一领域的企业是中国最有希望最早进入世界500强的企业。杜春才描绘说，浦东国际机场的终极规模是4条跑道、4个候机楼、年吞吐旅客7000万~8000万人次，年吞吐货物800万吨，现有的虹桥机场也要发展到2条跑道、年吞吐旅客4000万人次。到那个时候，当浦东机场再次迎接世界500强的来访时，它们之间将是世界经济巨人之间真正的握手。

范永进：继续做好上海上市公司资产重组大文章

（原载于2002年7月31日　上海证券报）

上海积极欢迎外资参与上市公司的重组，欢迎国际大企业一起来参与重组，从而将重组的主体放大，将重组的参与程度加深。推动上市公司进行行业内及上下游的大规模兼并、收购。上海上市公司的重组应与国有经济的战略性调整相结合。

——题记

曾经饮誉中国证券市场的上海本地上市公司重组模式，不仅极大地改善和提高了上海上市公司的整体质量，而且其产生的示范效应有力地推动了证券市场加速资源优化配置。如今，面对潜流涌动的新一轮重组大潮，上海如何抢占潮头、有所作为？为此，记者日前专门采访了上海上市公司资产重组领导小组办公室主任范永进。

记者：最近一段时间，许多省市及证券市场各方都在研究、学习和借鉴上海重组模式，您如何看待上海本地股的重组？

范永进：上海早期有许多国有企业通过股份制改制发行上市，但上市后公司出现了种种问题，于是政府提出推动本地上市公司进行资产重组。从1997年开始到去年下半年这五年多的重组实践证明，将国有企业和国有资产通过上市公司资产重组与资本市场结合，有利于形成一种良性互动。上海115家本地上市公司的重组力度很大，五年来资产注入和资产置换的资产总计达到200多亿元，控股股权发生转移的有30多家，许多上市公司的主营在重组后发生了很大的变化。而五年来上海本地上市公司的重组效果，在2000年和2001年的年报和中报中得到了直接体现，上海115家本地上市公司的平均每股收益和平均净资产收益率已连续两年超过全国平均水平。

随着一大批上海上市公司通过重组而被救活，我们也在思考两个问题：一个是如何使上市公司保持持续发展，另一个是如何使上市公司真正做大。现在有许多企业不是长不了，就是很难做大，因此如何巩固和扩大上海上市公司前期的重组成果，使上市公司获得更大和更好的发展，成为新的目标，围绕这一目标，从去年下半年开始，有关方面就开始积极酝酿新的打算，并启动有关工作。

记者：当前市场各方对新重组的关注程度日趋高涨，您刚才也谈到了上海上市公司也正面临着新的突破，那么，您认为上海本地股如何做大做强，尤其是新阶段的重组会形成哪些趋势？

范永进：上海上市公司要进一步做大做强，必须还要与资本市场形成对接，特别是在新形势下，应该继续通过资本市场做些更大的文章。第一，在中国加入世界贸易组织（WTO）的大背景下，在中国融入世界经济一体化的大环境下，上海应该积极欢迎外资参与上市公司的重组，欢迎国际大企业一起来参与重组，这里的外资包括三资企业，从而将重组的主体放大，将重组的参与程度加深，这也是市场当前讨论最多的外资购并概念。可以说，上海利用外资的空间很大，目前上海本地已有2.4万家三资企业，上海已成为世界500强企业实施全球化战略的核心。

第二，推动上市公司进行行业内及上下游的大规模兼并、收购，也就是"吃同类"。上海上市公司应该脱离地域概念，积极在全国更大的舞台乃至全球更大的范围内进行行业和资源的整合，从而以资本为纽带，形成行业的"领头羊"。这种扩张更现实，并将为上市公司带来新的理念，使上市公司快速求得新的发展。

第三，上海上市公司的重组应与国有经济的战略性调整相结合。这包括两个层面，一个是上市公司国有股权随着一部分竞争性行业的国有资本有进有退而逐步减少和退出，从而吸引更多的社会投资主体；另一个是上市公司收购非上市公司的国有企业及国有资产，上海国有资产的总量很大，目前有5000多亿元，上市公司完全可能有更大的作为。

在这期间，上海将继续加快金融创新，包括积极探索吸收合并、发行可转股债券以及债务重组等新的金融创新方法和手段，从而为新重组增添更大的动力。再有，就是将重组与制度建设结合起来，使上市公司的治理结构更规范，从而为上市公司的持续发展带来制度上的保障。

值得一提的是，上海近年来形成的良好发展环境和区域优势，对推动上海上市公司进行新重组非常有利。当前，上海正加快建设金融中心、航运中心、贸易中心和经济中心，一大批大的项目正在加快推进，在积极参与的过程中，上海上市公司应该以精、高、强取胜。可以说，中国证券市场发展到今天，上海经济建设进行到今天，都需要上海上市公司释放更大的能量。上海上市公司赋予重组以更深刻的内涵和更丰富的内容，应该是大势所趋。

记者：在重组过程中，政府究竟应该如何定位，是一个一直在被争论同时又非常敏感的主题。走进新重组时代，上海市政府将怎样定位呢？

范永进：在上海本地股的重组中，政府的主导发挥得比较充分。我们一直认为，资产重组是个系统工程，一方面需要政府出政策、提目标，发挥导向推动作用，另一方面，在具体运作中，还要以市场化原则进行。上海上市公司国有企业和国有股比例比较高，资产重组中，政府的重视和推动非常重要，也有很多具体工作要做。对于政府的定位，我们坚持当好教练员、服务员，而运动员是上市公司及其控股股东。政府应该正确定好位，既不能越位，也不能缺位。

总之，上海上市公司的新重组，将根据不同公司现状和特点而采取不同的形式，但最终要与上海经济发展更紧密结合起来，而政府应该从发展的角度，推动上市公司走进重组新时代。我们希望通过资产重组，通过超常规发展，有越来越多的上海上市公司成为行业领头羊，成为证券市场的绩优公司。

正大集团：我们还没考虑卖掉正大广场

（原载于2002年10月13日　上海证券报）

在泰国正大集团历经八载风雨建成的目前中国最大的购物中心——正大广场即将于上海浦东隆重开业前夕，却传出有关这项总投资为4.5亿美元的项目将由上海富豪周正毅出资5亿多美元整体接盘的消息，一时间在上海滩掀起不小的波澜。正大广场是否会真的被卖掉？正大集团是否因面临巨大的还贷压力而将全线撤出中国？面对记者的疑问，正大集团执行副总裁李绍祝首先回答说："到目前为止，我们还没有考虑卖掉正大广场。"

说着一口流利汉语的李绍祝已经在正大集团工作了35年，他同时还担任着正大集团附属公司上海帝泰发展有限公司的董事长。正是这家公司全资兴建了正大广场。

一波三折话当年

正大广场恰逢出生就遭遇多事之秋，不仅工程兴建一度搁浅，而且商厦开业的时间也是一拖再拖，谈及这座大厦艰难拔起的一波三折的过程，李绍祝感慨万分。

正大集团当初预计对正大广场的投资为3亿多美元，其中正大集团通过设立帝泰发展公司出资1亿美元，其余资金则向泰国的8家银行进行贷款融资，为此正大集团与相关银行签订了贷款协议。该项目于1994年开工，然而到了1997年，正在进行中的项目仅建设了一半，就因为遇到东南亚金融风暴而不得不停下来，原因是提供贷款中的两家泰国银行倒闭，最后这两家银行被政府接管，另外6家银行的状况也较困难，项目建设的资金难以维持。

李绍祝表示：当时，上海市政府对他们非常支持，在详细了解了他们所面临的资金困难后，便通过有关途径帮助解决了筹资问题。这样，正大广场工程在停了一年半多的时间后，又开始了建设，而项目总计投资已达到4.5亿美元，是泰国投资海外最大的一个项目。

在经历了这些波折之后，2002年7月，总面积达24万平方米的正大广场终于迎来试营业。李绍祝认为，虽然目前试营业的主要是B1、B2地下两层，但效果却很好，每天平均营业额达到100万元人民币左右。目前，这个项目的第一阶段已经完成，10月18日将举行盛大的开业典礼，届时将由正大集团董事长谢国民亲自邀请海内外各界人士约1万人前来参加正大广场开张剪彩仪式，谢国民还特别邀请到了泰国枢密院大臣主席秉·丁素拉暖上将阁下主持剪彩。

还没考虑卖掉

不过，李绍祝的乐观却并不能让人就此打消疑虑。目前社会上流传正大广场要被卖掉的消息，特别是有关上海富豪周正毅出资5亿美元接手正大广场的传闻已是沸沸扬扬，是否正大广场开业同时也为正大集团带来了巨大的还贷压力？

对此，李绍祝说，事情的起因可能源于两三个月前，正大方面有了进一步优化正大广场投资结构的想法。正大广场目前的4.5亿美元投资结构中，其中帝泰发展公司是以注册资本1.7亿美元出资，还有2亿多美元为银行贷款。如果按照这样的投资模式运作下去，正大广场3年为亏损，从第7年开始将可以把前面亏掉的钱全部赚回来。李绍祝表示，现在正大集团内部的很多兄弟公司很有实力，它们对正大广场的经营前景很看好，纷纷提出要参与对正大广场的增资，如果这些公司能够增资进来，正大广场就可以提早归还银行贷款，减少支付利息，届时就不需要走3年亏本7年赚钱的曲折路线，而是在第二年就可以赚钱。

李绍祝透露，正大广场这个项目目前也被外界普遍看好，许多国内和国外的基金会、财团以及富豪也纷纷希望能够参与对正大广场投资，希望与正大集团进行合作，包括周正毅先生。他提出既可以参与增资，也可以出资全部收购。不过李绍祝表示，无论是增资还是收购，只是周正毅单方面的意向，正大方面与周正毅之间目前还没有签订任何协议。对于其他合作伙伴的建议，正大方面也在加以考虑。他强调，至于正大广场到底会不会卖掉，到今天还没有考虑这一点。但是他话锋一转，如果有比正大广场更好的项目，不排除正大集团会考虑进行投资。

正大广场2亿多美元的贷款结构，一定程度直接导致正大集团面临较重的还贷压力，据了解，在这2亿多美元的贷款中，其中1.63亿美元是中国工商银行上海分行提供的10年贷款，这是一笔在10年内分期偿还的长期贷款。另外6500万美元是泰国银团提供的二级贷款，是正大方面何时有钱何时还的贷款。至于帝泰发展公司，其注册资本的85%是由正大集团出资，另外15%是集团内的企业以及一部分私人投资。

招商情况理想

虽然坐落在上海浦东陆家嘴的黄金地段，但正大广场自试营业开始，给大多数来到这里的人的感觉是，餐饮和易初莲花超市还不错，可商厦总体还显得空空荡荡，人气不够旺。正大广场的出租情况到底乐观与否？

李绍祝的回答则是肯定的。正大广场总面积24万平方米，其中出租面积超过12万平方米，截至目前已签约租客超过350家，出租率超过80%，到明年初，应该可以达到100%。他认为，目前正大广场的招商情况非常理想，租金已达到每天每平方米1美元，而这还是打了折扣的保底数字。目前国际上一些比较知名的服装、化妆品、电器等品牌，都已经陆续进入正大广场。特别是在"十一"迄今，正大广场举行了一系列大型活动，已吸引了来自四面八方的关注。今后上海浦东尤其是陆家嘴的繁荣是肯定的，而作为目前陆家嘴金融贸易区核心地带唯一一家大型综合商厦，正大广场今后的发展肯定会轰轰烈烈，李绍祝进一步表现出对正大广场前景的乐观。

人算不如天算，在李绍祝看来，正大广场当初兴建的搁浅以及开业的推迟，未尝不是一件好事。假设正大广场于1999年和2000年勉强开业，那时浦东的建设和发展情况没有现在这样好，正大广场很有可能没有生意做。另外，正大方面虽然多支付了两年多的银行利息，但当时的建筑材料价格比较便宜，施工费用也相对比较低。"总体来讲，正大广场耽搁两年对我们并没有造成太大损失。"李绍祝意味深长地表示。

继续投资中国

伴随着正大集团这些年来的发展和扩张，正大集团在中国可谓不断"跑马圈地"，不过对于正大集团在中国投资项目和经营情况，却是仁者见仁，智者见智。许多人认为正大集团大部分项目的经营情况不是很好，甚至有传言，目前正大集团想逐步甚至尽快撤出中国市场。果真如此？

李绍祝对上述传言予以否定。他介绍说，目前正大集团在中国已投资178家企业，总投资额达到45亿美元，其中属于正大集团本身的资金为17亿美元，还有一部分是一批合资企业中中方股东投资，另外一部分是银行贷款。2001年，正大集团在中国投资项目的年销售额达到36亿美元。

目前正大在中国的投资已形成四大产业板块。第一个是农业，在全国共设有140家饲料厂和农场，目前农业的盈利占所有盈利的一半以上。第二个是大卖场，包括易初莲花、万科隆共十几家，并且还在快速发展。据说，谢国民的目标是，希望正大大卖场未来在中国能做到500家。第三个是房地产，在亚洲金融风暴后正大集团对房地产的投资项目进行了调整，卖掉了一部分，保留下的是比较好的项目，正大广场其实也是一个房地产投资项目。第四个是工业，包括摩托车、汽车空调压缩机、啤酒、水泥厂、重型机械等，李绍祝认为，正大集团在中国的工业项目做得不错，比如摩托车去年的产量达到30万辆，今年将达到50万辆。

李绍祝强调，正大集团目前的现金流比较充沛，在中国一直还在投资，并没有撤出。至于正大集团未来在中国的投资战略是什么，李绍祝表示，正大希望将在中国赚到的钱，再投资回中国，与中国的经济发展共成长。

关于前一阶段正大集团一直在不断减持大江B股，许多人认为这是正大集团套现的典型表现。对此，李绍祝解释说，正大集团当时投资大江B股，主要是为了发展其老本行农业，但现在他认为大江已经不适合再搞农业，公司应该转型，因为上海松江地区搞农业成本太高，所以正大集团陆续抛售了所持有的大部分股份，从当初持有大江超过42%的股份减为目前仅持有16%多，从公司第一大股东变为第三大股东。

据悉，当初正大集团以每股0.15~0.2美元的价格购买的大江B股股份，而其抛售的价格平均为0.6美元左右，扣除这几年的银行利息，应该说赚了一笔钱。不过李绍祝表示，正大集团并不想将这笔钱拿走，而是准备集中资金再到上海松江投资项目，但不会是农业，而是其他项目，如土地开发。

李绍祝坦言，正大集团已经从当年金融风暴的冲击中逐步恢复过来，目前集团净资产达到130亿美元，年销售额将近100亿美元，净利润率在2%左右。之所以利润相对较少，主要是因为正大投资发展的速度很快，如果正大停止扩张，利润会更高。目前正大集团的投资主要分布于泰国、中国、印度尼西亚，同时也进入印度市场。随着东南亚以及泰国经济的发展，李绍祝对正大集团的发展前景充满信心。

宝钢股份，打造一片透明的天空

（原载于2002年10月29日　上海证券报）

骄子、蓝筹、脊梁……拥有众多荣誉与称号的宝钢股份，自步入中国证券市场起，就成为万众瞩目的焦点。如今，两年时间转瞬即过，尽管全球资本市场经历了风风雨雨，但一直坚持诚信经营的宝钢股份，充分借助市场机制，在赢得投资者阵阵掌声的同时，公司也已跨入全球最具竞争力的世界级钢铁企业行列。

巨额收购规范透明

一次就动用179.16亿元向集团收购资产，一年仅销售方面的关联交易额就高达223亿元，身为"巨无霸"的宝钢股份，其一举一动都牵动着市场的目光。而如何规范运作一笔笔巨额的关联交易，则成为宝钢股份能否严格履行透明交易这一承诺的核心与关键。

以整体上市为目标的宝钢股份，上市之时其一期、二期完整的基本生产线就几乎全部进入公司。宝钢股份最终战略是要向集团公司收购三期资产，使公司拥有完整的一期、二期、三期生产线。之所以当初重组时没有将三期资产包含在内，主要是因为那时三期工程的大多数项目尚在建设之中，或刚刚建成尚处在设备功能考核阶段。两年前宝钢股份董事长谢企华在上市推介会上对此作出了诚恳解释，她说：这部分三期资产产量低、成材率低、消耗高，处于不获利状态，若强行置入上市公司，其价值难以获得资本市场的承认，对中小股东也不利。最终，宝钢集团公司授权宝钢股份对先期未能上市的三期资产实施委托管理，并签署了《委托管理协议》。

宝钢股份耳目一新的推介方式，赢得了资本市场的认可，而公司也没有食言，时机成熟时，果然一次收购了三期资产。2001年6月18日，宝钢股份召开董事会，提出拟出资179.16亿元收购245.45亿元的三期总资产，董事会上，关联董事表决时进行了回避，而该议案也最终获得股东大会通过。谈及此次收购，宝钢股份董事长谢企华表示，收购三期资产使公司了却了整体上市的夙愿，同时也使公司成为产品系列齐全的薄板生产企业，通过这次收购，宝钢股份成为国内首家粗钢年产量超过1000万吨的钢铁企业，三期资产成为宝钢股份未来5年继续在国内高附加值钢材市场保持和扩大竞争优势的增长点。

面对证券市场频频发生的大股东借与上市公司关联交易而实行套现的举动，宝钢股份大股东是否有套现嫌疑，也引起了个别谨慎投资者的疑虑。对此，公司董秘陆国清表示，宝钢集团并不缺钱，目前宝钢股份的资产负债率为50%左右，而集团公司不到10%。另外，收购三期，宝钢股份对集团公司是分期付款，并且付款期限由原来的四年延长到八年，而且前四年为免息。据悉，宝钢集团的整体发展战略中，全力打造以宝钢股份为核心的钢铁企业是其核心之一。

正是在这一战略指导下，宝钢股份于今年9月的董事会提出，拟出资37.33亿元收购集团公司净资产价值为41.48亿元的资产，这部分资产是在宝钢股份主体资产之外的部分重要辅助生产性资产，包括炼焦系统等生产经营性资产和原料码头等租赁性资产。该议案将于近期由股东大会审议。

对宝钢股份而言，此次收购意味着发展上的又一次重大飞跃。宝钢股份不希望自己的企业里一直星星点点地掺杂着集团公司资产，而宝钢集团也希望自身成为纯粹的控股公司，此次收购完成后，宝钢股份将通过统一管理，发挥资产间的协同效应，增加公司的效益。据悉，今年以来全球焦炭市场需求转旺，焦炭价格持续上升并预计将长期保持较高水平，这部分炼焦系统资产进入宝钢股份后，今年预计盈利2000万元以上。

不仅如此，此次收购后，宝钢股份与集团公司间的年关联交易额将由原来的42亿元降至1.5亿元，除土地使用租赁费外，上市公司与集团公司之间的关联交易基本不复存在，上市公司与集团公司之间基本不再有日常交易带来的直接利益关系，这极大地增加了公司的管理透明度。

关联交易明明白白

与其他上市公司相比，年销售收入近300亿元的宝钢股份，其日常大笔的关联交易一直十分醒目。2001年，公司销售方面的关联交易额为223亿元，采购为109亿元，主要关联方为上海宝钢国际经济贸易有限公司及其附属公司等。面对如此大量的关联交易，上市公司如果不规范运作，很容易实现利润转移，而这也正是投资者关注的焦点。

客观讲，这些采购、销售及服务方面的关联交易是宝钢股份生产经营过程中所必需的，如果公司完全依靠自己，将不利于集中发展钢铁主业，而且成本也将高于关联交易的成本，因为宝钢国际等公司在这些方面具有规模优势，有着专业以及遍布全球的网络。宝钢股份目前充分利用这些企业现有的平台，不仅有效降低了公司的采购成本和经营风险，提高了劳动生产率，而且有利于公司集中精力发展钢铁核心业务。

对于上市公司而言，关联交易本身不是问题，关键是如何保证交易规范、公允、透明，保护投资者尤其是中小投资者的利益不受损害。一方面，在上市之初，宝钢股份即与关联公司订立了关联交易的框架协议，目前公司已先后签订了9个关联交易框架协议。在协议中，宝钢股份本着最大限度地遵循市场化定价的原则进行定价，目前公司90%以上的关联交易额都是以市场价定价。而为了进一步加强公司关联交易价格管理，宝钢股份制定并由股东大会通过了《关联交易管理办法》，对关联交易业务内容、定价原则及各部门职责等都作了详细、严格的规定，从而在制度层面规范了公司的关联交易行为。

另一方面，公司建立了透明的信息披露机制，特别是关联交易的披露力求做到完整、充分、公开、透明、真实、准确和及时，宝钢股份为确保信息披露的真实性和准确性，聘请了安永华明会计师事务所对公司的财务报表进行严格审计。另外，公司内部的审计委员会由独立董事担任。2001年，宝钢股份的信息披露工作被上证所评为优良。

始终注重回报投资者和维护投资者权益，也使宝钢股份不断赢得投资者的信赖。2000年12月上市的宝钢股份，上市当年就推出了每10股派现0.5元的分红方案，相当于将公司半年的利润分给了投资者，去年公司又实施了每10股派现1.25元的较高分红案，得到市场肯定。与此同时，众多投资者纷纷反映宝钢股份信息披露透明性高，内容详尽，尤其宝钢股份为方便全国各地的投资者，将股东大会放到全国各地召开，上一次是在广州，而这次审议关联交易的股东会放在了成都。

独立董事真正独立

独立董事如何真正独立，一直是独立董事制度建立以来市场关注的核心。在这种情况下，宝钢股份推出了独立董事每人每年20万元的薪酬方案，一时间惹得市场沸沸扬扬。宝钢股份的独立董事制度有何"独立"之处？宝钢股份的独立董事又是如何行使保护中小股东的责任和义务的？

宝钢股份对独立董事的设置起步较早，由于公司最初计划先在境外上市，所以改制重组几乎完全是按照境外上市公司的规范要求进行操作，当时公司就聘请了两名独立董事。随着监管部门对独立董事制度的大力推广，目前宝钢股份12名董事组成的董事会中，独立董事为4名，占了三分之一。

宝钢股份的独立董事组成了一个阵容强大的"豪华"团队：单伟建，美国新桥投资集团董事总经理，因为收购深发展近来在中国证券市场广为人知；刘怀镜，西蒙斯律师行合伙人；高尚全，中国经济体制改革研究会会长；洪瑛，中京富会计师事务所董事长、合伙人。四名独立董事已涵盖了国际金融专家、律师以及国内自身经济学家和会计专业人士等各个方面。与此同时，宝钢股份并没有用独立董事充门面，而是设立了规范、详细、严格的独立董事规章制度，以保证独立董事对公司各项运作进行监督。

宝钢股份在其章程和董事会议事规则中规定：关联交易，独立董事和其他非关联董事在人数少于董事会人数的二分之一时，享有一票否决权；董事会作出关于公司关联交易的决议时，必须由一半以上的独立董事签字后方能生效。由于宝钢股份的有关规章赋予了独立董事独立报告权，独立董事有权就任何事项质询管理层，而独立董事在收购兼并、资产出售的公平性等事项上的意见更是举足轻重。

与此同时，宝钢股份成立了董事会下属的专业委员会，包括薪酬及考核委员会、审计委员会，这两个委员会均由独立董事领导，并以外部董事及独立董事中的专家组成。据悉，专业委员会实行严格的问责制，比如薪酬及考核委员会将对每一个董事的绩效进行定期评估，而诚信度将成为重要考核指标，通过这样的评估淘汰不称职的董事，同时也对宝钢股份大股东代表的董事提出了更高的要求，他们必须以公司及全体股东的利益为出发点，而不是仅代表大股东的利益。

对于宝钢股份的独立董事们而言，其社会地位及影响特别是作为独立董事的责任，使他们深感肩上责任重大。单伟建在接受记者采访时明确表示："独立董事可不是什么'肥缺'，对我而言是一个不小的'负担'，这意味着我的工作要对全体股东利益负责。"作为独立董事中的一员，单伟建的声音在宝钢股份的董事会中并不弱，有一次，单伟建建议公司每月财务报告要包括当前实际情况与先前计划之间的对比，公司果然听取了他的意见，下个月的财务报告便做了改动。还有一次，宝钢股份管理层提出要收购集团公司下属的一家盈利不错但并非钢铁业的子公司，当时单伟建就表示，既然公司确立了以钢铁业务为核心主业，就不应该贸然涉足其他行业，结果人数占绝对少数的独立董事的意见得到高度重视，这一收购计划最终没有实施。

不仅仅是单伟建，宝钢股份的其他独立董事个个也都非常认真尽职，董事会上经常出现这样的情形：独立董事连珠炮似地发问，令报告人应接不暇。由于这些独立董事工作都很繁忙，有的经常在全世界各地飞，所以宝钢股份董秘陆国清要确定召集董事会及股东大会的日期，经常费尽周折，不过四名独立董事都尽力保证出席会议，总体出席率90%以上，如果实在无法出席，则大多时候要利用电话通信方式进行全程参与。陆国清笑着告诉记者，独立董事已提出应尽快实施电话会议、可视电视会议等现代化远程通信方式，以进一步提高会议效率，宝钢股份正在抓紧这方面的系统建设。

至于宝钢股份独立董事的"高薪"，实质上，对于这些有的年收入甚至在千万元以上的人士来说，绝对不是冲着这份报酬而来，而是受宝钢这一品牌的吸引。据悉，这些独立董事中，有的早已将报酬捐赠给教育工程，但却始终不愿意张扬。

竞争能力日益增强

打造一片透明的天空使宝钢股份获得了强大的生命力，公司上市后会迅速扩大，盈利能力不断增强并继续保持了可持续发展的动力。

宝钢股份近来喜讯频传。尽管中国加入世贸组织后，国内钢材市场受到的国际竞争日趋激烈，但宝钢股份的四大冷轧精品国内市场占有率依然保持上升势头，今年前八个月，四种主要冷轧产品的产量都"创出纪录"。而收购三期资产后，截至今年10月，宝钢汽车板产量首次突破年产百万吨大关，目前公司的汽车用钢已占据国内市场的半壁江山，宝钢板已开始在上海通用、上海大众、一汽大众、丰田汽车等国内著名汽车厂家的中高档车型上使用。宝钢的骄人成绩，同样赢得了世界同行的认可，国际钢铁业界、权威评级机构和投资者公认宝钢股份是世界钢铁业的领导者之一。

当今世界，钢铁企业间的角逐日趋激烈，面对激烈竞争，宝钢股份充满信心，朝着建立大型跨国公司、建成全球最具竞争力的钢铁企业努力奋进。

张文魁：关注国资管理体制改革四大热点

（原载于2003年1月24日　上海证券报）

11万亿元国有资产走向何方？公平与效率如何兼顾？十六大报告中关于建立国资管理新体制的论述，将国资管理体制改革这一热点问题提到了新的高度，社会各个层面对国资管理体制改革关注的程度也上升到从未有过的高度。

这是一场具有划时代意义的改革，而其所面临的难度非常巨大。正因为如此，我们特意邀请了国资管理体制改革专家、国务院发展研究中心研究员、企业研究所副所长张文魁，一起来探讨目前各个层面最关注的改革方案中的几个核心问题。

中央与地方权责如何划分

记者：新中国成立五十年来，中央和地方的国有资产似乎从来就没有认真清理过，十六大报告虽然已明确指出"中央政府和地方政府分别代表国家履行出资人职责"。但中央和地方究竟将如何划分权责？地方是否完全拥有它那一部分资产的所有权？如果所有权不完整，那么中央和地方的权力应如何界定？

张文魁：这确实是当前大家非常关心的问题，也关系到在新一轮国资管理体制改革中能否充分调动起地方积极性的问题。中央国有企业数量众多、国有资产总量庞大，合理明确中央和地方政府对国有企业的产权关系，是事关国有资产管理体制构架的基本。我国承认市场经济体制下公认的"谁投资谁所有"的基本原则，各级政府也基本上对本级政府投资的企业，或者虽是上级政府投资，但"下放"历史较长的"国有"企业已享有事实上的产权。我国财政体制事实上已是分级财政体制，也就是说，各级政府的财权已在向清晰化的方向迈进，那么产权也应该相应地逐步清晰化，过去"统一所有"的国有企业应当"名实一致"将产权归属确定到各级政府。

更重要的是要在财权、产权清晰化的基础上，逐步实现各级政府的事权清晰化。这次国资管理体制改革的深入层意义就是要在产权、财权清晰化的基础上，更多地实现各级政府事权的清晰化，向一个现代化国家迈进。因此，改变过去国家"统一所有"的国资体制，就会相应影响各级政府的事权责任，特别是社会保障责任这个重大的事权问题。从我国的国情来看，建立中央一级统筹的社保体系是不可能的，最多只能实现省级统筹，所以让国有资产的产权与社保事权、财权匹配是重要的，下一步，中央政府和各级地方政府之间的一个重要工作就是要合理确定并分级行使与产权相匹配的社保责任。

记者：那么地方是否完全拥有它那一部分资产的所有权？如果所有权不完整，中央和地方的权力应如何界定？这将关系到在新一轮国资管理体制改革中能否充分调动起地方积极性的问题。

张文魁：中央政府和地方政府之间必须确定产权行使边界。考虑到中国的历史背景和现实状况，地方政府不可能彻底、完全地行使产权。但其边界在哪里？我们认为，中央政府不宜把边界定得太窄，更不应该模糊化，地方政府行使国有资产产权的边界，或者说中央政府对国有资产保留的权力，主要有四个方面：

第一，确定国有资本的控制范围。实际上，让地方政府代表国家行使国有资产的产权更有利于国有资本的退出。但是，地方政府是不是完全可以自行决定国有资本从哪些领域退出呢？不是这样。以后应该由中央政府来决定国有资本不能从哪些领域退出，应该在哪些领域继续保持控制。除了这些领域之外，地方政府可以决定所有的退出事宜。当然，到底有哪些领域需要国有资本控制，是一个需要继续探讨的问题。在一些西方国家，不但连军火生产领域，而且连邮政、印钞等领域都可以不由国有资本控制。

第二，确定国有股转让的规则、程序。国有资本的退出，意味着国有股要进行转让，中央政府应该制定统一的国有股转让规则、程序，以防止国有股转让过程中的国有资产流失等问题。国有股转让应该有公开的、竞争性的程序。

第三，确定国有股转让收入的使用方法。即使地方政府在国有股转让中没有违背统一的规则、程序，中央政府仍然要统一确定国有股转让收入的使用办法。这种收入一般不应该被用于投资，而应该用于解决国有部门的历史包袱问题，如补充社保资金的不足、核销呆坏账等。

第四，确定统一的资本预算格式和程序。在新的国有资产管理体制中，资本

预算有着重要的地位，应该通过资本预算来约束新国资管理机构、中间层公司（国有资产运营公司）的行为。各级政府都要将资本预算作为一个重要的国资管理手段，资本预算的格式和程序应该由中央统一制定，地方政府依照执行。

我们认为，中央政府对国有资产保留的权力只体现在上述四个方面，除此之外，地方政府享有高度的产权。

新国资机构"管"哪些资产

记者：党的十六大明确了国有资产管理体制改革的方向，中央和省、地（市）将自上而下地陆续设立新的国有资产管理机构。新国资机构所管理资产的范围应该包括所有资产吗？行政事业资产、自然资源资产、金融性资产、公益性资产等是否也包含在内？

张文魁：一些同志担心新国资机构是不是会"管得宽"，从而导致与其他政府机构之间的相互摩擦甚至相互争权。而且"管得宽"就可能导致"管不好"。国有资产包括以企业资产为主的经营性资产、行政事业资产、自然资源资产三大类。这些资产由于基本功能、来源、使用方法的不同，相应的资产管理体制可有所不同。所以这就牵涉到这三类资产是否都归同一国资机构管理的问题，而且会涉及具体部门的职能划分。

我们认为经营性资产主要指国家对国有企业的投资资产，总的看是资本性资产，相应的资产体制应是按资本管理原则建立的资本管理体制。而行政性事业资产是用于国家行政事业的资产，一般宜采取由相应的公共行政管理机构管理的体制。自然资源资产自然生成的资本价值及利益，部分与投资有关，如勘探、开发，部分先天而成，且与社区关系密切。

新国资机构所管理国有资产的范围不宜太广，至少在起步阶段不应将行政事业资产和自然资源资产纳入管理范围，这两类资产仍然由其他专门的政府部门管理。当然，新的国资管理机构并不是同这两类资产的管理机构没有接口，相反，可以参照上海的模式，行政事业资产统一在国资管理部门登记建账，但委托经营待商业化条件成熟之后商业化和移交给国资管理部门。自然资源资产仍然要保持独立性。

即使是经营性资产，也还存在着是否将少数特殊企业纳入新国资管理机构范围的问题。除一般国有企业的经营性资产以外，还存在一些特殊行业的企业，其资产具有特殊性。对于少数公益性强、长期需要财政补贴的国有企业如一些铁路路网、大型项目公司、大型军工公司，这类公司可暂不纳入新国资管理机构的管理范围，以减轻该机构缺少专业、行业经验的压力。这类公司的国有资产可仍由专业部门，如铁道部、水利部等来行使产权。当然，可以仍由新国资机构行使产权，但同时作出特殊的制度安排，如规定公司重大投资方案需和有关专业部门协商沟通。专业部门可以对公司派董事，参与有关的经营决策。

新国资机构如何"管"企业

记者：国资管理体制改革可谓"牵一发而动全身"，因为与之相关的是10.93万亿元的总资产、19万家国有企业以及5000万从业人员的走向和命运，那么新国资机构又将如何管企业？不少企业界人士担心新国资机构权力太大，会把企业管死。

张文魁：这的确是企业界非常关注的一个问题。新国资机构与以前的国有资产管理局有本质的不同。以前的国有资产管理局实际上是"账房先生"，而不是"东家"，而国资机构由于实行"管资产与管人、管事相结合"、"履行出资者职责，享受所有权益"，所以将会以"东家"的角色出现，这也就是我们通常所说的"老板"。这个"老板"的权力那么大，企业界的担忧不是没有道理。

为了探讨新国资机构应如何"管"企业，我们先了解目前国资管理职能的行使方式。目前党政部门对国企的管理事项非常多，但以所有者的身份来"管"企业，基本上体现在八个方面：人事任免、业绩衡量、综合考核、薪酬计划、重大决策管理、下派财务总监和监事、审计和资本经营预算。

目前党政部门通过上述八方面以所有者的身份来"管"企业，存在一些弊端。首先是所有权职能由多部门行使，也就是"多龙治水"；其次是与公司治理规则存在重大冲突，如人事任免、重大决策管理、向企业下派财务总监和监事等都不符合公司法律法规；最后，业绩衡量本身不够科学合理，而且与薪酬制度脱节，不能实现有效的激励和约束。

按照十六大确定的方向，新的国资机构的管理原则应该是"国有资本"管理而不是"国有资产"管理，二者存在重大区别。资产管理意味着对实物形态的管理，可能导致对生产经营过程的干预。而资本管理意味着以资本回报为目标（可适当照顾其他目标）和业绩衡量指标，按公司法律规定的方式和程序行使股权。

记者：既然新的国资机构"管"企业的方式应该与目前的方式有显著不同，那么新国资机构的"管理"方式将有哪些？

张文魁：我们认为主要有六种方式。

第一，按照公司法律规定的股东权利来行使国资所有权。新的国资机构"管"企业的方式基本就是行使股东权利而不是想怎么"管"就怎么"管"，"所有权到位"的实质就是"股东权利到位"，股东权利的行使，公司法律有非常明确、清楚的规定，国有股的股东权利不能例外。一些特殊领域的企业，需要赋予国有股东一些特殊权利，可以参照国外特殊法人的方式设立。

第二，建立能担负受托责任的董事会。改制后的企业都应该建立董事会，包括国有独资公司应该建立董事会。健全董事会的决策制度，并使董事会担负受托责任。将董事会的受托责任程序化、制度化，有利于受托责任的落实。

第三，建立以现金流为基础的业绩衡量标准。改变目前以资产保值增值率为主要考核指标的做法，将政府以所有者身份所获得的现金分红作为主要的考核指标。衡量业绩最基本的办法就是看现金红利是否超过以其投入的资本可以得到的国债利息。

第四，建立科学合理的薪酬制度。建立执行人员和董事的薪酬制度。参照民营企业和国际上的通行做法，形成合理的薪酬结构。

第五，新国资机构本身要实行真正的委员会制而不是首长制。该机构的决策权全部在委员会，委员会由若干委员，如由7人组成，决策采用投票制，每人一票，委员会主席只是会议的召集人，而且由各委员轮流担任，比如一人一年。委员会的决定也通过法律规定的股东权利的行使来影响企业，而不是以向企业下达红头文件等方式来影响企业。该机构所有的内设部门只是委员会的职能性参谋部门，没有权利直接对企业发出指令、发表意见和下达红头文件。

第六，建立人大对新国资机构的监督机制。要建立人大对新国资机构的质询制度、问责制度，特别是要建立程序严格、内容详尽的资本预算制度，使人大以资本预算制度来衡量新国资机构的工作成绩以建立约束。

新国资机构如何"管"上市公司

记者：从证券市场层面看，目前上市公司及监管部门更加关注新国资机构如何同公司治理相协调，您认为，新国资机构将会对上市公司的股权重组和日常运营产生什么影响？

张文魁：这是一个非常重要的问题，因为我国证券市场有约1200家上市公司，其中70%以上都是国有控股的，新国资机构将会直接或者间接成为这些上市公司的"老板"。"老板"的行为不端或者疏于职责，将导致上市公司以及证券市场的不良反应，就会涉及数千万股民的利益。

我们认为，新国资机构"管"上市公司的基本原则就是要与公司治理保持和谐。不管是新国资机构直接成为上市公司的"老板"，还是新国资机构设立中间层公司来充当上市公司的"老板"，都应该坚持这一点。目前，在上海和深圳，一般都是设立中间层公司来充当上市公司的"老板"，但是这些中间层公司往往习惯于以行政方式"管"上市公司，而不习惯于在公司治理的轨道上"管"上市公司。例如，中间层公司对上市公司的投资、担保等事项往往要进行审批，中间层公司甚至占用上市公司的资金，这些都严重地损害了上市公司的独立性，损害了上市公司董事会的受托责任，破坏了证券市场的游戏规则。新国资机构"管"上市公司的方式要保持与公司治理相协调，有许多具体工作要做，比如，新国资机构必须要建立一套符合市场经济规则和公司法律的决策制度，证券监管部门和证券交易所必须要加强对上市公司的监管、对董事会制度实行情况的督查，等等。

中远集团：打造新国企

（原载于2004年1月2日　上海证券报）

党的十六届三中全会对提升国有企业竞争力的再次明确，国务院国资委189家中央企业发出的"世纪之邀"，令中国的国有企业感受到了肩负的重任和巨大的压

力。中国的一大批国有企业都渴望着能在这场"世纪之邀"中胜出，真正成为具有国际竞争力的大公司。

作为中国规模最大的远洋运输企业，中国远洋运输（集团）总公司承载着1400亿元的国有资产。中远集团已明确表示，在2010年以前成为世界500强。中远集团已经全力以赴。

进军世界500强，是众多中国企业的梦想。中远集团能以怎样的超越，成为跨国远洋航运企业？驶向世界目标的航程中，已拥有海内外7家上市公司的中远集团，如何实现产业资本与金融资本的有效对接，能否借助资本市场的平台更高地提升公司价值？

2003年岁末，记者赶赴北京，采访了在中国和世界航运界叱咤风云的中远集团总裁魏家福先生。

不一样的进入模式

记者：能否进入世界500强，已成为衡量一个企业的重要指标。三中全会明确了中国要发展一批具有国际竞争力的大公司大企业集团。一批国有企业因此而兴奋和活跃，中远集团更早已跃跃欲试。但是做大容易，做强着实很难，中远集团真有这个本事向500强冲刺？

魏家福：我对做大做强的理解是，必须在强的基础上做大。中远集团已明确提出，在2010年之前进入世界500强。与国内的大企业凭着行业绝对垄断的地位和优势进入500强不同，中远的进入模式是：通过自身的发展，并利用资本市场，做强做大，打进世界500强。中远集团具备这样的基础和能力。以中远集团在香港的上市公司中远太平洋为例，2003年6月9日，它正式纳入香港恒生指数成分股。在9年前，中远太平洋只是以9亿元净资产的规模在香港发行上市的"小不点"，现在已经成为拥有100多亿元净资产的蓝筹企业，这是企业完全通过自身的努力，取得今天的成就。

中远整个集团也是如此，这些年我们通过改革、改制、重组的市场化发展道路，实现了腾飞。我可以用1998年与2003年相对比的一组数字说明：5年的时间，中远集团实现了船队规模由1635万载重吨增长到2900万载重吨，增长78%；销售收入由325亿元增长到750亿元，增长130%；同时，利润实现增长4.8倍。这就是中远速度。

这两三年，中远集团在迅速扩大国外投资和经营规模，提高国际化经营指数。到2005年末，中远集团的海外资产计划由近两年的大约60亿美元增加到80亿美元。由于海内外投资的增加带动总销售收入的增长，中远集团总销售收入可以从近两年的70多亿美元增长到100亿美元，这将为实现后5年的目标打下坚实的基础。到2010年，中远集团的海外资产如果达到100亿美元以上，实现总销售收入138.5亿美元以上，就有可能达到进入世界500强的最低水平，并符合全球跨国公司100强的国际化经营指标效果。到那时，中远集团就将真正发展成为世界跨国公司。

产权改革是突破口

记者：三中全会已明确，以混合所有股份制为公有制主要实现形式。但当前一批国有大企业面临一道"中国特色"的改革障碍。国有企业尤其是大企业，程度不同地有着大量辅业，据统计，中央企业有8.1%的资产属于辅业资产。如何加快主辅分离，直接影响中国打造具有国际竞争力的大企业集团的进程。在这方面，中远集团似乎表现得比较轻松。我想知道，中远集团怎样进行"瘦身"革命？

魏家福：三中全会确立了进一步完善社会主义市场经济体制的道路和方向，按照以混合所有制为公有制主要实现形式的思想发展，中国完全有能力在经济全球化的世界趋势下，实现从计划经济向市场经济的过渡，实现从封闭向开放体制的真正意义转轨。

中远集团拥有总资产1400亿元，属国务院国资委所属中央企业中总资产超千亿元的15家大集团之一。不仅规模大，而且业务广，经营领域覆盖全球，一条条穿梭在世界各地的船舶，成为在海上流动的"国土"，由40多家分支机构组成的经营网络遍布全球，吸引了世界各地总计4200余人成为中远集团的员工，共同分享中远的企业精神和中国经济增长。

从中远集团这些年来的实践和发展看，国有大型企业更应该迅速主动地进行体制调整，积极进行机制创新，我们在四年前提出调整创新思路，随后开始逐步将不符合企业战略发展方向的资产剥离，对不具有经营发展潜力的资产进行调整。这种调整，是从优化和调整产权结构入手，通过引进国内外的专业化股东，实现企业产权制度的改革，从而使这些辅业成为同样具有核心竞争力的优势企业。比如中远集团所属的中远置业和中远房地产，这是两家非集团主业的公司，就走了这样一条改制道路。

记者：国有大企业发展混合所有制，最重要的是实现集团层面的投资主体多元化。中远集团这样的国有大企业，如何进行这种深层次的变革？

魏家福：发展混合所有制，最好的路径是通过资本市场成为上市公司，实现公司的股权多元化，推动公司治理结构的完善和规范。这是发达国家成熟的市场经济模式，我们完全可以也应该照搬过来。按照现代公司治理结构的要求，中远集团实现投资主体多元化，不采用剥离上市的方式。

中远集团正致力于在资本市场培育一家龙头企业，在非核心主业改制的基础上，集团会将所拥有的核心主业和优质资产逐步向上市公司注入，从而彻底打造出新的中远，也可以说是资本市场的新中远，使这一上市公司成为中远集团在海外资本市场的第二个总部。

资本市场魅力无穷

记者：提到资本市场，不能不谈到中远集团的资本运作。中远集团在资本市场已经拥有了相当规模的"联合舰队"，集团旗下目前在海内外控股、参股的上市公司共7家。那么，中远集团是否实现了产业资本与金融资本的有效对接？

魏家福：中远集团是国内最早进入国际资本市场的企业之一，目前集团在海内外拥有7家控股和参股的上市公司。可以说，中远集团在兼并收购、重组上市、股权转让以及股权交易等资本运营领域取得了一定成绩。在资本市场的运作，实现了中远集团的几大主业，也就是优质核心资产的产权制度变革，这些上市公司都实现了投资主体多元化，实现了混合所有的股份制。

记者：这些年来，中远集团的资本运作逐步成熟。从您的切身体会来讲，应该如何评价资本市场的特点和海内外不同资本市场的差距？

魏家福：资本市场拥有巨大的资金源泉，可以有力支持上市公司的发展。不过资本市场不会发生"天上掉馅饼"，伸手从这个市场拿钱会感到很烫手，新上市公司一定要树立回报投资的理念。如何回报，上市公司的经营者要有高超的经营艺术，能够创造出巨大的增值效益。从海内外不同资本市场的比较来看，海外资本市场更严格，比如对信息披露的要求更充分，中介机构的专业化水准更高，投资人也更成熟和理性。

中远集团的战略目标是，形成真正的跨国企业集团。今后，中远集团会进一步充分利用好海内外两个资本市场，成为新型的利用国际与国内两种市场化资源发展的混合所有制企业。中远集团及所属的上市公司"联合舰队"，今后发展所需的资金按照"541"的结构组成，就是50%的资金来自资本市场，40%的资金为银行贷款，还有10%是企业自身的利润积累。

激情魏家福

魏家福是一个很有激情的人。

早在几年前，一次国际性会议上，魏家福作主题演讲的时段里，令会场不时响起兴奋的掌声。很有激情，第一次面对和聆听，便留下了这份强烈的印象。

2003年的这个岁末，记者对魏家福作专题采访。畅谈起中远的500强之梦，看着魏总裁激情洋溢的风格，依然感受到了他的激情。

在船甲板和大海上成长起来的魏家福，对中远集团有着不应忘却的感情。他说，43年来，中远由当初的4条船发展到今天拥有589条船的远洋舰队，凝聚了历代领导人和8万名员工的心血。近几年，中远所取得的大发展，得益于中央的政策和中国经济的增长，他希望，未来，中远能够在世界的海洋上快速、稳健地向前。

听过别人对魏总裁的评价。了解他的人讲："他的最大的特点，是具有国际化视野。"

魏家福确实很"现代"。4年前，中远集团出手10亿元建立中国国有企业最大的信息化系统，要成为"数字化中远"。现在，魏总裁每天都必须看电脑屏幕，那页面由他自己设计，是布隆伯格的即时信息。上面有中远的集装箱运输情况，还有全世界金融市场的即时情况。据说，魏家福出差时，一回到酒店，就要打开电脑，浏览公司及海内外最新信息。

魏家福已经赢得国际的认可。2003年12月，他荣获2003年度国际"海运名人奖"。该奖是表彰对国际海运事业的发展作出特别贡献的业界领袖人物。

在采访的最后，记者问他，人生的追求和目标是什么？魏家福回答："在有生之年将国家授予的权力充分转化为对社会的贡献，让1400亿元的国有资产流动起来，让国家赢得回报。"

再问魏家福是否"企而优则仕"，他并不接招，只表示："我忠诚中远的事业，忠诚党的事业。"

这就是充满激情而政治成熟的魏家福。

中国外运：整合中国物流业

（原载于2004年1月29日　上海证券报）

整个中国物流业，包括已进入中国市场的一批国有巨头，这两天都有点发蒙：怎么一不小心，中国外运股份有限公司与裕利集团有限公司这两家业内的强势企业竟成功实现了国企与民企的"联姻"。

中国外运为国内最大的物流企业，是在香港上市的H股公司，2003年上半年实现净利润3.45亿元。裕利集团则是近年来异军突起的民营物流企业，尤其在福建地区占据最大市场份额，2003年实现销售收入近4亿元。

就在日前，迎着农历春节的喜庆气息，中国外运与香港鸿光控股有限公司在京签署了《战略合作协议》。中国外运通过收购股权及增资的方式取得香港鸿光控股旗下的裕利集团75%的股权，重组完成后，裕利集团将更名为"中国外运裕利有限公司"，承担起中国外运在福建地区的全部业务。

物流业是一个比较时髦的行业，所谓的物流概念这几年"席卷"中国。按照党的十六大关于发展混合所有制经济的最新潮流，这一行业的国有大企业，又率先拉开了积极吸引战略投资者，吸引外资、民营等各类资本的帷幕。

此次收购对于中国外运绝对不寻常。作为中国对外贸易运输（集团）总公司这一国有大型企业旗下的上市公司，中国外运由此将进入大手笔整合中国物流市场的历史新阶段。

坐在坐落在北京金运大厦最高一层的办公室里，中国外运集团总裁兼中国外运董事长张斌在接受本报采访时很干脆地评价了这次收购。他说："中国的物流企业即将在自己的家门口迎来残酷的世界大战，只能做大的中国外运一直有着强烈的扩张冲动，现在是时候了。"

整合中国物流业

物流这个行业的特殊点在于，养大、养小但不养中间型的企业。什么意思？张斌解释说，在物流行业，最大的企业和最小的企业都会有各自的生存空间，但中型企业最终很难生存。

一大批物流公司都有着寻求扩张道路的紧迫想法，尤其是一批近年来发展辉煌的中等规模企业，都有着成为大企业的冲动。而对于中国外运而言，更是不可能做小，而只能做大。

中国外运不得不时时正视所面对的巨大竞争压力。张斌很形象地比喻：随着中国加入世贸组织（WTO），中国物流市场的大门已逐渐打开，一批国际物流公司逐步向这个庞大的市场渗透。不过，这个时候，作为国内物流业的"老大"，中国外运还有相对的比较优势，但如果有一天，中国的大门最终全部打开了，那个时候，中国市场突然出现一个物流大企业，如果中国外运不保持自己的最大规模和全方位的综合服务能力，中国外运的比较优势将不复存在。

实际上，目前中国的物流业还处于十分分散的状态，并没有形成真正意义的网络化国际化的大规模物流公司。这些年，在中国物流行业的整合过程中，有些大型企业拥有丰厚的资源，但没有真正意义的网络服务。一批快速崛起的民营物流企业从中不同程度地分割到部分资产，但更没有形成成熟的体系。中国物流业需要通过一系列收购兼并整合出领袖型的企业，作为国内知名咨询顾问的和君创业研究咨询有限公司执行董事长李肃，对中国物流业的发展有着深刻的见解。

李肃认为，中国外运要实现这种整合，必须对全国各地区排名第一的物流企业进行收购兼并。中国外运此次出手首先起步于福建地区，正是看中了裕利集团在福建地区的龙头地位。

在中国外运9大核心业务区域版图上，作为一方诸侯的福建外运的业绩排名第

5，拖累中国外运在整个福建地区也排名靠后。中国外运与裕利集团的这次购并，通过国有与民营体制的有效"嫁接"，不仅实现了双方要素和资源的优势互补，而且中国外运也借助裕利集团的外来灵活机制，对福建外运进行有效整合。中国外运内部的各路诸侯已受到极大震动，业绩平平地区的老总开始忐忑："下一个是不是该轮到我了！"

这一重组模式，外运+裕利=福建第一，形成的是1+1大于2的整体效应，奠定了中国外运在福建地区的领袖地位和优势。而这次重组，也拉开了中国外运整合中国物流区域经济的序幕。各地方民营物流企业和外资物流公司无不强烈关注着这次重组，诸多物流大户纷纷猜测："中国外运下一次会与谁牵手？"

裕利的大公司情结

裕利集团也正走到了如何做大的关口。经过多年的快速发展，裕利集团形成了以厦门为中心、辐射全福建、竞争能力福建排名第一的优势地位。不过作为民营物流企业发展到今天，裕利集团越来越感到面临着发展的瓶颈：缺乏雄厚的资金、全国性网络以及国有大企业的品牌优势。尤其面临来自跨国公司的竞争，如何低成本运作资源，对民营企业做大是很大的难题。

对当初从中远集团出来的现任鸿光控股兼裕利集团董事长朱伟民来讲，大公司的情结多年来一直挥之不去。

张斌与朱伟民第一次见面，一出来，张斌就说："这件事能做成。"当时是2003年4月的一天，在厦门，两位中国物流业的重量级人物一见面，就都流露出英雄相惜的感情。当时，张斌对朱伟民的评价是，"这个人有大公司情结"，"这是一个非常有诚意的人"。而在大海上成长起来的朱伟民，对有着相当高国际化水准的张斌，也十分欣赏。

在随后的进一步接触和审计过程中，张斌对裕利集团的规范运作和严格管理，赞誉有加："作为民营企业能这么规范，真不多见，不愧是大公司里出来的人带出的企业。"

不过，目前还不能说这场重组已经大功告成，后面还有很多具体事情要做，两家企业最终能否整合好，关系到此次购并最终的成与败，张斌一再强调。他把这次重组比喻为"marriage（结婚）"，现在是一对新人刚刚从教堂出来，欢天喜地，喜气洋洋，然后还得回家，好好过日子。

作为将领军新组建的外运裕利公司的朱伟民，责任感催促他早已迅速进入角色。心思缜密而又追求完美的朱伟民一直在担心，担心重组会带来两边人员的"波动"。对于物流企业，对于追求在标准化下实现完美个性化服务的物流公司，人的影响会对企业的经营效率和成本带来巨大冲击。朱伟民已全身心地投入到以人为本的整合工作中。

目标是全球同步

成为有中国特色的大型国际化企业，是中国外运集团的发展目标。在整个中国外运集团的战略部署中，在香港上市的中国外运收购裕利集团只是打造中国特色物流企业的第一步，而实现全球同步，则是中国外运集团打造国际化企业的更大手笔。

作为有着50多年传统的老国企，中国外运集团一步步走到今天，真不容易。中国外运集团成立于新中国刚成立的1950年，那时，有着中国唯一货运代理的优越资格。到了改革开放时期，作为国家级大公司，却最早丧失了国家级垄断资格和政府资源，当时，真是很难受。回首从前，张斌颇为感慨。

20世纪90年代后期，中国外运集团开始提出，作为中国国有大企业，中国外运集团要通过自己的能力保持和扩大市场，要寻求自己的生存发展之路。出路何在？中国外运集团聘请的咨询专家为其重新定位为：放弃航运情结，发展物流产业。中国外运开始了自1997年以来的第二次创业。

在全国，中国外运集团先后实施了结构调整、网络重整、建立一体化销售体系和建立标准化操作流程的一系列"伤筋动骨"的大改革。与此同时，中国外运集团在继续继承原有专营优势的基础上，开始开拓与欧洲、美国、日本等地区国际跨国物流巨头的合作。其中最经典的就是张斌一手运作的与德国邮政集团旗下郭豪环球快递（DHL）的成功合作，尤其是在发生"波黑战争"的1999年5月，在中国外运集团面临着中国入关压力的情景下，DHL仍然下定决心与中国外运集团签署了50年的合作协议。

这一切，都为中国外运集团迈向资本市场打通了道路。2000年，外运发展一举成功发行A股。2003年2月13日，操着一口流利英语的张斌带着中国外运的国际化团队，经过200多场精彩路演，征服了一大批境外投资者，实现在香港成功上市，使集团拥有了资本经营的实力。

中国外运上市不久就提出，要从单纯的资产运作公司变成资产经营与资本运作结合的公司。在收购裕利集团后，今年下半年，中国外运还将加快国际化的步伐，与世界物流大公司合作或购并等一系列精彩好戏，可能不久就上演，从而尽早实现进入世界物流业前十强的梦想。在境内上市的A股公司外运发展，今年也会有一系列新的投资项目，同时通过降低成本，进一步提升企业的利润率。

而中国外运集团整体上市的目标，也可能在今年。至于是私募发行还是公开上市，都在考虑之中。

在中国国有大型企业加快国有资产管理体制改革的进程中，踌躇满志的中国外运集团似乎要演绎一场完美的大力发展混合所有制经济的改革大戏。

低调人物张斌

"低调低成本，高调高成本。"面对记者发出"你是个相当低调的人"的评价，张斌开口便抛出这样一句开场白。

此前已多次听过关于张斌与中国外运的故事。对他一手"导演"与DHL经典合作以及香港发行上市时精彩路演的种种议论，几近耳熟能详。对于他喜欢诗词，尤其能填一手洋溢着英雄般气吞山河气魄的古典诗词的说法，又让我对他的才识和性格有了更深的认识。

第一次见到张斌，他穿着一件白色亚麻布衬衫，显得简单而又不俗，令人眼前一亮。不过他那并不宽敞而又布满从堆放着文件的办公桌，到写着炯劲字迹的大幅字画等拥挤物品的办公室，着实有些出乎意料。

这么大的中国外运集团的总裁，就坐在这样一间局促的办公室里。记者立刻对比起前不久采访的一家也挺有名气公司的老总，那办公室里外加起来有3连套。与张斌的办公室相比，那是绝对的气派。

更令我意外的是张斌的坦诚。尽管之前预约采访颇费周折，张斌行事低调的风格，一直让他本人与媒体保持远远的距离。但真的接受了采访，张斌实话实说的真诚，着实让记者大受裨益。这是一次够分量和有收获的采访。

张斌的骨子里，透露着一股中国"行业盟主"的豪迈劲，而在美国工作了5年多的海外任职经历，又让张斌的身心浸透着国际化的情结。这样一种奇特组合，构成了一个特立独行的张斌。

看多了游离在做企业和走仕途之间的国有企业老总。面对张斌，则鲜明地感受到他少了一份追求"企而优则仕"的世故与焦灼。张斌直言：他喜欢扎扎实实做企业。熟悉他的人不讳言：张斌一门心思想把中国外运做成国际化的跨国公司。这并不影响张斌对政治的高度关注和看重。他对新一届中央领导西柏坡的讲话有着独到而深刻的领悟。他在集团内部讲话时告诫所有员工，要谦虚谨慎，戒骄戒躁，有忧患意识，同时要永远充满抖擞的精神。

在中国外运的楼上楼下，到处弥漫着一种与张斌一样的紧迫感。有中国外运的员工对记者说："中国外运不同于其他国有大企业，我们面对的市场竞争激烈而残酷。"

重庆力帆瞄准新"球门"

（原载于2004年2月24日　上海证券报）

从难得大雾漫天的申城起飞，到了素有雾都之称的重庆却见到了少有的晴天。

尽管对坐落在此的重庆力帆实业集团，有一份"骑着摩托看足球"的感性认识，但更多的还是雾里看花。如今，坐在一生富有传奇经历的尹明善对面，随着采访的逐步深入，重庆力帆新一年的宏伟发展蓝图，逐渐清晰地展示在记者面前。

2004年注定将成为力帆企业发展史上的重大转折之年：这一年，已对证券市场犹豫太久的力帆欲谋求境外与境内同步运作的两条上市之路；这一年，曾谱写中国摩托车业奇迹的力帆，还要造出四轮驱动的力帆牌系列汽车。

已经60多岁的尹明善，这一次又是认真的，并且比第一次创业时又多了一份

绝对的信心。

一波三折上市路

力帆已铁了心，力争在2004年上市。

"到香港发H股，如果IPO困难就买壳，同时也不排除有可能到美国上市。"尹明善对力帆境外上市运筹帷幄，他说，今年到境外上市的时机比较好，要争取年内完成。目前，力帆已委托境外投资银行、审计师事务所等中介机构，具体操办上市事宜。

实际上，力帆早在1997年就开始与香港著名的百富勤等投资银行亲密接触。当时希望以在香港注册公司的身份直接上市。不过，由于外汇政策方面的壁垒最终搁置。2001年，力帆又运作在香港私募招股，一时间吸引了法国里昂银行、英国巴克莱银行以及新加坡政府投资机构GIC等金融巨头云集，但最后关头，还是以遗憾告终。

跑了几年，中介费花了不少，也打乱了力帆的上市步伐。不过，这份经历使力帆更多地认识了香港资本市场。

话又说回来，那些年，"摩托一响黄金万两"的力帆，对证券市场并非一往情深。在力帆经营摩托产业高速成长的大好时期，企业做实业能赚几亿元，放在银行里的存款数高于贷款额，财务成本连续几年负数。这让力帆颇有些知足常乐。

另外，证券市场存在的不规范现象也让尹明善看了心里难过。力帆与证券市场一直若即若离。

当仁不让有初衷

而今，力帆缘何对上市有着当仁不让的气势？尹明善坦言，这是顺应了时代发展的要求。

尹明善所肩负的政府使命和责任，让他强烈意识到加快企业改制的迫切。尹明善已经成为非公有制经济人士担任省部级高官的一个代表，根据党中央的有关规定，作为高官，要实现所有者与经营者的分离。同时民营企业家进入省部级高官系列，是否会带来新一轮的官商不分，也一直为海内外人士所关注。

在这种背景下，有着强烈参政议政使命感的尹明善认识到，应该借助证券市场公开、透明、监督的制度与机制，对企业改制实现所有权与经营权分离，使力帆建立起现代企业制度。"我希望力帆更加透明，这是件好事情，以避免一生的奋斗前功尽弃，身败名裂。"尹明善很坦诚，他说，将来企业上市了，自己连董事长都可以不当，只作为一名所有者。

力帆尽快上市，也是企业自身发展的需要。2003年，力帆实现销售收入45.8亿元，出口创汇2.03亿美元，企业连续四年进入中国500强。但从现在开始，力帆对资金的需求大大超过以前，尹明善并不讳言地表示。2004年，力帆计划在印度、巴基斯坦、保加利亚等国相继投资办厂。而红火的出口销售形势，同时也带来对资金的大量占用。目前已占用资金七八亿元，力帆还能支撑。但这种完全靠自身积累的局面，使企业很难实现跨越式发展。

证券市场出现的新变化和未来的光明发展前景，让紧跟时代潮流的尹明善看到了新的希望。他高度评价国务院日前出台的推进资本市场改革开放和稳定发展的新政策。这一政策的出台，使力帆加紧境内外发行上市的运作倍添动力。

欲后来居上的力帆准备双管齐下，境内上市平台已选中所参股的万光电源。2003年11月，力帆斥资近2900万元购买重庆万光实业集团麾下重庆万光电源股份有限公司29.9%的股份。万光电源为一家上市的电池生产企业，该收购事宜一经披露，重庆当地媒体就有评价：力帆醉翁之意在上市。

"故事"动人又动听

在境外上市的安排中，力帆准备将发动机这块资产单独拿出来，成立力帆动力集团，再加上"出口"这一概念，包装上市。尹明善表示，力帆到证券市场讲述的"故事"一定很动人，会让境外投资人心动。

尹明善对力帆的核心竞争优势很自豪。第一，民营企业的机制。第二，力帆是中国做发动机的高手：年产销发动机200万台，连续五年全国第一，也是世界冠军。第三，仅仅5年时间，力帆实现自营出口创汇超过2亿美元。这份优良的业绩，在民营企业中并不多见。

更重要的是，力帆的企业自我开发能力很强。至2003年底，已获国内外授权专利848项，居国内同行第一。创新、出口、信誉好，已被知识分子出身的尹明善归纳为力帆的"三件宝"。

据悉，有许多香港的投资机构，纷纷表示对力帆的上市概念看好。不仅如此，有美国投资机构进一步"鼓动"尹明善：有没有胆量请标准普尔对力帆进行信用评级，然后到美国去发行债券？尽管这是个很大的挑战，有风险，但这一不同寻常的海外融资创新之举，让尹明善更加"心动"。

早在1999年，力帆就成功发行了三年期5000万元的人民币企业债券，成为全国首家民企发行债券的企业。而在3年后，力帆如期完成兑换，既使资产收入翻番，也树立了信誉。这次成功的尝试，让力帆面对境外资本市场和投资人，又增加了一份底气。

雄心万丈造汽车

本来，力帆的足球俱乐部已经够热闹了，现在，造摩托车的力帆又要造汽车。初听时的第一个感觉就是：两个小轮怎么变成四个大轮子？

而力帆已经热火朝天地干上了。2003年10月，力帆一举收购了重庆专用汽车制造有限公司80%的股权，并更名为重庆力帆汽车有限公司。这是一家主要生产"北泉"牌客车的企业，产品一直内销。收购后的4个月内，力帆就让这家企业实现出口200辆，2004年有望实现出口500辆。

有了这个造汽车的平台，力帆又在重庆北部地区买了一块地，准备建新厂。现在正大兴土木，3月底厂房盖好，6月底设备安装完毕，年底新车正式下线。尹明善透露，力帆牌新汽车将是排气量为1.6升的两厢或三厢小轿车，发动机用的是宝马使用的发动机，售价定在10万元以内，至于10万元以内的什么程度，暂不披露。

中国蓬勃发展的汽车产业，多年来已被一汽、东风这些国有汽车大企业演绎得有些沉重。而在尹明善的汽车理论里，这一话题却显得非常轻松。他说："摩托车是15元一斤，可以赚钱，汽车50元一斤怎么会不赚钱？"即使降价也不怕，估计4年左右会降到40元一斤，8年后可能降到20~25元一斤。

白手创业的尹明善对力帆造汽车充满豪气。当初造摩托，竞争对手的净资产是力帆的1万倍，力帆却能在短短十年成为摩托车行业的老大。现在，最有实力的国内汽车企业净资产最多是力帆的100倍，而一台汽车的售价平均是摩托的20倍，力帆怕什么，又为什么不做。

尹明善认为，力帆造汽车的最大优势在于强大的发动机制造能力，再加上自主开发、网络、品牌这一系列的综合优势，决定了力帆一定能造出轿车来。当然，起步是中低档车，待羽毛丰满再向高档冲击。不过，力帆的汽车公司暂时不搞合资，以保证力帆牌汽车从一开始就能够走出口的道路。自然是出口到发展中国家，虽然价廉物美却有着巨大的市场。

对机械制造原理颇有研究的尹明善而言，中国一定会成为像消费汽车一样的制造汽车大国。力帆将厚积薄发，后发制人。

尹明善：快乐并痛苦着

虽然顶着一大堆官与商的头衔，知识分子出身的尹明善却显得和善而又包容。

不过在与他探讨力帆造汽车的理论时，却能强烈地感受到，一个大器晚成的企业家骨子里洋溢着一股不服输的进取精神。

这几年，已经将中国摩托车业做到顶峰的力帆，已经意识到企业必须寻找新的支点。但尹明善究竟能否再在更大的汽车业抒写又一个奇迹，还值得等待。

雄心勃勃的尹明善提出了"百亿力帆，百年力帆"的目标，作为民营企业的力帆同样准备冲刺世界500强，时间表预定在15年左右。

对足球绝对是个外行的记者，对从商的尹明善很早就开始热衷于足球的热闹，一直不解。这次有机会问他为什么，得到了回答，"是一种对社会的回报"。尹明善还表示，足球产业最终也会赚钱。

就像足球让国人快乐并痛苦着一样，尹明善对自己人生的评价也说，既有快乐，也有痛苦。

不甘寂寞的尹明善，这些年来除了造摩托车，运作足球俱乐部，还在文化、金融等领域颇有作为，似乎乐此不疲。而尹明善却说，他最大的快乐是读书写文章。

当了重庆市政协副主席后的尹明善，一下子变得更忙碌。他告诉记者，他将

三分之二的时间用于政协和工商联的工作，余下三分之一用于商务。不过，作为社会主义民主政治改革建设的试点人物，他无怨无悔，并乐在其中。

对肩负着的政治使命怀有强烈使命感的尹明善，眼下，正为即将进京开"两会"积极作准备。他已经写好准备递交的提案，关注的主题是"中国的和平崛起"。

至于最大的痛苦是什么，经历过人生沧桑的尹明善没有直接回答。他平和地说，人不能过多计较得与失。

首创集团布局打造新国企发展战略

（原载于2004年2月26日　上海证券报）

中国很大，企业却很小

这种尴尬的现实令中国一批企业汗颜。北京首都创业集团有限公司就是其中之一。

日前，在毗邻北京的廊坊市，记者见到了谋划进军中国燃气产业的首创集团总经理刘晓光。在快节奏的考察和谈判间隙，刘晓光向记者透露，首创集团正布局打造新国企的新一轮发展战略，战略的重心是两到三年实现集团境外上市，未来成为在国际具有影响力的大型产业投资控股集团公司。话语中充满时不我待的紧迫感和志在必得的信心。

水务、燃气、地产"齐步走"

近年来在资本市场"横空出世"的首创集团，宛如秋风扫落叶一般，撬动了一批资源型产业并展开了一系列手笔不凡的资本运作。2004年，"发展混合所有制经济"的宏观背景下，作为北京市大型国有独资集团公司的首创集团将如何发轫？

当晚，在北京，记者再次见到刘晓光。他刚刚在开首创集团2004年务虚工作会。2004年，首创集团有三件大事，刘晓光言简意赅。

第一件大事是构筑强大的"五三二"发展战略。何谓"五三二"？在首创集团的产业发展构架中，五成是基础设施产业，三成是地产，其余二成是金融。在这一强大战略攻势中，首创集团控股的境内外四家上市公司和两只上市基金，将当仁不让冲锋在前。首创集团雄心勃勃，旨在成为中国最有影响力和在亚洲有一定知名度的基建投资公司，五成的基础设施产业包括水务、燃气、高速公路、地铁等。

首创股份精心打造的"水务帝国"，已初具规模。近年来，作为首创水务产业发展平台的A上市公司首创股份，以北京为基地，一路攻城略地，相继完成在江苏、陕西、浙江、广东、安徽、山东以及深圳等地的水务布局。首创股份目前的日处理水能力为650万吨，公司未来的发展目标是，力争用三年左右时间，实现覆盖中国30%以上市场，日处理水能力达到1500万吨。这意味着公司将进入世界行业的前几名。

2004年将是首创股份的收获期。刘晓光透露，首创股份将完成在4个省、市的9个项目的收购及合作，主营收入要实现翻番。中国水业的市场化改革刚刚起步，初步估计未来五年将有6000多亿元的投资市场。这一巨大资本运作空间，令首创非常有信心：要把首创股份打造成真正意义的蓝筹公司。实际上，上市三年，首创股份分红总计已高达11.5亿元，分红率在90%以上。今后随着公司进一步发展壮大，很有可能进行分拆上市的运作。如果遂愿，首创股份的净资产将实现大幅度增值。

拥有强大政府背景的首创集团，并不满足于"水务野心"，公司希望在公用事业领域快速跑马圈地从而抢占更多的资源。眼下，首创集团正在酝酿燃气产业的渗透和突破。

而以"京城地产大王"闻名的首创集团，会进一步释放在香港上市的首创置业所拥有的地产潜力。首创置业有340万平方米的土地储备，未来升值潜力巨大。凭借这一行业独特优势，首创置业争取用3年的时间，使规模达到100亿元，净利润达到10亿元以上，跻身亚洲级地产公司行列。

自身100亿对接国际100亿

实施国际化发展战略，是首创集团新征程路上的第二件大事。

首创集团整体重组与改制的立意很高：引进国际化战略伙伴，引进国际化投资基金，利用国际化的企业机制，利用国际化的市场通道。总之一句话：真正国际化。

这一切与刘晓光的国际化视野分不开。走过全世界72个国家和地区的刘晓光在开阔眼界的同时，也产生了强烈的忧患意识。他立志：中国这么伟大的国家，拥有如此巨大的市场，没有理由不诞生伟大的企业。

首创集团一定要领先其他中国企业。而领先之路的突破口，就是集团整体境外发行上市。这不仅仅单纯为了融资，更重要的是为了构造可以千秋万代持续的制度平台，为了建立规范的国际化公司治理。

首创集团境外上市的股权结构初步设计为，集团自身拿出100亿股，再吸引境外资本筹集100亿股，总计200亿股到国外募集40亿美元。首创集团计划用1年半的时间完成对6~8家战略及财务投资者的引进，这些投资者包括产业合作伙伴和投资基金。而最终完成上市，用2~3年的时间。

日本引进了12亿美元，再上市筹集40亿美元，首创集团将可控制上千亿元人民币，当具备较强的投资能力。

自然，这一海外上市不可避免地要涉及对目前首创集团所拥有的境内外上市公司股权结构的调整。刘晓光坦言，将实现与这些上市公司的联动，一些层面需要进行金融创新。

利用资本杠杆不断撬动新的产业板块，是刘晓光执掌下的首创集团一大突出发展特色。刘晓光不讳言，集团将来境外上市募集到的资金，将大部分再投向对"五三二"产业的投资和支撑。从而实现80%的稳定回报，20%的风险收益。

投资银行大显身手

有着"中国大投资银行家"美誉的刘晓光，以娴熟而强悍的资本运作手腕，构筑起首创集团的基建、地产以及金融三大产业平台。刘晓光认为，首创集团的金融体系已凸显投资银行的雏形，凭借这一金融体系，首创集团将高度关注中国资本市场的发展。这是首创集团的第三件大事情。

强调影响力的首创集团，已缔造起一座不可小视的"金融王国"。首创集团的金融网络四通八达，既包括在香港的ING北京基金和在内地的银华基金，也包括第一创业证券、首创证券、首创信保及首创安泰人寿保险。可以说，目前除了商业银行，首创集团的金融体系已囊括证券、基金、保险、担保、期货、资产管理、风险投资等一系列业务。"首创系"的名声在金融领域早已不胫而走。

首创集团对资本市场的关注，无疑要通过这一金融体系实现。首创集团对金融产业的核心定位是：并购重组。经过九年的历练，首创集团已拥有了一支精干的投资银行队伍。今后，这一队伍不仅对外发挥并购重组的投行优势，还要助首创集团内部企业完成一系列的大规模购并。

对资本市场的起与落有着敏锐感觉的刘晓光，认为2004年中国市场有着重大机遇。他说，随着中国经济的快速健康发展，中国资本市场也将迎来又一次历史机遇。而每一次重大历史行情的降临，都会掀起大规模的购并重组浪潮，同时，也将带来不同寻常的二级市场投资机会。

金融疏通血液，产业提供利润，这是刘晓光的投资银行家与企业家的理论。目前，刘晓光正在认真思考的问题是，如何实现新商业技术方面的突破，这一绝对不同于现代西方和东方的企业管理模式，实际是探索适合当代中国企业发展的管理问题。刘晓光认为，首创集团今后应该建立新的商业模式，即构建集合式的管理架构，实现用管理基金的方式管理三大产业。这种管理突破所带来的优势将是，极大提高效率，尽快发现机会，不断扩大市场，有效控制风险。

实现这一管理创新，对于首创集团的三大产业而言，将形成相互独立相互联动的三个平台。

背着"书包"的刘晓光

刘晓光走到哪，身上都斜背着一个包。他戏称，是书包。

这种不显眼的形象，使刘晓光一点都不像一个国企或民企的老总。

书包里装着的是材料和文件。说话间，刘晓光又从包里掏出一页纸，朗朗念起了前不久在机场写下的一首诗——《一个投资银行家》。

本来喜欢油画的刘晓光，最终却学起了商业经济专业。毕业后，经过在北京市计委等一系列政府部门的十三年历练，他不仅目睹了中国改革开放全景，而且学习到了丰富的企业管理和资本运作的知识。

这些本事，在刘晓光于1995年走马上任首创集团以后，逐渐显露。

有着强烈使命感的刘晓光强调，企业是提升国家竞争力的基石。他说，如果中国2000多家企业，每家企业每年都能创造20亿元的利税，那么4万亿元将打造出一个强大的中国。

艺术家、商人、官员、企业家、投资银行家，这一切的混合体构成了一个矛盾的刘晓光。他目前是三所大学的硕士生导师，这使他更像一个学者。而他那充满激情的性格，又让记者一再怀疑，他怎么能在政府机关生存得很好，他又如何平衡好企而优则仕。

刘晓光不掩饰地说："激情、责任感追逐着我前进，同时，我也非常注意控制风险。"

因为这次写首创集团，才发现，刘晓光是被媒体追逐的热点人物，而他把握得很不错。

问刘晓光，希望人生的最终落脚点是哪里？他表示希望有时间平平静静地做学问。

新奥集团强势打造能源产业链

（原载于2004年3月4日　上海证券报）

2004年的春节，在有着"金色走廊"之称的河北廊坊，新奥集团董事局主席王玉锁酝酿三年的人生目标逐渐清晰，这就是带领新奥集团进军世界500强。

而在此前，这一梦想更多的还是奢望。尽管近年来，一大批民营企业纷纷立志冲刺世界500强，但低调而务实的王玉锁还是从不轻言。

如今，吸引并带给王玉锁信心的是什么？记者最近连续两个星期日从上海赶赴廊坊。终于，做事不喜张扬的王玉锁透露，新奥集团谋求探索进入能源化工领域这一新产业。

这位兼任全国工商联副主席之职的年轻民营企业家，进一步解释说，新奥集团探索进入这一产业的背景是，借助国有经济结构性调整的历史机遇，将国家能源安全问题与企业自身发展紧密结合。

种种信号传递出，找到了新奥集团二次创业和实现新腾飞的起跳点，王玉锁近期逐步开始打造燃气、燃机、能源化工这一"重金"产业链的运作。

合纵连横做大燃气

被喻为民营燃气行业探路者的王玉锁，一手打造出新奥燃气这一燃气行业的知名品牌。

新奥燃气于2001年5月在香港创业板一举上市，由此在资本市场"一夜成名"。随后，2002年6月3日，业绩良好的新奥燃气又成功转入主板，不仅进一步名声大噪，而且拓宽了融资渠道。

以投资城市燃气为使命的新奥燃气，目前已经在中国内地成功气化42个城市，市场覆盖人口超过2000万人、600万户，成为内地目前规模最大的民营城市燃气专业运营商，企业连续三年入选《亚洲周刊》"国际华商500强"。

但王玉锁的梦想并不仅仅于此，新奥燃气的战略发展目标是成为国际一流公用事业企业。如何拥有国际化的能力和资源？王玉锁逐渐产生了与境内外巨头合纵联盟的开放心态。引进国内外大的战略投资者，是新奥燃气2004年的重大战略规划，王玉锁承认。

新奥燃气在业内的异军突起，吸引着国有大型公用事业投资企业的强烈关注。王玉锁坦言，在公用事业行业，不能不承认国有"牌照"对地方政府的影响力更大。新奥燃气的"虚怀若谷"，为其从更深层次和更高层面参与国有企业的改制重组，奠定了基础。

一直学习和借鉴英国燃气发展经验的新奥燃气，对英国燃气以及壳牌、BP等跨国巨头也有着吸引力。实际上，2003年初，新奥燃气成功引入TIAA-CREF等一批国际著名的长期基金为股东。同年，公司又完成了4500万美元的三年期银团融资筹措。

与此同时，以燃气起家并致富的新奥燃气，将进一步加大市场开发与拓展的力度。2004年，新奥燃气的目标是，在全国"拿下"8~10个大中城市，主要分布在浙江、广东、广西等地区。

王玉锁对新奥燃气的发展深谋远虑。新奥燃气已制定出三步走发展战略。第一步从2001年到2005年，主要追求市场占有率，打开国际资本通道。第二步从2005年到2008年，韬光养晦，面对行业激烈竞争。第三步从2008年到2015年，经过休养生息，有实力投身新一轮的行业购并与重组浪潮。

燃机谋求境外上市

伴随着新奥燃气的发展壮大，与燃气有着上下游关系的新奥集团燃机产业，逐渐凸显出技术领先的优势。目前这一块资产计划到境外发行上市。

作为新奥集团的专业集团之一，安瑞科集团主要从事燃气机械设备、新能源领域的产品研发和生产销售。目前安瑞科集团拥有河北石家庄、廊坊以及安徽蚌埠等多个燃气机械制造基地，并斥资兴建和改造了各条燃气机械生产线。

依托燃气产业链，安瑞科集团充分把握燃气行业大规模发展所带来的对燃气机械的巨大需求。王玉锁对安瑞科集团的发展前景很看好，他说，中国正在成为世界制造业的大国和强国，在这一大背景下，安瑞科集团致力于成为中国能源机械一流供应商，成为世界能源机械一流供应商。

这些年，安瑞科集团保持了业绩持续增长的发展势头。不过对于"有女初长成"的安瑞科集团，王玉锁起初并没有将近期上市事宜很放在心上。还是在前不久新奥集团自身而权威的7人小组会议上，总会计师提出应该争取安瑞科集团尽快上市的建议，使企业借助国际资本市场的平台，实现跨越式发展。这一计划，已赢得境外机构看好。

安瑞科集团究竟到哪里上市？目前正在论证。谈起上市，谈起资本市场对新奥发展带来的影响，王玉锁认为，打通海外上市通道不仅会为新奥带来资本的国际化，同时也会带来管理、人才以及理念的国际化。

探索能源化工新领域

同任何一家有着居安思危意识的企业一样，随着新奥集团由小到大，王玉锁早在三年前就开始考虑产业战略调整与升级的问题。

打造百年新奥，成就常青企业，要求新奥集团必须建立一个可持续增长、开放型的产业布局。王玉锁已然意识到，新奥集团必须找到一个既有科技含量又能做大做强做成国际化的产业链。

近年来，新奥集团进行过一系列尝新的探索。比如，对流行的钢铁、汽车、网络以及时尚的太阳能、风能等多个产业的论证。不过，顶住种种产业热潮的诱惑，新奥集团最终受日本能源发展战略的启发，初步选中能源化工产业，切入点是煤化工项目。

这绝对是一项大型化的产业。新奥集团眼光很高，直接瞄准国际竞争。王玉锁表示，实际上，这个产业大家都知道，但都没有很大的动作，主要是因为国有企业所面对的危机还没有到最严峻的地步。

而大力发展能源安全产业，已经成为一项国家战略。尤其是，尽快在国内找到替代石油、天然气的产品，成为一批有着使命感和责任感企业的不可推卸的重任。作为有志成为中国未来经济发展中流砥柱的民营企业，新奥集团希望成为其中一员。

如果利用10年时间，达到年产二甲醚4000万吨，可实现年销售收入800亿~1000亿元、净利润150亿元左右。那时新奥集团有望进入世界500强。

但喜欢先把事情做好的王玉锁，对于新产业实在是一点都不愿意多谈。

王玉锁：凡事都要把握好一个度

从北京机场出发，驱车不到1个小时，就来到了廊坊。冬日的午后，小城很安静。王玉锁就是在这里起家，并走向全国，走向了海外。

小城随处可见新奥的痕迹。这是作为当地最大民营企业的企业家，对一个城市的影响力，包括渗透和贡献。

不到40岁的王玉锁表现出的是，个人并不很强势，很注重团队合作。

这种集体意识在民营企业中很难得。新奥无论是对外战略合作的大事，还是对内在媒体发文章的小事，王玉锁都要征求并尊重团队意见。

就是这样，王玉锁仍然不讳言地表示，新奥目前还难以走出民营企业的影子。

记者感受到，王玉锁在一些大事上往往会退半步，退则是为了更长远的利益。而一旦认准事情，王玉锁又不会轻易让步。他讲究凡事都要把握好一个度。

以城市燃气为立业之本的王玉锁，应该有着擅长与政府打交道的较强沟通能力。但王玉锁说，他实际是个性格内向的人。他喜欢自由，希望将来可以选择享受高质量的生活，而不是将事业自己一个人做到老。

作为全国政协委员的王玉锁正在读博士学位，师从的导师是著名经济学家戴园晨教授。目前，王玉锁正在写博士论文，主题是"中国民营企业改革20年"。他说，将来要把论文出本书。

第二章

Chapter2

青山遮不住，毕竟东流去

上市公司是资本市场的基石，是资本故事的主角。资本市场因为上市公司的演绎，而跌宕起伏与波澜壮阔。

由于先天不足，早期中国内地上市公司大多存在改制不彻底、公司治理不完善等一系列问题。为赋予资本市场更为丰富的内涵，在政府和政策的积极推动下，1997年资产重组成为市场的主旋律，一批公司率先走上重组创新的不寻常之路，其中上海本地公司，以先行先试的探索精神，引领着资产重组的大潮。

积重难返。仍然有一批问题公司深陷不规范运作和亏损的泥潭，难以自拔，频频引爆，给资本市场和投资者带来巨大的杀伤力。北上与南下，足迹深入到东北、西北、华中、华南等地区，调查采访了鞍一工、辽房天、东北华联、松辽汽车、ST红光、PT俞钛白、康赛实业、PT粤金曼、兰州黄河以及上海的中西药业、方正科技等一批热点公司，推出一篇篇振聋发聩的文章，旨在推动上市公司规范运作，良性发展。

聚也依依，散也依依。上市公司壳资源的稀缺，造成资本市场退市依旧很难。尽管当时有了壮士断腕的举措，PT水仙与PT粤金曼双双退市，但从ST到PT，一段时期，资本市场不断上演着一批批问题公司排队等待重组与解放。而"君子不立危墙之下"，最终演变成不少投资者对退市公司"情有独钟"。

斗转星移，世事变迁。如今，资本市场历经二十年的曲折前行，当时的大部分上市公司已经面目全非。不少公司几度重组几度易主几度更名，如一叶扁舟在资本市场的海洋中沉浮。不少公司逐渐褪色，失去辉煌，归于平淡、平庸。还有的公司几经挣扎，最终被市场浪潮所淹没乃至淘汰。

不可阻挡，历史潮流滚滚向前。在改革开放大潮的推动下，当年的一代资本市场建设者以勇于开拓、探索、创新的勇气与智慧，推动了资本市场的不断成熟与发展，孕育打造了一批具有世界竞争力的中国蓝筹上市公司。

二十年风雨兼程。我们欣然看到，一批规范运作、专心主业、积极借助资本市场平台做大做强的国有及民营上市公司，最终实现了历史的腾飞与跨越，成为资本市场与中国经济的中流砥柱。

华凤重组掀开盖头来

（原载于1997年12月2日　上海证券报）

近日，浙江凤凰（600656）一纸股权再度大转让公告掀起市场波浪，市场目光不约而同地聚焦浙江凤凰新入主大股东——华源集团，近年来规模和效益高速扩张并连续推出两家上市公司的华源集团，为何对近年来一直身处困境的浙江凤凰情有独钟？记者通过昨日采访了解到，这是华源集团积极参与上市公司资产重组、实施企业集团跨行业发展的重要战略。

据悉，浙江凤凰1991年至1994年先后投资近8000万元的脂肪醇项目，由于至今未产生预期收益并使企业背上沉重包袱而被看做投资失误，然而华源集团有关人士认为这却是最具吸引力的闪光点，华源集团看好了精细化工广阔的发展前景，相信一方面通过扩大生产规模和加大技术改造，使年产5000吨脂肪醇的生产能力完全释放出来，另一方面通过积极提高产品深加工能力，开发出用于纺织印染助剂和皮革助剂的系列高附加值新产品，从而为企业带来稳定的利润增长。

华源集团五年来通过资本运作和资产经营，积极构筑"中国华源长江工业走廊"，努力形成纺织工业、农用机械、日用和精细化工、新型建材四大产业支柱，华源集团寻找涉足化工领域的方式已经很长时间，今年9月底与浙江凤凰及当地政府接触探讨后，一拍即合，仅用两个月时间便运作成功。

此外，浙江凤凰日用化工产品也有其自身的优势。维肤康香皂是全国中华中医协会推荐产品，在浙江省的市场占有率近20%，有一定的市场基础，华源集团将帮助实施品牌战略，积极开拓全国市场；合成洗涤品和化妆品既有高利润，又是高竞争，华源集团计划采取与外资合作的方式，目前，浙江凤凰已与瑞士海尔多格公司签订协议，独家生产和经营欧洲著名品牌K2R系列专用洗涤剂，预计这一产品的毛利率在60%以上，同时公司又准备与法国香水香料协会推荐的企业合作，投资生产高档化妆品。

浙江凤凰是沪市"老八股"之一，上市时间早，企业改制很不彻底，工厂式的架构与规范的法人治理结构相距甚远；偏居一隅的地理位置使浙江凤凰融资和市场环境很差，企业搞活、搞大颇具难度；生产比重大、营销比重小的橄榄形管理模式，使浙江凤凰没有强有力的营销网络，技术开发和产品开发极其薄弱。面对浙江凤凰存在的种种弊端和问题，华源集团正制定一系列规划和措施，重药猛攻不惜代价，只为让"凤凰"再获新生。

华源集团向浙江凤凰转让其所属上海中国纺织国际科技产业城发展有限公司的股权，实质是为浙江凤凰注入优质资产，据悉，目前"产业城"协议利用外资的金额高达8亿美元，今年前10个月的2190万元利润总额为浙江凤凰带来的是1000多万元的利润。然而华源集团控购浙江凤凰后，最大的赢家还是广大股东，浙江凤凰的发展前景对广大股东来说应该颇为欣慰。

浙江凤凰的股权转让和资产重组令人眼花缭乱，而经过这次错综复杂的重组，浙江凤凰不仅更换了大股东，其亏损问题也将得到根本解决，利润增长点则将有所增加。

与多数资产重组的上市公司一样，浙江凤凰这次重组的主线，也是剥离不良资产和注入优质资产。浙江凤凰1996年年报披露，该公司的主要不良资产和亏损因素是1991~1994年先后投资近8000万元的脂肪醇、凤凰城及1995年投资的纸箱项目。这次浙江凤凰将凤凰城进行剥离，以5000万元的价格将凤凰城全部资产出让给兰溪市经济建设投资公司，而凤凰城账面成本为2307.8万元，此次出让溢价达2692.2万元，这样，因溢价出售凤凰城，浙江凤凰不仅可以每年减少该项目的利息支出300余万元，而且，在计算资金成本后，实际上凤凰城项目的投资仍然是盈利的。

在解决了凤凰城这个亏损源之后，脂肪醇和纸箱项目这两个亏损源的经营情况今年明显好转。脂肪醇项目仅固有资产就投资4000多万元，项目自1992年投资以来，毛利连年亏损，至去年累计亏损达3000余万元，今年，脂肪醇销售市场态势发生重大变化，产品供不应求，销售产生毛利，但由于该产品产量太小，没有达到规模，盈利仍不理想。这次资产重组之后，公司准备在脂肪醇项目追加投资，将产能由原来的5000吨扩大至8000吨，从而达到规模效应，由于扩充产能主要着力于完善配套设备和技术改造，新投资仅需1500多万元。以后，公司还拟在脂肪醇项目上增加投资并将其建设成新的利润增长点。至于纸箱项目，当时投资为1000多万元，今年纸箱市场情况也有转机，且公司主要生产出口产品用高档纸箱，新入主的华源集团对此需求量很大，华源集团准备在其部分企业使用公司产品，即可消化浙江凤凰全部纸箱产量。这样，浙江凤凰去年的三大亏损源，或得到剥离并盈利，或成为盈利源，再加上这次新受让的上海中国纺织国际科技产业城发展公司部分股权，重组后的浙江凤凰不仅完全清除了亏损因素，而且拥有了多个稳定的、有潜力的利润增长点。

此外，此次浙江凤凰出让所持浙江康恩贝集团制药有限公司95%产权总计价款为8242.818万元，远较当初5420.90万元的收购价为高。据了解，出让价主要由四部分组成：一是经资产评估，截至1997年6月30日公告净资产的95%计5382.248万元；二是今年7~11月实现的税后净损益的95%部分计62.23万元；三是1995年底收购制药公司95%产权时，制药公司当年净利润重复计入收购价款和浙江凤凰1995年业绩，故形成1942.90万元的合并价差，康恩贝集团按持股比例承担近800万元；四是溢价部分。

化蛹为蝶　联合实业角色还原

（原载于1997年12月3日　上海证券报）

上实控股联合实业是今年下半年来市场上较为引人注目的重组事件，记者日前通过采访了解到：联合实业通过几个月的努力运作，企业正发生质的变化。

正像上实控股后所规划，目前，联合实业已拉开资产置换和高速扩张的帷幕，11月26日，董事会通过了转让纺织存量资产方案和注入高科技优质资产预案。联合制衣、联川毛纺织和百乐毛纺织是联合实业的主要子公司，将三家公司的股权转让出去，并不单纯意味着企业经营状况不好，而是因为不适合上海上实对联合实业的企业定位和资本市场对联合实业的发展要求。联合实业的企业目标是退出对纺织业的投资经营，实现经营重心向旧城改造、高科技产业和公用事业的大转移。据悉，联合制衣和百乐毛纺织三年的净资产收益率均在10%以上，今年上半年业绩受外销影响，效益滑坡，联川毛纺织属于波动性极强的企业，近三年均亏损。联合实业通过资产置换，不但奏响了退出对纺织业经营的序曲，而且可以从上海上实得到转让费大约4456万元。据悉，下一步，联合实业还将陆续对纺织产业进行彻底剥离、转让和出售。

上海上实将注入优质资产。这些资产，一是具有稳定收益和巨大市场空间，可以吸纳巨额资金，加速企业大规模扩张，即投资旧城改造和基础设施；二是本身代表"朝阳产业"，其资本极速扩大带动利润高速增长，即包括生物医药、通信传播、微电子技术等高科技。这次联合实业投资受让上海实业科华生物技术有限公司25%的股权，正初露其大举进军高科技的端倪。据悉，"科华"的较高科技含量、优良的经济效益和广阔的发展前景，带给联合实业的将不仅仅是目前每年几千万元的利润，而且也赋予了联合实业新的企业内涵。

据公司总经理马成梁总结，联合实业的资产重组具有"化蛹为蝶"的质变，可概括为四个方面：一是产业结构的重组，用"朝阳产业"代替所谓的"夕阳产业"，重组后的产业具有稳定的收益和高速增长的能力，形成一个生机勃勃的增长点；二是企业结构的重组，联合实业一诞生就是一家投资性企业，现在是恢复其投资性控股公司的本来面目，公司今后的主营业务就是实业投资；三是管理结构的重组，公司及其子公司的管理均按照现代企业制度的要求，给企业大的自由发展空间，力求较高的经济效益，并严格考核；四是发展战略的重组，通过收购、注资等手段，联合实业再创公司产业体系，驶入资本高速扩张、利润高速增长的超常发展轨道。

另据悉，联合实业去年配股所募集资金主要用于上海市南市区旧城改造，每年投资回报率为15%，目前这一项目正待审批。

上海实业　何以破例入选恒指成分股

（原载于1997年12月20日　上海证券报）

上市未及两年就"破例"选入恒生指数成分股的上海实业控股有限公司，以其骄人业绩、稳健作风和强大实力，受到国际资本市场充分肯定。

设立于1964年的恒生指数是香港股市的主要指标。其成分股由在香港联交所上市的33家市值最大的公司组成。入选准则包括必须上市两年，以及其市值与成交量庞大。上海实业此次被"破例"选入，主要是因为公司的市值及成交量已超过部分现有的恒指成分股。投资者普遍认为上海实业业务多元化、盈利基础稳定、实力不容置疑，同时上实集团资金充裕、负债比例低，在现阶段利息高企的情况下，上海实业自然备受投资者青睐。

上海实业是上海实业（集团）有限公司旗下的综合企业，而上实集团是上海市政府于1981年在香港设立的一个窗口公司。到1995年，上实集团下属企业从3家发展至130多家，为了实现促进上海经济发展和繁荣香港经济的战略，1996年5月30日，上实集团将其名下四块资产以上海实业的名义在香港联合交易所成功上市，并募集资金近13.8亿港元。上海实业的成功发行与上市，在当时的国际资本市场引起极大震动，被誉为中国资本市场发展的一个重要里程碑。

上市后的上海实业，遵循"根植香江、服务沪港"的宗旨，积极促进香港繁荣稳定，努力加快沪港合作步伐，经营规模超常发展，资本运作长袖善舞。1996年11月22日，上海实业通过获得上海延安路高架、东方商厦、上海交通电器等六项资产收益权，资产总值猛增，业务总数也由原来的4项扩展到10项，同时公司成功实施了第一次配股，在极短时间里获得市场近10倍的超额认购，共募资33.5亿港元。上海实业还以6亿美元投资，获得上海市内环路及南北高架路35%的收益权，同时以先旧后新的方式配售1.4亿股，公司再次筹资的总额高达44.7港元，为中资股在香港的崛起树立了良好形象。

仅仅一年多的时间上海实业迅速壮大，公司经营业务快速增长，属下企业由4家增至11家，经营业务发展到消费品生产及销售、商业零售等四大部分十项业务。目前，上海实业的净资产由16亿港元增至约87亿港元，1996年的盈利为3亿多元，今年还将有成倍的增长。

对于上海实业今后的运作，董事长蔡来兴表示，公司将再继续投资优质资产，以扩大经营业务，同时进一步转变经营方式，切实加强内部管理，确保稳定增长，以求得更大发展，回报沪港各界，并与广大投资者分享上海经济发展的成果。

东北华联再度重组　万通集团急退场

（原载于1998年1月23日　上海证券报）

万通集团退出饱受重创的东北华联（600670），而新入主大股东长春高斯达欲将东北华联脱胎换骨为高科技生物制药企业，这一再度重组举措能否焕起东北华联青春，令市场关注。

1994年10月，万通集团一次受让东北华联14.4%国家股和法人股，成为其第一大股东，开中国证券市场股权转让先河。在当时，这样的思路和运作可谓具有相当的开拓性。作为吉林省首家上市公司东北华联曾由此掀开了新的一页。然而投资者欣喜过后却是失望，万通入主三年间东北华联经营状况每况愈下，1996年堕入亏损股行列，这对东北华联的发展是极大打击，也暴露出万通并没有用好上市公司的"壳"资源。

仔细分析万通重组东北华联失败的原因主要有三点：其一，万通涉及的领域过广、经营战线太长，影响了对东北华联的全身心投入。拥有19家企业的万通主要投资于房地产、金融证券、通信产品制造等五大领域，其总部坐落在上海，投资区域分布在北京、上海、海南、广东和美国。当初受让东北华联股权后，万通没有直接派出管理人员坐镇华联，参与公司日常经营管理，以致造成管理粗放，经营不善。

其二，万通并没有把东北华联作为主要利润增长点来培植，三年来一直没有资金投入，这对华联的业务拓展无法起到积极推进作用。

其三，重组后磨合期过长且运行不佳，重大项目决策失控。万通作为民营企业的指导思想与脱胎于国有企业东北华联的经营思路相距甚远，整合发展颇为不顺，其对东北华联在房地产、外贸、工业方面的投资决策，并不完全符合公司及当地发展情况，导致决策失之准确，力度相对减弱，使东北华联经营业绩得不到提升。对此，新入主股东高斯达表示引以为戒。新任董事长诚恳坦言，高斯达致力于实业经营，因为与东北华联都坐落在长春市，因此有精力也必将集中人力、物力和资金，全身心投入到对东北华联的重组运作中。目前高斯达正在对华联的管理经营进行全方位摸底调查。

主营生物制药、集科工贸为一体的高斯达属于新技术企业，其所属企业和控股公司吉林省富华生化药业公司、吉林省华孚药业公司生产的治疗乙肝的"苷必妥"和治疗骨病的"骨必肽"都是国家级新药，市场销售良好。下一步，高斯达欲将这部分高科技生物制药优质资产注入东北华联，并将其不良资产剥离。

同时，高斯达还将利用两大股东吉林省达升实业公司和深圳赛格达声电子公司通畅的国内贸易销售渠道和先进的电子产品，将东北华联商业盘活，新任董事长表示，高斯达近期打算是尽快搞活东北华联商业经营，重振华联雄风，最终目标是让东北华联脱胎换骨，发展为高科技生物制药企业，不过这一切还有待于董事会研究和股东大会通过。

今年是生物制药业大发展的一年，由此看来东北华联前景颇佳，但是高斯达要想真正整合好东北华联，也不会一帆风顺，需要付出艰苦努力。

湘中意换"壳"　巧借内外力

（原载于1998年3月17日　上海证券报）

湘中意作为湖南省最大和最早改制的上市公司，在目前家电行业竞争激烈，企业面临困境的情况下，旨在通过实施大规模国有股权划拨，完成主体变更、整体脱壳、资产置换、概念转换的脱胎换骨，湘中意此番国有股权变更是湖南省和长沙市贯彻"十五大"精神，进行国有经济战略性改组的重要步骤。

可以说，政府的积极推动是湘中意国有资产存量得以盘活的关键，目前我国现行体制下对国有企业的管理还属于国家所有分级管理，各级政府担当着企业出资人的角色，应该行使出资人的责任和权利，据悉，湖南省政府和长沙市政府对湘中意即是如此，国有控股企业湘中意一度有过辉煌，然而近年来受家电市场竞争激烈的外部环境影响，公司经营业绩滑坡，面临着严峻挑战，这种情况下政府作为出资人，不能坐视其连年亏损，让国有资产沉淀，因而有权利在其生产经营无法达到出资人要求的情况下，对其国有资产予以盘活，让管理水平高，经济效益好，符合国家产业政策的大企业集团长沙环路控股，只不过出资人的意志最后还需经股东大会通过。

由于上市公司目前还是一种重要稀缺资源，湖南省和长沙市对湘中意的股权变更颇为慎重，经过反复论证，最后决定将长沙市国资局所持湘中意45.38%国有股权划拨给长沙环路建设公司，此举为湘中意最终资产重组的完成奠定了坚实基础。应该说政府千方百计推动湘中意重组，旨在希望今后能真正利用好上市公司的壳资源，并以上市公司为核心带动起整个行业和相关企业的发展，从而推动地区支柱产业的加快形成。据悉，1998年是湖南省和长沙市调整产业结构、实施国有经济战略性改组的一年，湘中意的国有股权变更可谓迈出了重要一步。

政府在推动还要企业有冲动，应该说，拥有2000多名员工的湘中意在此次资产重组过程中起到了积极主动的作用，1997年6月，湘中意领导已意识到，企业面临着生存危机和严峻挑战，而受家电制造行业的局限，仅仅在公司内部进行调整和改革，发展后劲很小，依然不能最终走出困境，公司只有实现产业突破，进入到国家重点支持和扶持的新领域才能重获新生，这种颇为主动的重组意愿推动了国有股权变更的最终实现。

纺织业世纪末大重组

（原载于1998年5月22日　上海证券报）

众所周知，纺织行业经过多年的发展，虽然形成了一个具有自我发展能力的完整工业体系，但在市场经济大潮的强烈冲击下，纺织业固有的问题和弊端却日益显现和突出：机器设备老化、产品技术含量低、初加工规模过大、体制转换太慢以及管理水平落后，使企业竞争能力逐渐减弱，市场份额不断萎缩，行业总体经济效益滑坡，亏损不断扩大。

作为行业排头兵的纺织业上市公司，受行业低迷影响，普遍面临着一个从产品结构、企业结构、资本结构到经营机制的调整过程，在这场划时代的行业变化中，如何抓住行业改组改革的历史性机遇，利用国家有关优惠政策尽快改善状况，对纺织公司的生存和发展至关重要。

纺织：主业陷入困境

纺织行业上市公司涉及纺织、化纤及纺织机械。行业滑坡严重影响和企业经营机制僵化的内在因素，使纺织公司的主营面临举步维艰的严峻形势，申达股份、龙头股份、上海三毛、嘉丰股份、深纺织A等一批上市较早且以纺织为主的公司，表现得十分突出。1997年，申达股份虽然实现净利润3395万元，每股收益0.168元，比上年有大幅度提高，但公司盈利来源主要是将亏损子公司托管给第一大股东所得，公司主业实际还亏损近2000万元。无独有偶，嘉丰股份的扭亏为盈也得益于1997年末的大规模资产重组，公司因此增加一笔2000多万元的投资收益，公司本身虽然采取限产压锭、开发新品、减员分流和降本增效等措施，但仍无法从根本上走出困境，公司今年经营状况改善只能依赖于新股东上房集团将实施的资产置换。深纺织A也是如此，公司1997年主营进一步亏损，靠投资电子器件和房地产的收益，公司得以实现净利润1700多万元。业绩徘徊在微利线上的上海三毛和龙头股份，面对激烈的市场竞争和出口形势，公司虽然努力开发新产品，拓展市场，但生产经营起色不大，龙头股份的主营也是亏损。尽管在纺织行业的一片压锭声中，申达股份、嘉丰股份、龙头股份等也都敲响了压锭的重锤，公司以压锭为契机，积极进行调整，力求尽快撤出初级加工行业，但在产业调整的阵痛中，公司依然步履维艰。

化纤：市场持续疲软

以化纤为主的纺织公司，近年来受国内化纤市场持续疲软、原材料价格暴涨暴跌和进口产品与走私产品的强烈冲击，一部分公司的生产经营已步入低谷。1997年年报显示，深惠中A、海虹控股、黔凯涤A、联华合纤、太极实业、鞍山合成、广华化纤、辽源得亨和仪征化纤等公司或亏损或微利，最高的海虹控股主营利润竟亏损7561万元，而辽源得亨主营利润仅有32万元，之所以如此，也与国内化纤企业结构不合理、经营机制僵化和产品缺乏竞争力有关。为了摆脱行业危机影响，其中一些公司程度不同地进行了主业调整和资产重组，如深惠中将募集资金投向与化纤生产相近的石化产品生产，并参股一些工业和房地产项目，太极实业已将涤纶浸胶帘帆布厂和长丝生产线资产有偿转让给太极集团，以集团的等量优质资产进行置换，仪征化纤经国务院批准，与扬子石化等实行强强联合组建集团，而鞍山合成、辽源得亨、联华合纤也纷纷进行资本运作的探索，由此看来资产重组对于一些公司已是势在必行。

纺机：产业阵痛加剧

行业不景气的巨大冲击和艰巨的压锭任务，对于纺织机械公司可谓形势严峻釜底抽薪，二纺机、经纬纺机和中纺机正经历着产业重组的巨大阵痛。从1997年经营业绩来看，二纺机每股亏损达0.3074元，经纬纺机和中纺机也只有微利。据悉，为了完成压锭工作，必须控制住生产源头，也就是细纱机的生产，今年第一季度国内市场已实现零销售，压锭政策对二纺机和经纬纺机两家全国最大的细纱机生产企业，不可避免地带来了一定的负面影响，经纬纺机今年的棉细纱机生产将减少1500台左右，营业额也由此减少约2亿元人民币。为了减轻影响减少损失，二纺机和经纬纺机只有尽力扩大出口，尽量开发其他纺机产品，但是，受东南亚金融危机影响，公司多年来的主要出口地区东南亚需求萎缩，南美、中东等新兴市场正在形成之中，新产品的生产尚存在批量小的问题，因而公司今年面临的困难极大。中纺机作为全国最大的纺机生产企业，受压锭影响不是很大，1997年公司生产的无梭织机投放市场，使主营收入有较大幅度增长，达到56113万元，主营利润也实现扭亏为盈，但盈利水平依然偏低，公司欲真正走出低迷走向发展，更多需要借助国家对纺织行业的重点扶持，进行产业结构重组。

管理水平亟待提高

尽管行业困境对纺织公司的生产经营影响极大，但不可否认的是一批公司业绩低迷与其观念落后、管理混乱的内因密不可分。一些纺织公司由于生产经营观念没有及时转变，尽早适应市场形势，在巨大的压力面前依然等靠要，因而茫然不知所措之际已错失良机。还有一些纺织公司企业管理不善，生产经营长期处于非正常状态，管理、销售、财务等费用支出不断增加，也进一步加剧了公司的亏损。

令人振奋的是一批纺织公司在困境中脱颖而出，从1997年年报来看，主要经济指标较高的粤美雅A、泰达股份、鼎球实业、神马实业、海欣股份、华源股份和美达股份等公司通过调整产品结构，实施低成本扩张和开拓新领域，不但创造出了适合市场需求的产品，进一步巩固和扩大了市场份额，有的还脱胎换骨走上了自我发展的新路，可以说这些发展势头迅猛、经营业绩卓著的绩优公司，为纺织行业总体走出困境走向新生，起到了巨大的推动和带动作用。

把"壳"让给最好的——四药资产整体出"壳"

（原载于1998年7月7日　上海证券报）

在此起彼伏的资产重组浪潮中，"救死扶伤"式的重组比比皆是，然而四药股份（600849）的重组方案却完全摆脱了常规模式。经营业绩尚可、还有配股能力的四药股份原有资产整体出壳，上海医药集团所属3家企业经重组后的资产等值注入，这一不同寻常的做法赋予了资产重组一个全新概念。

四药股份自1994年3月上市以来，年度每股收益均在0.25元以上，公司1997年2月实施了每10股配3股的增资配股方案，截至1997年末公司总股本为1.13亿股，净资产2.86亿元。不过，四药发展中逐渐显示出经济效益呈下降态势，这固然与全国医药市场竞争十分激烈、药品生产总量大于市场需求量、药品价格出现下降趋势的市场因素有关。另一方面也说明公司在经营管理、市场开拓、产品营销等方面存在一定问题，因此借公司尚有融资能力的"壳"优势，将上海最优秀的医药企业推上证券市场，实现国有企业战略重组，就成了上海医药集团借壳上市的最终目的。

正是在这样的战略发展目标指导下，上海医药集团将所属上海市医药公司、医药工业销售公司和上海天平制药厂经重组后的优质经营性资产，与四药原有资产进行了等值整体置换，正式组建后的公司将更名为上海市医药股份有限公司。那么新注入的这三块资产到底质量如何？

据悉，创建于1952年的上海市医药公司是国内最大的医药商业批发企业，年销售额及利税额均为全国同行业第一。公司经营国内外各类西药、中西药复合制品、医用敷料、医疗器械、兽用药械及保健品近3000种，并先后总代理、总经销一批价惠效好的新药，因而享有"经营品种之最"的美誉。医药工业销售公司经营上海医药行业几乎所有的制剂产品1500余种，面向国内医药工商企业和医疗单位3000余家，化学药品年销售额居全国第二位，成为沪产药品最大经营企业和国内最具影响力的市场开发型医药经营企业。天平制药厂主要生产片剂、胶囊、滴丸、粉雾剂等剂型，品种有消化类、呼吸类、心血管类、维生素类、抗肿瘤类等10多个大类100多个品种和规格。自1990年以来，该厂以高技术、高水平、新制剂、新特点的产品开发为目标，走与科研单位、大专院校联合开发的路子，开发出一批具有相当技术档次、有特色、国内领先的新产品。上述3家企业1997年销售收入分别为19.75亿元、13.27亿元和7473万元。应该说由这三块资产组建成的上海医药，其资产质量和盈利水平无论是在集团还是在全国同行业均排在前列。

作为集科工贸为一体的上海医药，已拥有覆盖全国的市场开发和销售网络，借壳上市后公司将进一步优化资源配置，倡导中间商革命，强化差异性竞争，集约化经营，从而推进全国医药销售网络的形成，公司也由此发展成具有规模效应的现代医药生物科技中心和工业基地。在科工贸全方位多元化推进和加速资本扩张的过程中，公司将稳固上海药品销售中心和全国医药贸易中心的龙头地位，力争1998年实现销售总额逾60亿元。

上海医药此次将增发4000万新股，对于募集资金的使用，公司将主要用于收购股权、技术改造和新药推广，借助这次资产重组的契机，公司不但实现了借船出海，而且开足马力扬帆远航。

ST鞍一工　能否柳暗花明

（原载于1998年9月23日　上海证券报）

记者连续两天到鞍一工采访，感受最深的是公司上下开展"学海尔、兴一工、打好翻身仗"活动的轰轰烈烈，与今年5月记者到公司所见的萧条冷落大相径庭，短短几个月一工的企业精神面貌变了，带着这一印象记者采访了公司新任董事长于哲夫和总经理郭群。

公司究竟何去何从，深思熟虑中的于哲夫表示，经过一系列调整整顿，痛定思痛的全体职工有信心让一工年底扭亏。

政府全力支持

鞍一工历史悠久，在中国工程机械行业树立过辉煌的旗帜，近两年的企业发展现状无疑写下了令人失望的败笔，为了让一工这一国有老企业重现生机，今年4月，辽宁省专门成立了一个领导小组，研究鞍一工的重组问题，治标同时又强调还要对鞍一工进行治本，也就是研究公司班子，真正解决公司内部管理存在的问题，辽宁省机械厅、辽宁工程机械集团和鞍山市委组织部经过近一个月的论证考核和批准，于8月31日下午对鞍一工领导班子进行了整顿和调整。于哲夫介绍说，董事长和总经理上任后，首先将公司领导班子的板凳缩短，由过去的13人缩减到7人，新班子吸取以往的经验教训，提出转变思想观念，明确企业发展战略，即用三年时间将产品经济建设工作做好，今年公司产品市场占有份额要上升到20%，1999年开始，每年增长10个百分点。于哲夫深有感触地表示，新班子的新做法使1996年工资还没有开全的一工职工蓦然看到公司新的希望，职工们认为，一工只有这样才能真正搞好。

构筑质量大堤

治病要治根，鞍一工几经波折的重创，使公司新领导班子充分认识到，一工一度曾有推土机产品占全国市场份额70%以上的业绩，公司发展至今，产品逐渐萎缩的主要原因，还是出在产品质量的可靠性上，因而围绕"抓管理，构筑质量大堤"，公司陆续实施了一系列举措，包括实行行政首长全权负责制，推行整机复合试验、以法治厂形成良好企业文化等，目的在于激发人的积极性，建立快速反应机制，使公司产品质量有一个极大提高。而深尝"厂兴我荣，厂衰我耻"这一痛楚滋味的一工职工，如今看到公司焕发新的生机，更是全力以赴地投入。郭群坦言，作为国有老企业和上市较早的公司，一工现在才提出解决观念思维和重视质量问题，确实颇为尴尬和遗憾，因而公司也只有积极努力，尽早改变现状实现扭亏，才能不再愧对投资者的殷殷期盼。

生产经营见起色

话题最终又落到鞍一工是否真的有希望扭亏这一关键问题上，于哲夫表示，内外两方面已使公司生产经营呈现出亮色。他解释说，一方面是公司本身所具有的优势，鞍一工由于"八五"期间实施了技术改造，公司机器设备较为先进，技术力量比较雄厚，在国内堪称领先水平，同时公司产品种类非常齐全，从机械传动到液力传动再到静液压传动，推土机的三代产品公司全都能生产，可以说，能够同时拥有这两大优势的，在国内工程机械行业的八家主要企业中，只有一工一家。

另一方面是公司外部环境得以改善，为加快鞍一工扭亏，辽宁省以及鞍山市政府对公司实施了资产分离和债务分离的政策，包括允许用土地税返还形式5年内补偿因公司帮带7家亏损企业的损失；允许公司不再承担已经划转出去的中小学每年递减上缴的教育经费；将公司3500多名退休职工工资交由社会保险承担，2900多名下岗职工工资由政府、社会保险和公司三家按比例出资；注入1000万元封闭贷款帮助公司启动生产；将公司4.6亿元贷款实行展期转贷和剥离，目前已转贷2.3亿元，使贷款利率由12%下降至7.21%，下调近5个百分点，公司沉重的资产和债务负担极大减轻。于哲夫强调，抓住内外因素结合的难得机遇，鞍一工8月已实现利润200万元，9~12月公司将全力争取完成推土机产销100台，全年完成装载机50台，如果实现这一目标，公司将柳暗花明。

把握商机销售回升

谈及鞍一工目前面临的宏观形势，于哲夫认为，工程机械市场的复苏将为公司扭亏增添更大亮色。自1994年以来，全国工程机械市场就陷入了行业危机的困境中，今年国家提出将加大在农业、水利、铁路、公路、环境和城市基础设施建设等方面的投入，同时长江和嫩江流域灾后又需要大量机械来修复水毁设施和兴建水利工程，这意味着对工程机械产品的需求空前增加，面对难得机遇和契机，一工只能当仁不让乘势而上。据悉，目前为了支持灾区重建，一工与有关部门正在协商洽谈，公司努力的目标是至少拿下50台、争取100台的推土机任务，如此大的数量和专款专用的保证，对一工扭亏意不寻常。

反思录：辽房天大起大落令人深思

（原载于1998年10月12日　上海证券报）

"房天模式"曾经作为全国房地产行业的优秀经验遍为推广，从一家名不见经传的房产管理处一跃成为国家二级企业并挂牌上市，辽房天的阔步前行确实有着不同寻常的勇气和魄力。然而公司上市后每况愈下的经营状况，直至滑入连续两年亏损的深渊，又从另一方面暴露出当初的盲目和大规模投资，是公司经营决策的重大失误，而后期经营管理的不善，又加剧了这种潜在弊端的迅速膨胀和最终显现。

20世纪90年代初期的房地产热可谓热浪滚滚，地处沈阳市的辽房天也深受波及，响应支援开发区建设的号召，企业冲动之下南下海口、北海、防城港、惠州和中山等地，进行了一连串的大举投资，势如破竹的架势背后，实质蕴含着企业资金捉襟见肘的潜在危机，不过有关部门和经营者似乎并没有意识到问题的严重性，因此辽房天在及时抓住了1994年上市的机遇后，又广泛开展多元经营，将募股资金西进到陕西省榆林靖边县进行石油开发，同时公司继续加大南方房地产项目的基础设施建设。

随着国家宏观经济形势的变化，房地产开发热度骤降，辽房天众多的钓鱼项目将公司资金紧紧压死。不容置疑，国家宏观经济的紧缩调整对辽房天是较大重创，有人比喻"人家拴完驴，房天拔蹶子"。外在影响是一个方面，同时辽房天的内部管理也存在着极大漏洞。可以说，公司对南方子公司的经营管理完全失控，由于子公司企业管理不善，年年虚拟销售收入，以潜亏报盈利，造成辽房天财务费用和银行利息滚雪球似地越滚越大，虽然辽房天也曾配股融资，但现金流量绝大多数用在了还南方公司银行贷款和北上吉林建设金属镁生产线。南下、西进、北上等一系列盲目投资和分散经营的最终结局，造成辽房天应收账款、应付账款、银行利息和企业亏损加起来是个巨大数字，公司债务沉重，官司缠身，众多问题轰然暴露，一下子陷入四面楚歌的亏损境地。

辽房天上天入地的截然变化绝非偶然，挂牌上市并不意味着公司真正彻底改制，与中国大多的房地产企业一样，辽房天脱胎于过去的摸爬滚打和砌砖抹泥的粗放式窠臼，随着市场经济的发展，这种企业经营管理模式逐渐落伍，取而代之的是现代化企业管理和将房地产作为精品培育的理念精髓，辽房天虽然当初与深万科一同起步，但在后期的发展中因持不同"政见"而分道扬镳，结果两家公司的道路也迥然不同，如今辽房天蓦然回首已然踏上了一条"不归路"。

天还是那个天，只是辽房天面临着生存的严重危机，作为辽宁省最早上市的公司之一，作为沈阳市唯一的房地产上市公司，辽房天的教训值得深思和警醒。

ST红光：还有红光吗

（原载于1999年4月28日　上海证券报）

颇受关注的ST红光（600083）今日年报亮相再度令投资者震惊，公司不仅净利润亏损高达3.32亿元，而且被注册会计师出具了否定意见的审计报告。年报显示公司1998年的经营状况一片暗淡。

因超期服役而成为ST红光1997年亏损重要原因之一的彩管玻壳池炉，1998年终于无法运转，去年3月4日彩色玻壳生产线开始停产大修，使黑白系列产品成为公司收入的主要来源。但黑白产品属于夕阳产业，市场严重疲软，售价甚至低于成本，无奈之下公司对黑白系列生产线采取了间歇性生产的方式，1998年公司仅生产黑白显像管71.2万套，黑白显像管玻壳131.985万只，黑白电子枪92.2万只，实现主营收入1.58亿元。

ST红光1997年度股东大会上提出，1998年盈利预测为亏损1.633亿元，而公司实际完成利润总额为亏损3.32亿元，亏损额翻了一番。出现这种状况的原因，不排除公司董事会对一些项目估计不足，判断有误，同时更直接的原因是公司管理费用和财务费用的大幅上升，两项费用比上年度分别上升191%和80.3%，其中包括停工、存货毁损以及停止了借款利息资本化和发生日元贷款汇兑等所造成的损失。

ST红光财务状况的恶化已到了非同寻常的地步。由于公司彩玻池炉已拆除，黑白池炉处于保温状态，每月发生的损失巨大，而公司金融信誉已失，又使公司融资十分困难，迟迟未能获得对黑白系列产品生产线进行封闭运行的启动资金。此

外，ST红光1.6亿多美元"黑字还流"贷款对公司发展的不利影响也进一步显现。公司1998年末调整黑字还流借款汇兑损失就达3455万元，既增加了公司财务费用，也增加了长期负债。上述影响，致使ST红光长期负债达4.35亿元，流动比率仅为56.3%，流动负债超过流动资产3.62亿元，显示公司流动比率、速动比率已严重偏离正常评价值，资金周转困难，已难以偿还到期债务。

ST红光自身披露的经营情况已恶化。与此同时，注册会计师对其财务报告出具的否定意见又进一步揭示了公司存在的潜在风险。尤其是公司账面累计应收成都红光实业（集团）有限公司离退休人员费用2362.3万元，以及公司账面尚有待处理流动资金损失1993.8万元，前者难以确认这笔债权的合理性及可回收性，以及对1998年度损益的影响，后者因未查明原因未列入公司1998年度损益，这意味着公司账面利润的亏损很可能不仅仅只是公布的数字。而公司彩管生产线的停产和黑白显像管系列生产线的间歇性停产，又使公司究竟何时恢复生产成为未知数。

ST红光1997年财务报告被出具的是有保留意见的审计报告，1998年中报升级为被注册会计师出具无法发表意见的审计报告，而到了1998年年报则进一步升级，被注册会计师出具了否定意见的审计报告。在此次报告中注册会计师认为，ST红光依据持续经营假设和历史成本计价基础编制的会计报表不符合《企业会计准则》和《股份有限公司会计制度》的有关规定，未能公允反映公司财务状况及经营成果和现金流量情况。这份否定意见无疑进一步加重了投资者的担忧。

ST红光最终将何去何从？公司4月14日公布的授权经营和减债9510万元的公告，究竟能否在1999年给公司带来一线转机？投资者只能拭目以待。

绩优股　怎么成了陷阱

（原载于1999年8月18日　上海证券报）

今日湖北兴化、神马实业两份中报的接连亮相，给市场以很大震动。两家均可称得上老牌绩优股的上市公司，今年上半年却分别出现了每股亏损0.243元和每股仅盈利0.0841元的"滑铁卢事件"，投资者深感绩优公司也有"陷阱"。

关联交易成隐患

其实，冰冻三尺非一日之寒。神马实业、湖北兴化步入今天的境地并非偶然，纵观两公司上市以来生产经营的运作，一直存在与集团之间的巨额关联交易，这种关联交易成为公司发展的极大隐患。

作为神马实业的控股公司，中国神马集团有限责任公司持股比例高达75%，公司与其一直存在关联交易，仅今年上半年，公司向集团采购货物1.54亿元，同时销售货物4.54亿元，与公司实现的主营收入相等。湖北兴化也是如此，公司与控股公司57.58%的中国石化荆门石油石化总厂在原料购入、产品销售和公用工程使用等方面一直发生关联关系，关联交易额度最大时，公司从集团采购货物和向集团销售货物分别达到10.31亿元和11.61亿元。

对关联交易究竟该怎样看？应该说，正常的关联交易有着合理性的一面，如果上市公司与集团之间有着明显的产业链关系，尤其是在原材料采购和产品销售环节，上市公司可以利用集团的资源，这种关联交易避免了高成本重复投资，提高了资源利用效率，对上市公司和集团均是有利的。

不过，在这种关联交易前提下，必须判断上市公司效益的真实性。具体包括关联交易价格的确定是否符合公开的市场交易原则，关联交易的资金是否正常到位，公司及集团的最终销售货款是否正常回笼等，如果关联交易纯粹是为了支撑上市公司的业绩，无疑这种关联交易有着不合理性。这种关联交易虽然可以一度掩盖公司财务状况的恶化和业绩的滑坡，随着市场环境变得越来越艰难，集团公司再没有能力或不愿再继续提供帮助时，上市公司的业绩来源便枯竭了，关联交易所形成的巨大隐患便会突然爆发。

神马风险早存在

神马实业是较早步入证券市场的公司之一，公司1994年初发行上市时，是由中国神马帘子布（集团）公司一厂为主体改制而成。先天不足的历史因素，不可避免地造成上市公司与集团之间很难"划清界限"，包括管理层人员的兼职，资产和资源的共享等。

由于神马实业与集团的产品、销售渠道和产品用户相同，上市前几年双方即

议定，公司产品统一由集团经营部对外销售，货款也由集团统一对外结算，1998年初，双方又签订购销关联协议，规定集团下属供销公司利用其原有的采购和销售渠道，全面负责公司的原材料采购和产品销售。集团有偿为公司提供生产、生活服务。这无疑有利于公司实现产品销售，形成盈利，从1995年至1998年，公司净利润保持了良好的发展势头。

不可忽视的是，由此也造成神马实业一直存在大量应收账款。从1995年至今年中期，公司应收集团账款分别为3.09亿元、2.87亿元、1.78亿元、3.68亿元和4.80亿元，可谓呈V字形起伏且越来越高。应收账款居高不下，意味着公司虽然依赖集团实现了产品销售，但很可能更多的是账面利润。这一问题在1998年开始集中暴露，公司主营收入仅比上年增长14.42%，但应收账款同比增长了约107%，显示出公司应收账款周转率急剧下降，已不能保证资金及时回笼。所以，神马实业面临经营艰难的困境，1998年年报已有所体现。

天下没有免费的午餐，集团不遗余力地支持神马实业的发展，同时也需要从上市公司获得资金。公司1997年和1998年先后两次配股，集团均是以实物资产抵配，实际募得资金又均是用于收购所抵配资产，即帘子布二期工程资产和尼龙66盐工程部分生产装置，由此集团共套现资金5.54亿元。同时，神马实业几乎每年均实施派现，集团又获得了不菲的现金红利，这又从另一方面使集团不断增强了扶持上市公司的能力。

神马实业与集团之间相得益彰，并非能够维持长久。虽然由于关联交易的作用，公司本应该面临的市场风险相对滞后，但到了今年上半年，随着国内橡胶轮胎生产持续在低谷徘徊，加之国内帘子布市场无序竞争日益加剧，无论是公司还是集团均面临着严峻挑战。如果说此前集团自身还有能力补贴公司，这时集团已无力继续从事关联交易，公司业绩出现急剧滑坡，市场的严峻性直接反映在公司的报表上，今年上半年公司实现净利润同比减少64.03%，每股收益徘徊在微利线上，而应收账款持续上升，增加了1亿多元，公司存在的种种风险和危机一下释放出来。

兴化不再高成长

湖北兴化一直给投资者一个强烈印象，公司是高成长的绩优股。尽管上市相对较晚，但作为历史问题遗留股，自1996年初发行上市以来，公司盈利能力一直保持与股本大幅度扩张同步，连续三年每股收益均在1元以上，直到1998年业绩开始滑坡。与神马实业有着异曲同工之处，湖北兴化是由母公司中国石化荆门石油化工总厂出资组建并改制，公司与母公司之间也一直存在相当密切的关联关系。

这种密切可以具体说明。公司重油、蜡油、水、电等原料及动力均由母公司提供，80万吨重油催化所产汽油组分、柴油组分、液态氢、回炼油等半成品销售给母公司，因此公司自1995年产销率就达100%。1996年和1997年，公司从集团采购货物总额分别为3.44亿元和10.31亿元，向集团销售货物总额则分别达到4.23亿元和11.61亿元，销售货物占公司主营收入比例分别高达69%和85%。关联交易直接促进了公司效益的生成和增长。

湖北兴化与神马实业又有所不同。公司应收账款往年一直不是很高，然而局面到了1998年开始转变，上半年公司应收账款迅速增加到1.72亿元，年末则跃升到2.09亿元，比上年上升408.66%。究其原因，主要是公司为减少与母公司的关联交易改变了销售方式，开始直接面向市场销售产品，加之国际国内油品市场疲软。脱离集团的怀抱，真正走向市场，公司的处境一下子变得非常艰难，面对石化行业的"限产保价"，公司原料不足，只能减量生产，效益急剧滑坡，所以，湖北兴化的问题也是在1998年就开始暴露，只不过当时很多投资者并没有意识到。

因此，尽管1998年石化行业面临严峻形势，加工能力过剩，产品库存激增，湖北兴化自身效益也开始下降，但公司还是以每股15元的较高价格实施了配股，配股资金投入的一个重要项目就是80万吨重油催裂化装置扩能改造。配股仅仅两个月，公司即停工检修，预计停工两个月，结果一直到今年4月才正常开工运行，由于重油催裂化装置是公司利润的主要来源，长期停工导致今年上半年公司净利润亏损6838.21万元，绩优股终于雄风不再。

湖北兴化的高速扩张有目共睹，但这也带来了一个问题，如果开始几年集团还有实力支持公司的发展，那么当公司扩张到一定规模，集团不可避免地变得力不从心，大树底下好乘凉，失去了庇荫，公司自身没有足够的市场应变能力，则只能被击倒。

改制还应更彻底

神马实业和湖北兴化的兴衰史，从某种程度上代表了一批上市公司，尤其是折射出许多老牌绩优公司存在的问题。先天不足，改制不彻底，大股东高比例的控股，这些无疑为上市公司实现真正的转轨建制和规范运作，带来种种弊端。

鉴于此，前一阶段中国证监会出台配股新规定，明确规定上市公司与控股股东之间要做到"三分开"，显示出管理层对这一问题的高度重视。此间有关人士表示，通过政策规定限制过度的关联交易是一个方面，同时也应该从改造上市公司股本结构出发，否则，作为上市公司的绝对控股股东其必定会不遗余力地通过关联交易"帮助和支持"上市公司。

同时，有关人士也建议，如果上市公司与控股股东存在重大关联交易，应该制定有关法规，对控股股东的财务状况也进行及时披露。

兖矿：走向资本市场的中国第一矿

（原载于1999年8月6日　上海证券报）

与许多传统产业一样，煤炭行业常被人称为夕阳产业，然而兖州矿业集团却用自己的成功改变了人们的印象。由兖矿煤炭生产主体重建设立的兖州煤业成功实现了境外和境内三地上市，被今年出版的《欧元周刊》评价为：世界煤炭第一名、亚洲最佳新上市公司。从全国首批建立现代企业制度试点企业之一，到全国120家企业集团中第一家由国家经贸委批准集团试点方案，到煤炭行业第一家境内外上市的公众公司，兖矿终于走向了国际大舞台。

曾经看到和听到过许多昙花一现的企业，而目前国企改革正步入关键阶段，因此在百里矿区，我们非常迫切地想弄清楚，究竟靠什么使兖矿成为煤炭行业的脊梁？兖矿现在的光环究竟能灿烂多久？要知道，十年前，在国内20家特大型煤炭企业中，兖矿的生产规模和经济实力尚排名末位，企业年亏损2100多万元，现在煤炭行业普遍面临煤炭产量过剩、煤价下滑、煤款拖欠等问题，加之作为国有企业背负着企业办社会的沉重负担，兖矿缘何能脱颖而出一枝独秀？

真正的董事会

兖矿学习借鉴国际大公司运作经验，在董事会中建立专职董事制度，设专职董事，负责企业并购、重大项目决策前的论证等工作。在董事会下又设立精干的咨询办事部门，为董事会科学决策服务。

在兖矿采访，我们感受最深的是，改革不是挂牌子，董事会不是橡皮图章。"一个真正的现代企业制度，内部必须真改，核心要抓好董事会建设，董事会不能形同虚设。"兖矿董事长赵经彻这句话贯穿了兖矿改革始终。

兖矿有着一种强烈的改革意识。兖矿的前身兖州矿物局，1996年，国家开始推行现代企业制度试点，当时兖矿没有被列入全国百家试点企业的名单，得知试点的消息后，他们立即向原煤炭部和有关部委"请命"，主动要求搭上这班列车。这次试点不同以往，不但不给钱，没有优惠政策，吃不上小灶，而且还要伤筋动骨实现从工厂制向公司制的转变，然而兖矿一定要改，最后终于进了全国百户现代企业制度试点的名单。

抓住这次机遇对于兖矿意味着质的飞跃，兖矿开始了现代企业制度的建立。兖矿董事长赵经彻总结企业现代企业制度试点的特点时认为，兖矿不是抓表面东西，而是抓本质，抓以董事会为主体的法人治理结构建设。有些企业在试点过程中只是搞了一次翻牌，往往把董事会建设撇到一边，或把董事会仅仅搞成一个形式，党委几个人，经理班子几个人，再搞几个职工代表，董事会等于党政联席会，一年就开两次会，开会时大家举举手，开完会后各忙各的，这实质上是空壳机关。兖矿则把董事会建设作为法人治理结构的核心，董事会作为最高权力机构，不但要明确地位，更要发挥作用和履行职责。

兖矿董事会颇具特色，并不断规范和完善。最初，董事会行使职权、发挥作用的主导内容具体分为管好五个重大方面，即集团重大发展战略和中长期规划、重大建设项目、重大组织结构调整及人事问题、重大投融资活动、重大生产经营问题。经过一段时间的运行，董事长和总经理一肩挑的赵经彻清醒地意识到，面对兖矿160亿元的资产，决策权和执行权混在一起，要不失误很难，两权不分开，董事会就形同虚设，两权分开，才能相互制衡，因此，1997年8月，他辞去总经理职务。同时，学习借鉴国际大公司的运作经验，兖矿又逐步在董事会中建立专职董事制度，设4名专职董事，又叫执行董事，分别负责企业并购、重大项目决策前的咨询论证和融资活动的筹划与具体组织工作。为避免董事会成为一个空架子，兖矿在董事会之下又相继设立了精干的咨询办事部门，即发展战略委员会、重点建设委员会、投资金融部、审计部、董事会办公室和战略研究院筹备处等，作为为董事会科学决策服务的组织体系。

用股份制结成利益共同体

兖矿探索出一条调动职工参与改革积极性的有效方式，构建以职工持股为主导的多元投资主体，产权纽带将职工与公司真正结成了"一荣俱荣，一损俱损"的利益共同体。

许多国有企业在改革中面临着的一个问题，随着改革进程的推进，改革进展越来越缓慢，原因何在？主要是国企职工作为利益主体的角色不明晰。据此，兖矿则探索出一条调动职工参与改革积极性的有效方式，培育内在动力的改革利益主体，建立内部激励机制，从而营造出有浓厚群众基础、持久向上的改革氛围。

围绕构建以职工持股为主导的多元投资主体，兖矿最先选择了唐村煤矿作为第一家试点。以其生产经营性存量净资产进行折股，由其公司控股56%，其余14%出售给外部法人，30%出售吸收职工参股投资，实现劳者有其股。随后一批单位也都构建起由集团控股、内部职工为主导的多元投资的公司制企业。在这一过程中，兖矿有一个史重要的做法是，集团作为改革的推动主体，承担着改制单位的主要改革成本。具体方式包括，集团控股资产变现部分，允许以有偿占用方式留在改制单位；集团股本收益3年不拿走，用于改制单位补贴"办社会"费用支出；允许改制单位拿出税后利润中的适当部分，用于为职工配置股份；将集团公司持有的股权委托所在改制单位，由其以现金出资方式持有并享有权益。

这一改革带来了意想不到的效果，以唐村矿为例，这个矿1992年亏损1710万元，1997年改制为多元投资主体的唐村实业有限公司后，经营者压力大了，产权纽带将职工与公司真正结成了"一荣俱荣，一损俱损"的利益共同体，公司运行当年实现净利润超过1000万元，1998年实现净利润1300万元，走出一条衰老矿井转换机制、转产开发、重现生机的路子。由于改制单位具备了启动自身改革的能力，改制单位和职工获得了实实在在的利益，因而成为改革的积极支持者和参与者，而改制单位机制转换、效益提高，其产生的效益又远远大于付出的成本。据统计，兖矿在推动基层单位改制的三年来，累计吸纳外部法人、内部职工及各方投资2.3亿元。

另一方面，兖矿的采煤主业更是红红火火，人人争着下井，创高产，因为一线采煤人员工资高，最高年收入可达5万元，兖矿制定了激励政策，将职工收入与煤炭产量密切挂钩，鼓励各采煤队改进技术创高产，年产200万吨，采煤队人均年收入2万元，年产300万吨，人均年收入3万元，1998年获得全国第一，年产量达到501万吨的东滩矿综采二队得到335万元的奖励，充分调动了职工的积极性。

而在同等条件下，国际上能达到年产500万吨的采煤队也不多见。正因为高产高效，1998年国际市场煤价大幅下滑，连普遍被认为成本较低的澳大利亚的一些煤矿都纷纷倒闭时，兖矿仍实现煤炭出口683万吨。国内许多煤矿的吨煤成本是140元，而兖矿为90元左右，每吨50元的差价成为兖矿的制胜之本。

正是由于兖矿探索出转换机制的有效途径，为改制上市打下坚实基础，所以1997年国家选择38家有较强实力的国有大中型企业到境外上市，兖矿经努力被特例批准。兖矿再次加快重组和改制，将四个特大型经营煤矿及与煤矿煤炭经营业务有关单位的经营性优质资产剥离出来，组建成兖州煤业股份公司，在1998年实现中国香港、美国和中国内地三地成功发行上市。中国第一矿走向国际大舞台，意味着又一次新的飞跃。兖州煤业加强规范运作，努力增加透明度，在国际资本市场塑造出良好形象，境外投资机构普遍评价，兖州煤业是世界上开采业中最优的上市公司，也是中国国企中运作最规范的H股公司。

技术创新是取胜手段

兖矿走产学研相结合的道路，在放顶煤技术上获得重大突破。这项技术使兖矿生产效率和经济效益大幅提高。

兖州煤业成功发行上市时，纽约证券交易所总裁约翰斯顿称，兖州煤业是世界上营业利润率最高的地下煤矿公司之一。兖州煤业赢得如此赞誉并非偶然，因为兖矿多年来以技术创新求高效，走出一条科技进步的改革之路。兖矿的全员效率达到每工8.98吨，是全国煤炭行业平均水平的3.79倍，超过德国、英国、波兰等发达产煤国家的平均水平。

提起兖矿的技术创新，不能不说综采放顶煤技术。放顶煤理论是欧洲人于20世纪50年代提出来的，所谓综采放顶煤技术，就是综合机械化采煤加上顶部放煤，即变三次采出为一次就将厚煤层全部采出，它的好处是极大地简化生产系统和生产环节，大幅度降低生产成本，明显提高产量。但由于长期以来主要技术难题没有解决，因而一直未能得到推广运用，我国80年代初曾在几个煤矿试验放顶煤，但均出了重大事故，无一例成功，因此上级主管部门命令禁止试验。如果不搞放顶煤，兖矿将与大多数国有大中型煤炭企业一样，用人多、效率低、效益差，甚至无法摆脱亏损的阴影。

兖矿决定走产学研相结合的道路，在放顶煤技术上有所突破。兖矿精心组织了8个攻关组，1992年底，放顶煤试验终于获得重大突破，在此基础上，公司不断加大工艺革新力度，每年用于改进放顶煤技术的投入达4000多万元。这项技术的运用使兖矿的生产效率和经济效益大幅提高，原有的4矿工作面从19个下降到现在的7个，生产人员从2.5万人减少到1.7万人，而原煤产量从1000万吨跃升到1998年的1900万吨。

煤炭企业给人的印象往往是傻大黑粗，在兖矿我们认识了什么是现代化煤矿。兖矿目前在矿下的原煤运输采用的是国际上最先进的无轨胶轮运输车，所拥有的南屯、兴隆庄、鲍店和东滩煤矿是兖矿的4个主力煤矿，其技术装备和经济效益在国内最好。凭借技术创新的优势，兖矿迅猛崛起，在煤炭企业激烈的竞争中连连取胜：兖矿连续三年在全行业创出六项第一，有些指标达到和超过世界先进水平。

非煤产业天地宽

兖矿实施"以煤为本，煤与非煤并重"的发展战略。兖矿发展非煤产业不搞多种经营的大杂烩，而是一方面依靠主业优势，发展与主业相关的非煤产品，另一方面则另辟蹊径，抓配套延伸。兖矿紧紧盯住市场需求的项目，开发非煤产品。

虽然是资源开采型企业，但目前兖矿的非煤产业已形成占据半壁江山之势，使兖矿增强了可持续发展的能力。兖矿很早就产生了危机感，如果一直围着煤干，兖矿路子会越走越窄，最后可能死路一条，兖矿必须迈出结构调整的改革之步。

1993年兖矿开始实施"以煤为本，煤与非煤并重"的发展战略。兖矿发展非煤产业不是搞多种经营的大杂烩，而是一方面依靠主业优势，发展与主业相关的非煤产品，另一方面则另辟蹊径，抓配套延伸。兖矿紧紧盯住市场需求的项目，舍得投资，开发非煤产品。1994~1998年，兖矿自筹资金4亿多元，新建、扩建投资额在5000万元以上的项目达42个，为了开拓非煤产品市场，兖矿抓上下游产业对接，发展煤电、煤化工、煤电铝等项目，形成与主业相配套的煤、电、余热供暖、粉煤灰制砖等工业链条，并逐步进入到建筑材料、电器、服装、航运等产业领域。

由于积极采用先进的生产技术，填补国内空白的阻燃输送带、用煤灰生产的轻型建筑材料、高品质的电话机等，相继在兖矿问世。又由于非煤产业搞得早，起点高，很多市场已经成熟，很多项目和产品颇具技术含量，因此当经济发展到相对过剩的今天，兖矿的非煤产业更显得难能可贵。据悉，兖矿的煤化结合以及开发洁净煤等技术，正是未来煤炭行业发展的方向，经过五年的开拓和培育，如今兖矿不再只有单一的黑色产品，而是拥有了五彩缤纷的颜色，1998年兖矿非煤产业实现总产值近30亿元，在销售总收入中的比重上升到41.12%。

非煤产业的强劲发展，不但使兖矿培育了一批新的经济增长点，而且有效地分流了采煤生产人员。现在许多国有大中型企业面临减人增效，但减下来的人往哪安置是最大的难题。相较而言，兖矿已没有了这一问题的困扰，兖矿目前有8万多职工，正是非煤产业的规模发展，近年来基本实现了内部无下岗、无待业，同时兖矿每年又为社会安置2000人以上。从而进一步拓宽了在市场竞争环境下的生存和发展空间。

兖矿无论是建立现代企业制度，实行规范的公司制改革，形成有效的激励和约束机制，还是用先进的技术改造传统产业，加快产业结构调整等，均有一种主动改革的精神。而正是凭借这种不断进取的精神，兖矿又大步走向世界。我们祝愿兖矿在国际资本大舞台，再展宏图。

上房置换将给金丰投资带来什么

（原载于1999年11月24日　上海证券报）

资产重组后的金丰投资（600606）似乎颇为沉寂。其实，一年来金丰投资围绕主业不断进行企业再造，特别是前不久公司收购了上海房屋置换股份有限公司32%的股权，从而以拥有53%的股份成为上房置换的控股股东。此举意味着金丰投资的主业定位已更为清晰，这就是公司将以上房置换遍布全上海市的房屋置换网络为依托，开拓房地产电子商务市场，而上房置换不断大幅增长的盈利将成为公司新的利润增长点。

随着房改政策的日益深入，越来越多的上海人认识到，改善住房"不等分配找市场"。开创全国乃至全世界房地产独一无二模式的上房置换，逐渐成为希望通过房屋置换来改善居住条件的人们的首选目标。这家由上房集团等17家企业发起成立的大型专业化公司，从1997年底成立之初，就借鉴现代商业连锁业态，在全上海市开设了108家连锁置换店，并建成覆盖全市的上房置换网，使市民足不出社区，就可以在附近的连锁店里置换房屋。上房置换引入"仓储式房屋管理"模式，常年储存在房屋置换信息库里的各类新旧房屋达4万多套，极大地方便了居民"小换大、旧换新、远换近"。同时，上房置换还积极与金融机构合作，由银行向公司提供旧房六成十年、最高30万元的公积金和按揭组合贷款，解决了一大批居民的燃眉之急。瞄准住宅消费领域的潜在市场，这一独特视角使上房置换不仅赢得社会效益，更赢得显著的经济效益，1998年，公司签订各类房屋置换合同5502笔，交易总面积近16万平方米，成交额达4.3亿元。上房置换模式吸引了来自各方面的更多关注，有关专家表示，房屋置换正日益成为广大居民改善住房条件和解决住房困难的重要途径，今后房屋置换的需求还会不断增加。实践证明，在房地产市场发达的国家和地区，二手房年交易占全部房地产总量面积的比例多则达到50%，甚至70%，而上海市目前存量房屋总量在2亿平方米左右，每年的成交量比例还不到5%，随着房地产市场的发展和广大居民收入水平的不断提高，房屋置换将成为房地产市场的主流。

上房置换迅速发展壮大，上房置换网也逐渐丰满。自今年4月28日起，"上房租赁网"开始搭载在"上房置换网"上，公司将在遍布全上海市的连锁网点开展房屋租赁新业务的同时通过代付代收租金、清洁搬场、装潢维修的一系列全方位服务，使房屋租赁的内涵和外延都得到深化和延伸，从而吸引了更多的居民。截至9月底，上房置换共成交各类置换物业12782套，面积达56.4万平方米，交易额达到13.26亿元，预计全年将完成交易金额15亿元。

作为上房置换的第一大股东，金丰投资拥有上房置换网这一网络平台，就可以将公司所属的其他业务，包括家庭装潢、家庭建材、家庭绿化等全部搭在网上，从而形成连接住宅消费服务的有机链条。同时，有了上房置换这一利润支撑，金丰投资也增添了加速发展的极大动力。

谁拖垮了粤金曼

（原载于2000年4月27日　上海证券报）

今年4月，全国很多地方都刮起了罕见的风沙。在证券市场，一家叫做ST粤金曼的上市公司也掀起了一股飓风，公司每股净资产−4.69元，创下资不抵债的新纪录，成为沪深两市资不抵债最严重的公司，令投资者大为震惊。

大风起兮因何为？有关专家说，缘于人类对生态环境的破坏。那么，ST粤金曼这股飓风又是因何而成？公司究竟是被谁拖进资不抵债的深渊？ST粤金曼出路何在？耳熟能详的资产重组是否同样会使其奇迹般地新生？日前，记者来到位于广东省潮州市的金曼公司进行了采访。

鳗鱼的"眼泪"

粤金曼一度成为称雄世界的"鳗王"，但公司同时存在着产品单一、市场单一的"瓶颈"。面临由计划经济向市场经济的转轨，粤金曼的优势逐渐丧失，当供给与需求双重失衡，公司无法突破"瓶颈"制约，便面临"缺氧"的困境。

"ST粤金曼是成也鳗鱼，败也鳗鱼。"公司一位负责人接受我们采访时第一句话就这样说。

80年代日本经济腾飞，享有"水中人参"之誉的鳗鱼成为日本人喜食的"大餐"，尤其是"日本鳗鲡"，并且主要从中国进口。粤金曼的前身广东潮州市水产发展总公司，1984年成立后就瞄准这一蓬勃市场，步入养鳗业。当时正是计划经济，国家统购统销，公司凭借所在地优越的气候优势和资源优势，发展很快。一条几毛钱的鳗苗养大成鳗鱼出口，有很高的利润。

不过，活鳗的养殖要受到资源性尤其是生产周期很固定的限制，1988年发展总公司从日本引进国内第一条烤鳗生产线。从活鳗到烤鳗，通过进一步加工养大的鳗鱼可以储存，然后在日本每年的"吃鳗节"前后卖高价，1吨烤鳗可以卖2.2万美元。发展烤鳗为公司带来质的飞跃，公司实现了对市场的有效调节，因此更加坚定地朝着这一发展方向走下去，1993年和1994年，出口创汇均超过1亿美元，1993年至1995年，公司烤鳗生产量和出口连续三年居世界首位，被《日本养殖新闻》称为世界"鳗王"。

借着这一东风，乘势而上。1995年末，改制后的粤金曼成功发行股票资金2亿元。金鳗，英译名为KINGMAN，意为王者。公司要稳固自己在世界鳗业的王者地位，进一步围绕养鳗主业加大投入，公司迅速扩张，形成从养鳗的育苗、养殖、加工到相关的饲料、酱油等一条龙的烤鳗经营链。这一时期，无疑是粤金曼历史上最辉煌的时代。

然而世事难料。没想到，随着进入90年代日本经济持续疲软，1995年以后日本"吃鳗"市场发生巨变，高贵的消费品"失宠"，鳗鱼市场一片低迷，粤金曼面临需求严重不足的困境，公司出口十分困难。另一方面，市场供给又出现严重过剩，市场经济打破了原来的统购统销，养鳗业的暴利和低门槛，刺激了国内一大批企业纷纷上马，江苏、浙江、福建、广西及广东等沿海城市抢着发展鳗鱼业，养鳗企业不计其数，仅潮州市当地就有几十家，既抬高了鳗苗价格，每条鳗苗由原来的几毛钱涨到12元，又压低了售价，1吨不到1万美元。

尤其是这期间，"欧洲鳗鲡"因为价格便宜且味道与"日本鳗鲡"差不多，大为走俏。气候、水文等条件与欧洲相近的东北地区，其养殖欧洲鳗的企业迅速脱颖而出。虽然粤金曼1998年决定将亏损的合资企业可宏烤鳗公司29%的股权卖掉，转而投资2330万元在江西瑞金养殖欧洲鳗，但为时已晚，且竞争力不强。供给与需求的双重失衡，使产品单一、市场单一的粤金曼遭到极大打击。

与此同时，政策也发生了新变化。出口退税率降低，1995年前退税17%，这之后，出口退税率降到14%，最低时为9%。另一方面，日本经济的不景气尤其是东南亚金融危机，导致日元贬值，粤金曼出口一直用日元结算，由于缺少金融常识，关键是过去有钱赚时也想不到买套期保值，结果日元一贬值公司蒙受很大损失。

粤金曼上市后连年滑坡的业绩，应该是最好的说明。公司上市当年，净利润只完成盈利预测数的82.1%；1997年便滑到微利线上，每股盈利由上年的0.549元降到0.044元；从1998年中期，公司即拉开了亏损的大幕。"鳗王"的雄风荡然无存。

都是为了当"鳗王"

如果粤金曼当初不拼命上项目，拉战线，当国际鳗鱼市场呈现低迷时，公司遭受的打击可能会小些，可能还会有一定的回旋余地。不管是不是投资失误，粤金曼围绕主业发展的迅速扩张，都是为了构筑"鳗王"的辉煌。

辉煌与衰败，真的只是因为仅能作为"盘中餐"的鳗鱼？

追逐"鳗王"光环，稳固"鳗王"的地位，那时的粤金曼，似乎已身不由己雄心勃勃地要在鳗业大展宏图。一位知情人告诉记者，公司先是在潮州市投资建厂，很快小小的潮州就装不下了，开始扩展到广东省，大规模投资收购，最后，走出广东走向全国。

势如破竹的圈地插旗运动，使粤金曼既形成了一条龙的烤鳗经营链条，同时又"复制"出一大批联营厂如汕头金曼、福清金曼、可宏烤鳗、顺德金曼等，而最典型的是金南食品。在1995年全国上下一片合资热中，公司决定与香港潮州实业公司合作，共同经营公司属下核心企业金南食品，那时香港潮州实业有实力强大的香港粤海企业集团做后盾。起初确实不错，金南食品一度是潮州市利税大户，然而好景不长，很快金南食品开始亏损，到了1998年末已资不抵债，并且欠公司及关联公司的应收账款高达5.2亿元，成为公司沉重的大"包袱"。

养鳗业，既是高产出、高效益，更需要高投入。有关人士透露，为了"鳗王"这份"光荣与梦想"，粤金曼上市前已开始大量投资上项目，包括募股资金中的项目，钱不够靠银行贷款，公司上市后，募集来资金，再把钱"换"进去。似乎"救"了粤金曼，公司当初承诺，将募集资金的1415万元归还银行贷款，而事实上，公司1996年年报披露，募集资金有3500万元用于归还银行贷款，同时，公司当年的短期借款达6.23亿元，资金显示出很紧张。

集团的"提款机"

改制不彻底、运作不规范，使粤金曼成为集团的"提款机"。而信息披露不透明、不及时，又掩盖了这一事实。粤金曼集团的侵权行为，不仅将上市公司拖向资不抵债的深渊，更重要的是，严重侵害了其他股东的权益。

与人的力量相比，鳗鱼终归弱小。"鳗王"受到的致命打击是"血"被"抽"干了。

截至去年末，粤金曼的母公司粤金曼集团占用公司资金高达9.95亿元。粤金曼集团凭什么能这样做？粤金曼上市后，虽然名义上大股东为当地国资办，实际上政府已授权粤金曼集团经营公司国家股权，令人不解的是，这件事公司一直没有披露，直到1998年年报，才由会计师指出。公司与粤金曼集团一直实行两块牌子一套班子，办公在一起，都在金曼大酒店，决策在一起，公司的领导更是集团的领导，自然带来"提款"的方便。

粤金曼集团提这么多的钱，究竟干什么用了？

这是为了成就"鳗王"的事业。一位老职工向记者介绍，90年代初期，全国掀起一片集资热潮，粤金曼集团也开始在企业内部集资，主要是在每年的春节前后，因为这一季节需要大量资金收购鳗苗。凭借"金曼"的品牌和企业的良好效益作信誉，集资越滚越大，高利润吸引了越来越多的人，从企业到社会，形成滚动集资。这样一直持续到1998年，有关部门开始明确禁止这一活动，集资戛然而止。然而投出去的钱，已变成沉淀的资产，尤其是后来鳗鱼市场低迷，沉淀的资金更是无法盘活，集团效益每况愈下，拿什么钱去还集资款？

向上市公司"提款"。截至去年中期，粤金曼代集团偿还的集资款达6500多万元，而这只是公开披露的数字。借的钱总是要还的，"集资"成为粤金曼集团永远的"痛"，记者在潮州期间听说，这笔钱到现在还没有还完，集团老总的办公室经常被来要钱的人"包围"。

当鳗鱼主业走向低迷时，无论是粤金曼还是粤金曼集团，都开始想到向主业之外发展，包括电子以及适合当地发展的旅游等产业。据透露，当初的想法是，先由集团以其名义投资，但用粤金曼的钱，等到这些项目发展好了，再由公司用配股资金收购。金霸电子就是按照这一思路操作，1996年粤金曼集团主要以土地出资，与一家台湾企业合资成立金霸电子有限公司，生产电脑显示器，没想到项目刚启动，台湾老板突然暴病身亡，整个项目全部落在粤金曼集团身上。据悉整个投资两三亿元，生产出的产品又没有销路，多灾多难的金霸电子现已陷入半停产状态，粤金曼集团损失惨重。还有那个金曼大酒店，据说投资1亿多元，从开业就不是很景气。

损失最重的还是粤金曼。公司赔了夫人又折兵，被提的钱无法收回，1996年提出的配股计划，又因为公司1997年业绩大幅滑坡而无法实施。公司"抽血"又不能再融资，真是雪上加霜。十个坛子八个盖子，看你怎么盖，当初粤金曼还能通过调节，保持平衡保证运转，但是随着失衡越来越重，突然有一个坛子没盖好，这种平衡就开始打破，到最后，坛子全砸了。所以到了1998年，公司被集团占用资金的事实再也"包"不住，公司年报突然披露出集团占用资金高达7.1亿元，而当时公司净资产仅4.5亿元，令投资者目瞪口呆。

也并非所有项目都是粤金曼集团自己愿意投。作为当地最好的国有企业，粤金曼集团总是被有关部门想到，建个养猪场啦，兼并个亏损企业啦，为各种名目的基金出个赞助啦，等等，有一阵子大兴剪彩热，似乎天天都有剪彩，当然粤金曼集团是不能"白"参与的。集团在广州建的一个大厦，据说就是"领命"而行，投资又是1亿多元。而这些钱从何而来，自然又是上市公司。

还有一件事让人搞不清楚，就是粤金曼、粤金曼集团与水产发展总公司之间的关系。粤金曼是由水产发展总公司改制而来，公司上市后又出来个粤金曼集团，作为公司的母公司被授权经营公司。令人奇怪的是，水产发展总公司不但没有被注销，后来反而成为集团的下属企业，截至去年末，粤金曼为其提供担保2.7亿元。有人说，粤金曼、粤金曼集团和水产发展总公司实质上是三块牌子一套人马，资金

由集团的财务中心"统筹"。其中的"微妙"谁也说不清楚。

正是在这样一种运作状态下，粤金曼应收款居高不下，去年公司提取巨额准备并实行追溯调整后，资产严重缩水，出现资不抵债创纪录的局面。

重组的希望

似乎有些出乎意料，资不抵债的粤金曼竟提出今年要实现"扭亏为盈"。这一目标能否实现，关键是能否剥离不良资产，尤其是巨额债务。这一"黑洞"可不容易"填"，这其中的关键则是要争取有关方面的支持。

粤金曼这家曾经辉煌一时的企业，走到了目前身缠巨额债务和生产基本停止的地步，不得不令人深思良久。一位公司的职工深有感触地告诉记者："原来公司是潮州市最好的企业，只要说到是粤金曼，大家就会以羡慕的口气谈论它。后来不行了，我们的收入也跟着降了下来，现在还不知道将来会怎么样？"这种担心不仅来自公司内部的员工，更自证券市场投资者的期待。

将来会怎样？无非有两种选择，一种是让"粤金曼"自生自灭，另一种是让它重振旗鼓。而这也正是我们此次采访所关注的。粤金曼还有希望吗？由于公司已连续两年亏损今年无疑是极为关键的一年，如果不能扭亏，公司就要被PT。

粤金曼能否"扭亏为盈"？似乎是山重水复疑无路，柳暗花明又一村。粤金曼是潮州市目前仅有的两家上市公司之一，粤金曼事件受到地方政府的高度重视，去年，专门成立了市政府金曼重组工作组，经过了半年的努力，终于在今年3月6日，粤金曼原第一大股东潮州市国资办与福建世纪星签订了股权转让协议，向后者转让其持有的全部国家股股权。

这意味着福建世纪星将入主资不抵债的粤金曼。作为一家民营企业的福建世纪星为什么会青睐粤金曼呢？疑问随着有关人士对该公司的介绍渐渐散去。原来福建世纪星也是一家从事烤鳗的企业，但它的主营业务似乎更宽一些，还有生物制药等。它看中粤金曼的理由主要是粤金曼拥有鳗鱼行业里最著名的金曼品牌及其生产基地，加上它与粤金曼也曾有过合作伙伴的关系。正是这些因素，再加上潮州市政府对粤金曼资产重组的重视，吸引了福建世纪星。虽然，此项转让仍需报国家有关部门批准，但福建世纪星入主粤金曼的工作已经展开，一个多月以来，更换了原来的经营班子，成立了新的领导班子，并确定了今年的工作目标："扭亏为盈和摘帽保牌"。

公司有关负责人在向我们介绍情况时表示，新的领导班子对完成今年的工作目标充满信心。公司准备从以下几个方面展开工作:一是先注入一定的资金来启动生产。因为去年和前年，粤金曼基本上是处于停产，全面启动粤金曼原来在各个产品上的生产能力，如活鳗、烤鳗、饲料和酱油等。二是引入新的机制。这包括首先改革原来的管理制度，彻底改变企业大锅饭的局面，对公司下属的大的企业实行目标管理，对中小企业实行抵押承包制度。在财务管理上，要严格制度管理和加强审计监督。其次，确定了"以市场为导向，以效益为中心"的生产经营方针。今后生产多少一定要以市场需求为主，以订单来决定鳗鱼的收购，并合理计算收购的经营成本；在结算上要以信用证结算，以免造成钱收不到的不良后果。最后，优化资源配置，要"有所为，也要有所不为"。在世纪星公司入主粤金曼并实施转制后，小企业实施租赁、拍卖和承包等，在有些中小企业中沉淀的资产，能合并的就合并，能为粤金曼做配套的就做配套，不能做的企业就实施停产或拍卖。

事情并非这样简单，拖垮粤金曼的巨额债务怎么处理？粤金曼集团占用公司的资金为9.95亿元，公司自己的短期借款为10亿元左右；还为福建福曼共担保了6.2亿元，为水产发展总公司担保了约2.7亿元，担保金额相加共约8.9亿元。如此巨额的债务，要想让新入主的福建世纪星来承担肯定是不现实的。因此，粤金曼的"资产重组"能否成功的关键，是能否剥离不良资产，尤其是巨额债务，而不仅仅停留在企业内部挖潜增效的层面。

据记者的了解和公司披露的信息，粤金曼集团目前拥有的资产不足以抵债所欠上市公司的款项。怎么办？集团—粤金曼—银行，三者之间的债务链如何理顺和解开？目前公司方面正在做的就是这件事。虽然粤金曼究竟怎样解决债务的方案尚未最后明朗，但有一点印象非常深刻，地方政府非常重视并积极支持公司正在进行中的资产重组。粤金曼重组最后能否成功，完全依赖和取决于有关方面的推动。

至于粤金曼存在的巨额担保的潜在风险，根据公司1999年年报披露的信息看，在为福曼公司担保问题上，福曼公司已表示正与各银行协商逐步解除粤金曼的担保责任。另外，粤金曼和集团以及市政府金曼重组工作组与各贷款银行协商，在

今年逐步将担保单位剥离到集团，以解除公司的担保责任。这样，粤金曼为其他企业进行巨额担保的潜在风险也有望得到化解。

如果这些问题都能顺利解决的话，粤金曼在今年实现"扭亏为盈，摘帽保牌"的目标，有希望。

但是，这种方式的重组仍然没有解决粤金曼今后可持续发展的问题。因为目前鳗鱼市场仍然不是很景气，即使剥离了不良资产和启动了公司原有的生产能力，公司主营业务单一和市场需求不足的问题仍然没有得到根本解决。如果粤金曼在有关方面支持下能获得"资产重组"的初步成效，那么新入主的福建世纪星如何改变公司目前主营业务单一的局面，将是人们拭目以待的核心问题。

犹如汪洋中的一条船，伤痕累累的ST粤金曼在风雨中飘摇，不过，毕竟它已看到了前方的岸。

记者手记

ST粤金曼的连续巨亏，尤其是1999年的严重资不抵债，引起了广大投资者的极大关注，许多投资者纷纷来电来信询问，带着投资者关心的问题，我们走访了当地监管部门。有关人士表示，他们一直关注ST粤金曼几年来的变化情况，尤其重视粤金曼今年严重亏损的情况，对广大投资者呼吁监管部门对像ST粤金曼这样的上市公司进行监管的呼声也非常重视。

对ST粤金曼进行审计的会计师事务所——广东正中会计师事务所，该会计师事务所从上市那刻起就一直为ST粤金曼进行年报的审计，从1998年中期就开始对公司会计报表连续出具"无法发表意见"。我们走访了广东正中会计师事务所，该所主任热情接待了我们，他也是审阅ST粤金曼年报的注册会计师之一。在说明我们的来意后，他表示，从ST粤金曼的1998年年中报开始到1999年年报，他们都出具了详细的证明，表明了他们的看法。他同时表示，在ST粤金曼整个审计过程中，他们是严格按照专业会计准则和方法对ST粤金曼进行财务审计的，不会受其他因素的影响。

在对ST粤金曼的整个采访中，我们看到了它由绩优走向严重亏损的历程，其中导致这种结果的原因尤为令人深思。粤金曼一度的"显赫"成了它盲目扩张的动力，但它的产品单一、市场单一，承受不了市场需求与供给双重失衡的压力，盲目扩张与主业萎缩导致企业资金的大量"沉淀"，在1998年有关部门不准集资的禁令下，原来靠集资维持粤金曼集团运作的平衡被打破了，粤金曼集团一直向粤金曼提款的事实也暴露了。粤金曼集团的侵权行为，不仅将上市公司拖向资不抵债的深渊，更严重侵害了其他股东的权益。导致这种情况的深层次原因乃是改制不彻底和运作不规范。对资不抵债的粤金曼今年能否实现"扭亏为盈"目标，关键还要看它能否剥离不良资产（尤其是巨额债务），争取政府支持是解决这一问题的核心。

最近广东省表示，要提高省内上市公司的质量，将省内优秀企业的优质资产注入上市公司中，从而把广东省内上市公司的整体业绩排名提高并进入全国前五名内。这一新的动向非常值得关注，ST白云山的成功扭亏是一个很好的例子。我们希望，ST粤金曼也会在不远的将来再现新生的光彩。

康赛集团："配股事件"谁之过①

（原载于2000年5月16日　上海证券报）

纸总归包不住火，康赛集团跨世纪的秘密赫然暴露。

4月29日，上市公司1999年年报披露的最后一天，康赛集团埋下的一颗"炸弹"被"引爆"了。公司第一大股东康赛实业原来是虚假出资，其公司1998年配股中应缴的6874.95万元配股款，是从公司所收社会公众股配股款中借出，且至今未还，上证所因此对康赛集团发出公开谴责。同时，公司业绩大幅亏损，追溯调整后，变成近三年连亏。

面对"炸弹"的爆炸，证券市场的各方人士深感震惊。更多的投资者心有余悸之余，不禁提出疑问，天平怎么会倾斜，康赛集团的大股东康赛实业缘何能堂而皇之地侵犯社会公众股东的利益？这一看起来不可能也不应该发生的事情怎么会发生？公司今后究竟走向何方？带着投资者的关心，记者于日前到康赛集团进行了采访。

---

① 本文略有改动，主要当事人姓名已隐去。

4个杯子8个盖子：还是盖不住

康赛集团秘密的暴露并非偶然，这是一条环环相扣的链条。

公司副董事长见到记者第一句话就是："出1999年年报这张报表我们实在很痛苦！过去的事情很多我们都不清楚，现在却不得不由我们来公开。"而公司现任董事长这样总结康赛集团的过去："走了一条应该走的路，做了一些不应该做的事。"

应该走的路，是指康赛集团抓住机遇，有幸步入证券市场。这其中当然离不开公司原董事长的努力，是他将黄石市服装这家成立于1952年的小企业，一手发展成"中国的T恤大王"。尤其是公司改制后迅速膨胀，于1996年8月一步迈入证券市场，上市当年，公司每股盈利高达0.803元，被誉为绩优股。

将康赛集团"做成"上市公司和绩优公司，自然相当不容易，其间，也做了不该做的事。有些事情，因为有关部门目前尚未有明确说法，所以文章里不便多说。

据悉，上市后，随着康赛集团的迅速膨胀，炒股票的暴利诱惑，使康赛集团将股市看成"聚宝盆"，公司放松了产品经营，一味投入资本经营。公司在证券投资方面大胆尝试，并大有收获，公司上市当年，证券方面的投资收益达638.4万元，不过公司主营收入比上年增长53.6%的同时，存货也比上年上升88%。

然而瑕疵都被辉煌掩盖住了。有人这样评价当时的康赛集团，强调在做好的基础上做实，追求爆炸性的和超常规的效果。据介绍，公司当时提出的发展口号是："追求卓越，竭力超越。"最后有人这样总结康赛集团，4个杯子，8个盖子，一点不冒"气"。包括公司1999年中期前年报、中报的业绩一直都很漂亮，公司顺利实施1998年度配股计划。由于信息不透明，大多公众投资者一直被蒙在鼓里，不知道康赛集团不规范的运作使天平早已倾斜。

一个企业有什么样的指导思想，就会形成什么样的运作手段和方法，只不过不受约束的操作最后没有"圆满"。由于公司原董事长与原总经理矛盾日益加深，"窝里斗"的结果是两败俱伤。据悉，在全国建4个分公司、建设专卖店、技改"双加"等重大项目，不同程度上都成了权力斗争的牺牲品，尤其这争斗使公司被欲入侵的"大鳄"重重咬了一口，现在还陷在法律纠纷中。

"飞来"的"横祸"使康赛集团一下子没有了唱戏的"主角"，公司运作便失去了平衡。再加上原来虚报、虚做等假盖子噼里啪啦都砸碎了，各种"怪味怪气"自然冒了出来。

关联交易：没有免费的午餐

康赛集团缘何对康赛实业"一往情深"，不仅长期为大股东垫付款项，而且竟允许大股东"随便"借钱，6800多万元借了不还。

因为康赛集团脱胎于康赛实业。据介绍，康赛实业当初是将其优质资产剥离出来，改制成康赛集团后又上市，可以说大股东将盈利性资产陆续全部装入上市公司，自己仅剩下一堆不良资产，而康赛集团上市后一直没有现金分红，大股东没有收入来源，还要支付退休人员的工资、医药费等，无以为继，只能靠上市公司帮助，康赛集团自改制起就一直为大股东代垫资金，而公司上市后，又一直与大股东有着一连串的关联交易。

天下没有免费的午餐。截至去年末，大股东共欠康赛集团其他应收款2.1亿元。再者，母子关系的模式，决定康赛集团与大股东以前实际是两块牌子一套班子，公司无法摆脱大股东的控制而独立健康发展。缺乏公平性的天平总是要倾斜的，因此才会发生康赛集团配股时，大股东资金不到位，却可以擅自借用社会公众股东配股资金。只有阳光照不到的地方，才会滋生丑恶的东西，康赛集团的"配股事件"，进一步暴露出"母子"关系的"剥离上市"方法所存在的深层次矛盾和问题。

没有钱为什么还要承诺用现金参配，承诺后却资金不到位，现在来看康赛实业当时的做法似乎令人费解。据了解，当时，公司原董事长正操作一个合作项目，可以保证获得6800多万元资金作为认配款，所以康赛实业作出现金认配的承诺，不预想后来事情有变，公司"鸡飞蛋打"，不但没有弄到钱，反而使康赛集团惹了一身官司，这样6800多万元就成了大窟窿。

康赛集团的配股资金到底投哪儿了？配股项目究竟投了多少？康赛集团1998年度配股共融资2.039亿元，公司承诺用于4个项目的投入，包括"双加"二期工程、400万米纯棉免烫项目、20家专卖店项目以及补充子公司流动资金和归还高利

率贷款，据介绍，公司基本上按照承诺对这些项目进行了不同程度的投入。据说，事实上，一些配股项目，公司已先用银行贷款投入一部分，配股融到资金后，便用一部分配股资金还了银行贷款。不过这些配股项目到底都投了多少，公司有关人士表示，他们到现在也不清楚，公司准备聘请会计师事务所进行审计，很快会水落石出。

董事的可悲：稀里糊涂签了字

在上市公司中，董事究竟起什么作用？董事的权力和责任是否对称？作为上市公司，康赛集团毕竟设有董事会以及监事会，除了董事长，公司还有其他董事以及监事，公司还曾聘请过独立董事。公司上市后发生了一系列重大事件，尤其是"配股事件"，其间这些董事和监事是如何行使权力和进行监督的？

面对记者的提问，公司两位董事表示："我们的可悲之处就在于身为董事却一直不'懂事'不'知事'，当初被迫或稀里糊涂签了字，现在要面对责任的压力。"由董事长和总经理完全操作的康赛集团，董事会和监事会基本形同虚设，没有真正的监督和约束机制，据说往往是事情已经做好了，董事长提出开会，要求大家签字，有时甚至也不开会，董事长打个电话就让董事来签字。当然，许多董事也知道字是不好签的，但是不签又能怎样，会被说成违反组织原则。

然而，康赛集团的"暗箱操作"，"受托人"的失职，对于公众投资者来讲，是不公平的。在记者采访过程中，有市场人士表示，康赛集团这种股权结构使公司董事成员基本来自公司的经营层，因此容易形成内部人控制，内部人控制的结果往往是，为了公司这个小集体的利益，发生"劣币驱逐良币"，董事们共同"结盟"，而牺牲其他股东尤其是社会公众股东的利益，因此，上市公司应尽快建立内部监控制度。这位人士表示，日前沪深证交所推出股票上市新规则，这是具有不同寻常意义的一件大事，尤其是使董事的个人应承担责任进一步凸显。

康赛集团"配股事件"的"东窗事发"，使公司的董事和监事深受震动。公司一位董事表示，这次惨痛的教训永生都不会忘记，从现在开始，作为董事一定要按原则办事，不该签的字坚决不签。

中介机构："腰不直"

按道理，在康赛集团的配股运作中，会计师事务所和券商应该注意或发现公司大股东资金不到位和擅自挪用社会公众股东的配股资金。如果受利益驱使相关中介机构不能公正执行社会中介机构应尽的职能，则无形中就加重了天平的倾斜。

对于会计师事务所与上市公司之间关系，有人形容是一枚硬币的两面，看似独立，又不独立。康赛集团大股东的配股资金没有到位，会计师事务所为什么会出具验资报告？这是投资者的疑问，因为在康赛集团1998年9月3日的股份变动公告中赫然写着"公司本次配股扣除发行费用后的实际募集资金20385.02万元已汇入公司银行账户，并由湖北会计师事务所出具验资报告（[98]鄂会师股验字第251号）"。

有知情人士说，当初方方面面从各自不同角度帮助康赛集团董事长画圆，谁想到后来主角突然出事，其他人也就画不圆了。湖北会计师事务所（现已更名为湖北立华有限责任会计师事务所），不只是康赛集团的会计师审计部门，同时也曾为湖北省另几家近年来出了大问题的上市公司作审计。

至于券商与上市公司间的关系，有人直接这样说，在这种合作中，个别券商往往担纲帮助上市公司运作的总导演。近年来，大庆联谊、东方锅炉、红光实业、石油大明等一系列上市公司违规事件中，有关券商曾担当了不光彩的角色，使这些机构的商誉一落千丈。

上市公司：我们会有一个交代

残存下来的康赛集团何去何从？是继续沉沦下去，还是重新振奋起来？尤其被大股东借用的资金能否归还？

在黄石市地方政府的高度重视下，去年10月，担任黄石纺织机械厂厂长、党委书记等职的居少宏被调任康赛实业，11月正式担任康赛集团董事长。公司新的领导班子对过去的浮夸风进行了深刻反思，并调整了企业精神，由过去的"追求卓越，竭力超越"变为"脚踏实地，艰苦奋斗，卧薪尝胆，再创辉煌"。

目前，康赛集团全公司上下正在作艰苦努力。在资金几乎枯竭的情况下，公司加强内部管理，抓好主业经营，真正做好市场。公司现在还很困难，但公司正在不断想办法，居少宏强调"在做实的基础上做好"。公司的配股项目400万米纯棉免烫面料项目一直无法投产，经过积极努力，今年5月5日终于实现边安装边试产，在现场车间，康达纺织公司的经理告诉记者，"运作情况出乎意料得好"。

对于康赛集团痛下决心，亮出1999年度的报表，居少宏表示，报表是很难看，但撇去泡沫后，公司心里很踏实，知道自己真正亏了多少，并对赤字如何解决有了办法。据悉，当初公司内部争论也很激烈，有人不同意暴露问题，尤其是"配股事件"，提出能否"自圆其说"。居少宏不同意，他认为，把问题一直"捂"在里面是不行的，必须要敢于正视自己的错误，让公众投资者来监督公司改正错误。据介绍，1999年年报的亮相，使康赛集团各方面的问题基本暴露了出来，只不过深度不一样，通过四项计提及追溯调整，公司包袱也卸得差不多。对于目前还深深困扰着公司的法律纠纷问题，居少宏强调，总会有明确的说法。而康赛集团走出了第一步，也为下一步的重组铺平了道路。

大股东借用的配股资金怎么办？居少宏坚决地说，欠债还钱天经地义，公司的这届班子一定想办法解决，绝不赖账，公司最终会对公众投资者有个交代。

中西药业患上"中科"后遗症

（原载于2002年3月12日　上海证券报）

中西药业近期一连串的诉讼公告，令人眼花缭乱。不仅如此，几笔官司涉及金额总计2亿多元，对中西药业的影响显而易见。

能否走出诉讼旋涡，不仅关系到中西药业的命运，也关系到投资者的利益。围绕诉讼事件及公司发展前景，记者日前采访了中西药业董事长唐颢。

一个标的 两个案件 两种判决

谈及中西药业近期的诉讼，来自华晨的中西药业新任董事长唐颢无奈地表示，这是"中科系"事件的后遗症，由2000年引发的一系列事件，现在出现了集中爆发。而仔细梳理中西药业的官司，不难发现，中西药业与北京国际信托投资有限公司等企业的诉讼，确实是在被动解决公司当初与"中科系"瓜葛形成的遗留问题。

中西药业与北国投等的官司，总计金额4800万元，涉及北国投、爱使股份、杭钢股份等多家企业。对此，唐颢解释说，这起诉讼缘于2000年3月中西药业出资4800万元参与北国投的组建，据悉，当初中西药业已受制于中科系，因此相关资金往来基本由当时的大股东北京中科创业一手操作。资料显示，2000年9月中西药业分别与杭钢股份和爱使股份签订了《出资转让协议书》，将所持北国投股份分别转让给两家企业，转让金额分别为2200万元和2600万元，其中北国投为协议见证方。不过到了2001年6月，华晨正式入主接手后发现，股份虽已经转让，但公司一直未收到两笔资金，为了维护公司权益，中西药业于当年6月起诉。

唐颢表示，这起官司实质是一个标的、两个案件，由于法院管辖权的原因，将诉讼分成了两个案件。一个在上海，中西药业起诉爱使股份、北国投返还公司出资转让款2600万元及相应逾期付款违约金，经上海市第一中级人民法院判决，中西药业胜诉。另一个在杭州，中西药业起诉杭钢股份、北国投返还公司出资转让款2200万元及相应逾期付款违约金，日前经杭州市中级人民法院判决，已向浙江省高级人民法院提起上诉。

一个标的的两个案件在不同地方起诉，由不同法院判决，最后出现了两种不同判决结果。唐颢认为，主要是对两个关键问题的不同理解，导致形成不同的判决。一个是有关中西药业、中科创业、深圳中科、广东山川与北国投签订的关于《人民币资金借款合同》的补充协议，公告显示，中西药业认为该协议存在虚假的可能，但杭州中院确认有效。另一个是中西药业为大股东中科创业的担保，根据监管部门的规定，上市公司不得为大股东担保，由此中西药业认为，公司当初与中科创业及北国投签订的保证合同所涉及的担保问题，应该不成立，而如果担保不具有有效性，北国投欠中西药业4800万元（与杭钢股份案涉及2200万元）与中西药业欠北国投2亿元借款中的相应部分即相互抵消，则也应该无效。

告申万营业部

中西药业把申银万国也告了，日前中西药业正式起诉申银万国上海陆家浜路证券营业部于2001年1月初擅自抛售公司持有的岁宝热电股票及有关国债。而该诉讼事项一经公告，立即受到业界广泛关注，尤其亲眼目睹了"中科事件"的市场人士及投资者清楚地意识到，中西药业要尽快走出"中科系"事件阴影。唐颢也明确表示，在多次协调未果的情况下，中西药业只能依法解决这一难题。

从公告看，该起案件的内容似乎并不复杂，中西药业于2000年委托申万陆家浜路营业部购买国债及股票，营业部于2000年8月分两单代理买入国债，于同年6月分三单代理买入岁宝热电股票，但2001年初在未经中西药业授权的情况下，该营业部擅自将上述有价证券予以处理。为此，中西药业诉讼请求判令营业部支付公司购买国债及岁宝热电本金共计1.2亿元，并赔偿法定孳息损失。

那么，为何这一纠纷迟迟不解决，个中的症结在哪里？据介绍，申银万国认为，中西药业的钱就是"中科系"的钱，因此已将该笔资金一起送到有关经济侦查部门。而中西药业认为，公司是独立的法人单位，代表了全体股东的利益，不能与"中科系"混同一体。唐颢强调，中西药业与申万营业部之间，并不存在业务关系，是服务与被服务的关系，以中西药业的名义存入营业部的资金，应该要么是在股东账户上的股票和国债，要么是在资金账户上的钱，当初营业部将中西药业名下的股票和国债抛掉，然后将该资金划到中科创业控制下的账户上，最后一起送到有关经侦部门，显然损害了中西药业的利益，也违反了《证券法》等法律法规。

担保成被告

中西药业起诉别人的同时，公司自己也成了被告，日前，浦发银行起诉中西药业的诉讼案件，在市场上又引起了一阵轩然大波。而此前公司新任总经理与深圳奥沃公司之间的技术专利纠纷，也给中西药业带来了负面影响。

直到中西药业发布第二份公告，投资者才终于弄清楚，中西药业遭浦发银行起诉是因为公司为兴业房产提供担保，由于兴业房产欠银行贷款逾期未还，致使作为担保方的中西药业被起诉，而且公司的相关投资股权被冻结。这一诉讼涉及金额共计4820万元，而中西药业为兴业房产总计担保8650万元，据悉，兴业房产剩余的3830万元贷款也逾期未还，看来，中西药业还会有更多的资产有风险。

都是担保惹的祸。目前因为兴业房产担保而深度"套牢"的上海上市公司不止中西药业。唐颢苦笑着说，与其他公司一样，中西药业当初为兴业房产的担保，因无法解套，只能不断签订续保协议，结果担保链环环相扣，风险也迎面而来。这一担保问题的解决，核心在兴业房产及其关联方，但如果兴业房产一旦有什么"闪失"，中西药业怎么办？

至于中西药业新任总经理，其当初就与公司发生了以6项专利技术置换大笔债务的关联交易，这一行为不仅令人多少有些不解，也使投资者对其6项专利技术究竟有多大价值饶有兴趣。然而股东大会尚未召开，突然传来深圳奥沃国际科技发展有限公司声称原中西药业新任总经理侵权的消息。尽管中西药业随后为此专门刊发公告进行解释，而唐颢也告诉记者此事目前已不了了之，但在股东会上，许多小股东还是对此表示了强烈质疑。

确保资金链

中西药业深陷诉讼旋涡，暴露出的中西药业在公司治理方面存在的一系列问题，值得深思。痛定思痛，唐颢表示，作为上市公司，一定要规范管理、规范运作，完善公司治理，同时还要善于控制风险。

唐颢介绍说，华晨入主中西药业后，首先是建立和恢复与银行间的信誉，从而保证资金链条不断裂。同时着手了解公司存在的问题，在搞清楚和弄明白后，通过一段时间进行解决。在此基础上，加快职工观念的转化，培训提高人员素质。接下来，将加大产业调整力度，加快对农药新产品的升级换代，同时，还将积极进入医疗服务这一新产业。

新绿将给金帝建设带来什么

（原载于2002年7月2日　上海证券报）

在日前召开的股东大会上，金帝建设（600758）第一大股东上海新绿复兴城市开发有限公司第一次成功进入并掌控上市公司董事会，新绿究竟将为金帝画出一幅怎样的图画，令投资者关注。

控股之争

回首往事，1998年4月末5月初，已步入证券市场两年的金帝建设迎来了两大新股东。金帝原大股东辽宁省国有资产管理局将其持有的7815万股国家股，分别转让给上海新绿复兴4500万股和辽宁建设集团3315万股。由此，引发了一连串的是非曲直，而新绿、金帝、辽建这三者之间，也似乎形成了一种微妙的关系。

因债权纠纷，新绿持有的金帝4500万股股权于1998年6月4日和6月5日分别被上海市两家法院判决冻结，其中的270万股被判归债权人所有，其余4230万股在后来的日子里不断在被质押、冻结甚至拍卖的旋涡中沉浮，直至今日。

据说，这让当时的金帝开始怀疑新绿的实力，抵触情绪逐渐弥漫，由此，辽建与新绿展开了一场对金帝的控制权之争。1999年6月15日，金帝1999年第一次临时股东大会发生"政变"，新绿提出的包括其公司董事长在内的5名董事候选人及2名监事候选人遭到辽建全面阻击，辽建在金帝的内部职工股股东和部分法人股股东的支持下，以出席会议股东代表股份53.52%的优势，将新绿彻底挤出金帝董监事会。

之后，与上海浦东联合信托投资公司的欠款纠纷、与上海国际信托投资公司浦东分公司的官司以及上海华星拍卖有限公司受执法部门委托几度欲拍卖其持有的金帝4230万股股权，新绿被一系列诉讼案件所纠缠。而截至2001年年报，新绿所持金帝建设4230万股股权仍被继续冻结。

二股东的欠款纠纷

与新绿"对招"的辽宁省建设集团公司，虽然是金帝的第二大股东，但这些年其实是金帝的实质控制人。当1999年6月的那场股东大会大获全胜后，辽建的派出人员便陆续进入金帝董监事会。不过，这几年辽建本身也不是特别"太平"。2000年4月末，北京市第二中级人民法院作出判决：辽建向北京国际信托投资公司偿还贷款本金449万美元及其利息，金帝承担相应连带清偿责任。事隔不久，2000年10月25日，金帝又发布公告称，公司第二大股东辽建作为武汉国际信托投资公司与沈阳瑞博企业集团有限公司借贷纠纷一案的连带责任人，其持有的金帝3315万股被法院裁定冻结。金帝披露的2002年第一季度季报显示，因贷款担保纠纷案尚未完结，辽建持有的金帝3315万股股权仍被查封。

与此同时，辽建与金帝之间关系微妙。金帝第三届董事会成员以董事长为首均为辽建方面的人员，但此次推荐第四届董事会成员时，金帝原董事会中仅有1人成为辽建推荐的新一届董事候选人，其余包括董事长在内的大部分原董事均未被选上。而辽建及其关联企业对金帝的1.73亿元欠款，似乎已成为上市公司与第二股东间的"心结"。这几年，根据上市公司规范运作的有关要求，金帝始终没有放弃对上述欠款的追收，而辽建因财务状况不良，一直无力偿还。

与此同时，金帝这三年间的业绩起起伏伏。1999年5月，亏损的金帝被特别处理；1999年，金帝一举实现扭亏为盈，并在2000年4月摘掉ST帽子；然而好景不长，2001年，金帝又出现亏损，2002年第一季度，公司仍继续亏损。

未来之路

新绿此番卷土重来，想必对金帝的发展战略已制订了周密的计划。不过，与第一次高调出场大相径庭，此次新绿公司的高层人士没有成为金帝新一届董监事候选人直接进入董监事会。

金帝这场股东大会，再次暴露了两大股东间的矛盾。对于此次股东大会及新一届董监事会的选举结果，作为第二大股东代表的辽建总经理江泽荣接受本报记者采访时表示，他认为这次股东大会召开得不太成功，对金帝的发展可能不会起到推动作用。不过他强调，既然新绿复兴方面董监事已经当选，希望新绿尽快介入金帝建设的工作，本着搞好上市公司的原则，他希望两大股东能够积极主动，互相协调，相互合作。而作为新绿方面代表、金帝新当选董事张小炜则表示，新绿复兴对搞好金帝建设很有想法，但目前还不能说更多，新绿也希望能与辽建搞好合作。

而金帝建设目前处境艰难，截至2001年末，9127万元的担保诉讼已成为公司随时可以引爆的地雷。新绿能否帮助金帝尽快走出困境，将直接影响到公司未来的命运。

105

复星玩转资本魔方

（原载于2002年8月16日　上海证券报）

在资本市场这张棋盘上，上海复星高科技（集团）有限公司已布下5颗棋子，即拥有包括复星实业、豫园商城、友谊股份、羚锐股份及天药股份在内的5家有资产关联的上市公司。不仅如此，目前复星仍在频频出手，欲在内地资本市场及香港资本市场甚至美国资本市场掷出新的棋子。尽管市场对复星的一系列运作一直褒贬不一，但不可否认，复星已成功地运用资本市场的杠杆效应串起一群耀眼而活跃的上市公司"明珠"，成为资本市场一道令人瞩目的风景。

平台理论

从一家自有资金只有3.8万元的小型科技咨询公司起家的复星集团，因恰逢其时地介入证券市场而对资本的巨大能量和无限魅力有格外的感受，并进一步对产业经营与资本经营如何有效嫁接，形成一套自己独到的理论。

"现在普遍有一种观点，一谈资本经营就认为是纯粹的资本运作，钱来钱去，在二级市场炒作；一谈产业经营就认为是单纯地做产品。而复星一直探索的是在资本经营与产业经营之间寻找一种新的投资模式。"复星集团董事长郭广昌表示，这新的模式既包括资本经营，又包括产业经营，同时还包含风险投资。

正是围绕这样的理念，复星集团由上至下搭建了三个平台。首先是资本平台，即以复星集团为核心，开展投资银行业务，主要判断哪些行业处于上升期，哪些处于下降期，哪些正受到资本的冷落，通过研究资本的"反周期"理论，观察并发现投资价值，这是一个多元投资的平台。其次是上市公司平台，即以包括复星实业在内的一批上市公司为核心，一手推动产业发展，一手紧紧与资本市场对接，每家上市公司都努力寻找产业最好的资源，围绕企业的生产和销售，形成核心竞争力，这是一个上市公司群体平台。最后是专业公司平台。这个平台上的公司目标明确，就是要寻求好的产品，服务客户，创造价值。郭广昌认为，三个平台的基础是第三个平台，第三个平台里的企业发展到一定程度，就有可能上市，上升到第二个平台。

这一平台理论支撑着复星集团的频频运作。然而，对于复星集团不仅控股一大批医药行业的企业和投资一批著名的商业企业，而且斥巨资参股钢铁企业以及深层次涉足证券业，市场却有着不同议论和看法，其中不乏"复星步入多元化投资陷阱"的担忧。对此，郭广昌很自信，他强调，复星对于所有的投资都是基于价值的投资，而不是概念的投资。"我们的投资从来都是以盈利为目的"，寻找适合自己的奶酪，不赚钱的事复星绝不会去做。

打造旗舰

1998年8月7日，复星集团绝对控股的复星实业正式挂牌上市，募集资金3.5亿元。作为上海第一家上市的民营企业，也是复星集团现代化生物与医药产业的旗舰企业，复星实业从上市起便颇受资本市场的关注，而复星实业也为当时的证券市场带来了生物高科技公司的新概念。

几年下来，复星实业已拥有包括国家一类基因工程新药重组链激酶、国家二类基因工程药r干扰素、重组人红细胞生成素等7大系列数百种产品。2001年，公司建立了上海市第一家民营企业博士后工作站，并被国家科技部认定为上海唯一的医药产业"国家863计划成果产业化基地"。复星实业总经理汪群斌表示，公司的发展目标是形成生物医药产业的"联合舰队"，成为全球化、信息化和最具竞争力的中国医药新经济的代表。

"联合舰队"的整编始于2000年春天。是年3月，复星实业投资3450万元，购得河南信阳信生制药有限公司90.3%的股权；同年5月，复星实业出资14549万元参与天津药业有限公司的改制，拥有其22%的股权；2000年9月，复星实业以2460万元的价格受让上海雷允上北区药业股份有限公司24%的股权；2002年5月，复星实业所属上海复星医药产业公司受让武汉中百所持有的武汉中联药业4000万股股权；2002年6月，复星实业在渝合资组建的重庆药友制药有限责任公司和重庆医药工业研究院有限责任公司揭牌，复星实业为此分别出资6831.68万元和3000余万元。这一系列医药行业的大收购，使复星实业在短短的两年内迅速成长为一个庞大的医药产业综合体。用总经理汪群斌的话说，就是复星所收购的企业，成长性都很好，在行业里具有很强的竞争优势。而在这一系列资产大购并发生期间，复星实业也悄悄完成了从生物高科技公司向生物医药新经济的转型。其标志就是复星药房连锁网络这一新经济产业的诞生。到目前为止，复星已与在华东有着600多家超市的联华集团签约，联手构筑连锁性的联华超市药房；而此前，复星已投资了北京金象大药房，加之受让的武汉中联，复星实业顺利完成了在华北、华中和华东的连锁药房布局。

串起明珠

一颗复星实业的光芒，即使格外璀璨耀眼，其能量也毕竟有限，在董事长郭广昌的脑海里，群星闪烁才是复星集团战略发展的方向。2000年下半年开始，复星在资本市场上展开了更大的动作。首先是2000年10月间接控股友谊股份。复星集团先是与友谊股份大股东友谊集团出资4亿元组成上海友谊复星（控股）有限公司，复星占48%的股份；随后，友谊复星受让友谊集团持有的友谊股份29.98%的股份，成为第一大股东；再之后，复兴集团又将所持友谊复星股份转让给复星实业。由于友谊股份持有上海联华超市51%的股权，这样复星就轻松打造了一条复星实业—友谊复星—友谊股份—联华超市的控股链。在郭广昌看来，友谊股份所拥有的连锁产业，包括联华超市、好美家、家乐福等，有非常大的成长空间，在行业中有极强的竞争力，并且与复星有许多互动的地方，因此，复星将其纳入麾下绝对有利可图。

控股友谊股份，复星又马不停蹄地开始实施一个令市场瞩目的更大的动作——入主豫园商城。

从2001年8月到2002年6月，通过颇具技术性的操作，复星集团所属上海复星产业投资有限公司坐上了豫园商城第一大股东的交椅。由此，复星集团也实现了间接控股豫园商城的收购目标。

复星为什么又瞄上了豫园商城？郭广昌认为，豫园商城有三个方面的重要价值：第一，黄金珠宝的品牌及零售连锁店，复星可以借此渗透到黄金珠宝业的要素市场发展。第二，核心商业区的发展，入主后，复星可以一方面将现有的豫园商城进一步做大，另一方面积极配合上海市城市建设规划中的大规模南外滩改造工程，将正处于南外滩核心位置的豫园商城与复星旗下的房地产业形成联动。第三，豫园商城的稳健经营，可以使复星每年有稳定的收益。

郭广昌表示，复星入主后，不会扔什么给豫园，帮它做利润，而是将通过对这家老企业进行体制改造，让公司的潜能充分发挥出来；同时，复星也不会派出大队人马对豫园进行全盘接收，而是实行人尽其才、物尽其用。郭广昌强调，复星对豫园原来的领导班子很满意，最多只会进行一些个别调整。至于入主后如何整合成功，郭广昌认为，其中的关键是通过文化的沟通，实现理念的融合，从而提升豫园的强势竞争能力。在郭广昌的眼里，"未来豫园商城应该成为证券市场的蓝筹公司"。

郭广昌的确有眼光。就在复星利用资本"魔法"将一颗颗上市公司"明珠"收入囊中的同时，复星实业先前的投资也相继"开花结果"。由复星实业投资参股的河南信阳信生和天津药业，又分别参股投资羚锐股份和天药股份。2000年10月及2001年6月，羚锐股份和天药股份先后上市。对此，郭广昌说，复星不是因为企业要上市才投资，而是因为企业有价值才投资。如果是好企业，上市只不过是过程和时间的问题。他表示，因为复星目前还只是这两家上市公司的第二大股东，因此只能尽力从有限的角度支持这两家上市公司的发展，但他非常看好这两家公司的前景，同时投资回报一直在增长。

放眼世界

几年下来，复星由一家自有资金只有几万元的小企业，成长为一个拥有80余家跨行业、跨所有制的企业，成为大型民营控股企业集团，并拥有生物制药、房地产业、信息产业三大核心主业。2001年，复星关联企业的总销售额达303亿元，总资产达198亿元。

但是郭广昌并不满足。他把眼光瞄准了海外资本市场。为了将复星集团旗下房地产业的龙头企业复地（集团）股份有限公司发展成为全国知名度最大、综合实力最强的房地产集团之一，郭广昌准备将复地集团拿到香港上市。与此同时，他还要将复星集团斥资3.5亿元参股的钢铁企业唐山建龙也拿到香港上市。郭广昌放言，待时机成熟，他还计划到纽约上市。

对于这个在资本市场冉冉升起的复星群体，有人将其称为"复星系"。听到这种称呼，郭广昌连连摆手说："不要叫复星系，我们不是什么系，现在证券市场一提系，总给人一种在二级市场炒作的概念，而我们不会参与二级市场炒作。"他表示，复星集团下属各家公司都是独立运作的。在集团里，大家从来都是"亲兄弟明算账"，内部完全实行市场化运作，各个公司之间每一分钱都算得清清楚楚，不存在用哪一块去贴补哪一块的做法。

复星集团1992年起家的时候是由以郭广昌为首的5人团队组成的，后来又增加了4个董事，形成核心决策圈。十年纵横，复星集团发展到今天这样的"家"大业大。郭广昌坦言，他不敢有丝毫的懈怠。作为复星的核心人员，他每天思考得最多的就是什么是影响企业发展的致命问题，哪些是摧毁企业成长的致命因素，然后如何使复星离开这些不利的因素。

另类复星

复星10年的发展模式比较"另类"，市场对此也一直是众说纷纭、褒贬不一。

复星当初起家时虽然有着高校的"胎记"，但实际上它又不是纯粹的高校模式。而作为一家民营企业，复星创业初期就形成的5人决策圈，又使其与大多数的家族式民营企业有所不同。

在十年的成长历程中，复星两次把握住了时代的脉搏：将知识与产业紧密结合，催生出一个生物医药领域里的合纵联盟，使复星踩准了新经济的节拍；而将产业资本与金融资本紧密嫁接起来，使复星在资本市场上释放出巨大的能量。对此，有人说复星幸运，也有人说复星投机性很强。

不管怎么说，复星绝对是"唯利是图"，而且是唯高端和高额利润是图。这一方面得益于民营企业的灵活机制，另一方面又正是民营企业的活力所在。

近年来，复星实业走出上海，在医药行业及行业上下游进行的一系列购并，引领了医药行业的发展潮流。面对入世后外资大举进入的严峻形势，医药企业通过收购兼并抢占市场已是大势所趋。近来，太极集团、太太药业、上实联合、华源制药等一批上市公司都加快了收购兼并的步伐。而复星可以说在这方面已经抢占了一定的先机。

仔细想想，复星模式与思科模式倒有着异曲同工之妙。对于复星而言，现在最重要的问题是并购后能否消化整合好新的资源。这也是许多擅长资本运作的企业所共同面临的问题。

收购只是第一步，复星能否在一系列的重组购并中真正形成1+1大于2的效应，将是对其领导人管理能力的考验。对此，郭广昌有一份自信：复星有着开放的心态和文化的融合力。他强调，复星并不是不犯错误，关键是要懂得舍弃，这样才能保证不断吐故纳新。

从目前来看，复星虽然被归属为成功企业一类，但复星模式究竟有多强的生命力？复星模式是否代表着未来企业发展的趋势？我们暂时还无法有一个定论。对于复星的某些运作手法，用传统的道德标准已无法评判。

尽管在复星的光芒之下，还有许多值得关注的问题，但我们还是要祝愿这颗冉冉升起的资本市场新星一路走好。

望春花堕入重组陷阱[①]

（原载于2002年8月22日　上海证券报）

随着望春花与大股东华银投资控股有限公司对簿公堂，随着望春花控股子公司协和干细胞基因工程有限公司1.42亿元资金被抽走的事件曝光，打上"高科技"标签的华银重组案终于露出了其真实的面目。

不仅如此，坊间流传的种种传闻，更使望春花的前途显得扑朔迷离。

巨资如何被抽走

1.42亿元的资金是怎么被抽走的？

令人惊讶的是，整个事件的过程非常简单，下属华银投资很"方便"地完成了资金的转移。提起这件事，中国医学科学院血液研究所所长韩忠朝，这位兼任望春花董事及协和干细胞公司总经理的医学教授，用了一句"真没想到胆子会这么

---

① 本文略有改动，主要当事人姓名已隐去。

大"来表达感慨。

2000年11月，望春花决定成立协和干细胞基因工程有限公司，注册资本1亿元，其中望春花出资5700万元，占注册资本的57%，华银投资出资1000万元，占10%，中国医学科学院中国协和医院大学血液研究所血液病医院技术入股33%。2001年2月，该公司正式成立，当年下半年，各方股东陆续开始投资。不过没过几个月，随着协和干细胞项目加快进展，韩忠朝却有些糊涂了，"公司账上明明应该有钱，怎么老是不够用？"他马上去查账，结果发现部分资金已被挪走。

据公司介绍，当时望春花及协和干细胞公司的财务基本被华银方面所控制。因此，由协和干细胞公司聘请的审计人员，不得不费了很大的周折，经过一两个月，才将公司财务情况搞清楚。原来，望春花出资的5700万元资金根本没到协和干细胞公司账上，而是分别于2000年12月28日、2001年1月5日汇至华银投资的控股股东永泰房地产的账号上。至于华银投资出资的1000万元，倒也到过协和干细胞公司的账上，但"过"了一下之后，也转走了约500万元。还有以协和干细胞公司的名义申请，并由望春花担保的8500万元贷款，也大都很快被转走，这些资金停留在协和干细胞公司账上最短的时间仅为8个小时。最终，1.42亿元资金只剩下不到2000万元。

公司大部分资金被挪走，韩忠朝急了，他紧急致函望春花总经理李培佩董事，要求召开协和干细胞公司董事会。李培佩一听，也吓了一大跳。当时，不仅财务，望春花及协和干细胞公司的董事会也基本由华银方面控制。对于挪用资金的事，均没有经过两个公司董事会讨论，其他董事根本不知道。

在天津，记者见到了于2001年12月28日召开的这次董事会所形成的决议，其中关于财务管理问题决议明确提出，"要求华银公司在2002年4月底之前，将占用协和公司资金如数返还公司，而且在返还之前，要保证协和公司正常投资和资金使用需要"。"财务部门的人员要增加力量，要增加一名财务负责人"。

与此同时，望春花与协和干细胞公司联手采取措施，积极保全资产，锁定风险。今年5月7日，协和干细胞公司与永泰房地产公司签署还款协议。根据协议，永泰房地产将分三期归还协和干细胞公司资金约1.33亿元，期限至8月15日，同时永泰房地产承诺以相应房产及股权作质押。在这期间，望春花还与协和干细胞公司对华银投资及永泰房地产进行了民事诉讼。日前，上海一中院已就此事作出裁定，冻结华银投资及永泰房地产银行存款1亿元或查封等值资产，并冻结华银投资所持望春花法人股6819.4419万股和流通股242.669万股。

大股东怎样布局

华银投资对望春花的重组，从公开资料看，始于2000年5月8日。当时，华银投资协议受让，望春花二股东厦门奇胜股份有限公司所持有的望春花转配股为325.98万股。到了11月，华银投资开始大举介入，一次受让望春花大股东上海新长宁（集团）有限公司所持法人股4262.15812万股，总计出资1.04亿元，从而成为望春花第一大股东。

作为一家投资公司，华银投资自身的资产似乎对市场没什么吸引力，不过，同年11月15日，望春花发布的董事会公告不禁让人眼前一亮，公司不仅将"发展生命科学"写进公司章程，而且提出将投资干细胞基因工程项目。由此，以"生命银行，托起明天的太阳"为最大概念的望春花重组，浮出水面。

而具体的操作方式就是华银投资扛来协和干细胞的牌子，将其嫁接到望春花的身上。于是，新成立的协和干细胞公司，还有留守的望春花总裁李培佩便也一起卷入了这场重组旋涡之中。然而，令人没有想到的是，在后来对抗大股东华银的行动中，协和干细胞公司与望春花竟成为"一致行动人"，站到了一条战线上。

在华银投资重组望春花的过程中，韩忠朝及其干细胞技术的引进，尤其是协和干细胞公司的组建，成为望春花的最大卖点。正是因为有着新鲜血液的注入，因为有着独特生物科技概念的支撑，使望春花这家沪市传统产业公司一跃攀上了高科技的高枝，望春花的股票也因此成为当时证券市场的一大牛股。

提起当初与华银投资的相识，韩忠朝表示是经人介绍的。他说，协和干细胞项目是国家重点项目，当时已被国家计委批准建设干细胞产业化基地，有着非常好的发展前景，但需要大量资金投入。于是，有人给他介绍了华银投资，双方于2000年10月开始洽谈（正是在华银投资正式入主望春花之前的一个月），不久便达成意向合作协议。

在此之前，望春花的股票在二级市场已是节节攀升，随之而来的是，又是公司2000年当年净利润大幅提升，并提出10股转增6股的转增方案。不过仔细分析望春花这份年报，公司业绩增长，主要来自大笔投资收益。据悉，当时望春花的一班老人对此颇有些疑惑，因为多做利润还得多交一大笔税，对公司划不来。而华银投资方面的解释是，业绩做好了，公司可以增发，如果每股增发价格25元，增发4000万股，就能圈10亿元。

很可惜，去年下半年开始股指大幅下挫，望春花的增发计划也没能实施。而华银投资抽走资金的举动，暴露出其资金链条陷入了紧张状态。究竟华银投资将资金转移到了哪里？审计结果显示，基本都转移到永泰房地产公司及关联企业。不仅如此，2001年年中，永泰房地产及其关联公司向协和干细胞公司借款总计4364.55万元；同期，天津市黑牛城房地产开发公司也向望春花借款4000万元，向协和干细胞公司借款7653.65万元。

公开资料披露，华银投资注册资本2.2亿元，其中永泰房地产占51%股权，自然人股东占49%股权。在天津，记者了解到，永泰房地产名气并不像传说中的那么响，业界对永泰房地产的评价是"这是一家有一定规模的房地产公司，目前有一大片正在开发中的房地产项目"。

望春花还有没有希望

望春花近年来在证券市场的沉浮，资本起了主要的作用。这家当初由李培佩一班人以3.5万元起家的集体企业，经过23年的发展，依靠资本市场才得以壮大，也遭遇了资本冲击。目前，以望春花实业有限公司的名义持望春花职工持股会的股权仅居第三大股东，因此，李培佩及其一班创业者对诸多事情只能无可奈何。

几度重组过后，尤其华银投资此番对公司的重组，使望春花遭受很大打击。好在李培佩还很坚强，她表示，公司原来的主业——平绒产品的外销在经历了亚洲金融危机的冲击后，目前继续保持较好势头。他们的产品曾获上海市8项专利，是传统产品中的高科技，而公司也是因此而被认定为高科技企业。

另一方面，李培佩与韩忠朝一样，依然对干细胞项目非常看好。据悉，关于组建上海协和血液肿瘤医院有限公司的申请基本得到了批准。李培佩认为，如果资金到位，加快启动和建设，干细胞项目仍有很好的发展前景。

看来，干细胞项目仍然被公司视为望春花今后发展的亮点和增长点。那么，这一项目究竟进展如何？韩忠朝表示，因为资金被抽走，有一段时间项目确实受到了一定影响，但该项目的建设一直没有停止过，目前已呈现良好的发展势头，从7月开始，公司每月都能盈利。韩忠朝强调，只要资金被抽走的事情尽快解决了，协和干细胞公司的发展进度一定会加快，估计只需一两年就会大有起色。据悉，目前天津协和医院也正在筹建中。

不过，目前对协和干细胞项目看好的还有许多企业，尤其在天津当地。天津市政府非常重视干细胞项目，自始至终给予了大力支持。经过这次华银风波后，协和干细胞公司希望能够进一步增加投资和股权多元化。如果这样，未来望春花所持协和干细胞公司的股权可能会有一定程度的稀释。

重组，谁来监控

又一起借重组之名行调控之实的案例浮出水面。在恒通把棱光当做"提款机"之后，这种"提款机模式"就一直在市场的上空游荡。

与之前手段隐蔽、花招迭出的假重组相比，像抽逃资金这类急吼吼的做法，真让人大跌眼镜。

望春花公司的某位高层人员在反思此次重组时归结了两点，一是自身由于缺乏资本市场运作的经验，过于轻信；二是公司内部的防范监督体系不健全。看来，这是痛定思痛后得出的教训。

最近暴露出的一些上市公司重组"陷阱"，其实"运作模式"大同小异。先是以项目（题材）作诱饵，收购上市公司股权，然后控制董事会和公司财务，接着通过复杂的关联交易粉饰报表，其间还可能配合二级市场的炒作，最后就让上市公司担保或者直接下手占用资金等。

由此看来，重组上市公司的成本与收益存在着巨大的反差，难怪那么多人挖空心思在玩"资本运作"。其实某些人所谓的"资本运作"，其实质就是金钱游戏，这种没有实物经济做基础的增长是虚假而脆弱的，泡沫迟早要破。

监管部门这些年来也出台了不少政策、法规来规范上市公司的资产重组行为，对遏制假重组应该说起到了十分积极的作用。但似乎"道高一尺，魔高一丈"，每年总会冒出一些假重组的案例。

这或许就是由资本的逐利本性决定的。当有300%的利润时，一些人就会铤而走险。近期有些借重组掏空上市公司的案例，所打的"组合拳"令人眼花缭乱。比如赠予资产、债权置换，看起来上市公司得利了，实质上赠予资产可能都是烂资产甚至是无形资产，而置换出去的却是实实在在的资产。这些"花花肠子"怎能让散户们不"吃药"呢。

这些手段能得逞的一个重要原因在于我们的上市公司重组的透明度不够，相关法律法规还不够完善，缺乏对重组的全程监控。要解决这些问题，需要各个层面的共同配合，比如可以采取上市公司的内部监控机制，财务人员不能由大股东指派，增加独立董事等措施。而对于监管部门来说，成立专门的机构对上市公司的重组进行全程监控，或许也是一件利在长远的好事。

当然，不管怎么说，这么多年我们证券市场还是涌现出一批成功重组的典范。因此，我们衷心希望，在剪除杂草和荆棘之后，上市公司的重组将迈向一条康庄大道。

上海本地股发生历史性转变

（原载于2003年8月14日　上海证券报）

曾几何时，上海本地股因业绩差被称为股市的"死亡板块"，经过1997年开始的波澜壮阔的大重组，上海上市公司实现了整体飞跃；上海板块持续成为证券市场最为活跃的一支；上海上市公司业绩连续三年领先全国水平；2002年，140家上海上市公司平均每股盈利达到0.1754元，平均净资产收益率7.36%。

如今，蓝筹股已成为机构投资者的首选，人们不难发现其中活跃着众多上海本地股的身影。2002年，上市公司总体业绩驶入上升通道，上海上市公司实现了历史性的转变。国际权威机构发出"中国上市公司盈利已不逊发达国家"的高度评价，中国证券市场发展成为亚洲第三大证券市场。

"死亡板块"的震撼

回忆当年的情景，80岁高龄的上海老股民吴元昌老先生连连摇头："那时上海公司简直就成了'死亡板块'，已经没有几家公司的股票能让股民投资了。"

1993年前后，受当时历史条件的影响，一批产业传统、规模较小、业绩相对较差的公司先后挤入证券市场。先天不足的同时还带来了上市公司对证券市场认识的狭隘，部分公司上市后忽视经营业绩和持续发展能力。到了1996年、1997年，上海公司已不得不面对尴尬的现实：一大批公司业绩下滑，许多公司丧失再融资的能力，在上海GDP连续多年保持两位数增长的背景下，上市公司整体业绩却一直低于全国水平。

上海上市公司的集体衰落，强烈地冲击着上海人的自尊，更唤起了上海市政府的忧患意识。大上海应该托起代表城市竞争力的上市公司优秀群体。1997年开始，上海市将上市公司的资产重组作为经济工作的重中之重。在征得监管部门的大力支持下，上海拉开了气势磅礴的上市公司重组大幕。

谈及上海市政府这一具有划时代意义的作为，北京和君创业咨询有限公司总裁何劲松说，上海市政府具有相当的超前意识。那时深圳一直领中国改革开放之先，上海与全国许多城市一样在向深圳学习，而学习的结果是，上海掀起了一轮上市公司大规模重组的浪潮。招商证券研发中心总经理谢魁星认为，上海当时的举动不仅领先于珠江三角洲，而且走在了环渤海经济圈之前。

政府推动，成为从1997年到2001年这一期间上海上市公司大重组的鲜明特点，也使重组不可避免地带有区域性特征和局限，谢魁星进一步分析道。

巨大创造力的激发

上海的巨大创造力，再一次在证券市场淋漓尽致地发挥。在政府的积极推动下，这项波及面广、政策性强、周期性长、敏感度大的创新工作纳入到有领导、有组织、有步骤开展的轨道中。

从1997年到2001年的五年间，通过超常规资本运作的努力，上海共有88家上市公司进行了不同形式的资产重组，36家公司调整控股股东，27家公司通过重组变换了主业，向上市公司注入优质资产200亿元左右，盘活国有资产73亿元。

上海国有资产经营有限公司财务融资部总经理李柏龄教授认为，上海政府拥有的巨大资源优势和强大调控能力，在重组中得到充分发挥和显示。上海证券交易所研究中心主任胡汝银博士进一步分析说，在政府主导的情况下，强势政府的组织机制，有利于资产重组的高效运作，可以暂时性地弥补公司治理机制的不完善。

上海上市公司重组的效果比较鲜明和显著，国务院发展中心企业研究所副所长张文魁对此给予了充分的肯定。在这场声势浩大的重组过程中，无论是优势企业、优质资产、优秀人才加快向上市公司集中，还是将重组与促进上海支柱产业、科技产业和都市产业发展的结构调整有机结合，以及股权转让、资产置换、兼并收购、并壳让壳、股份回购等一系列创新手段的实施，这一切不仅带给证券市场崭新的理念，更让投资者看到一大批上海上市公司脱胎换骨后的新姿。

上实联合、金丰投资、上海医药等一批新公司，正是通过借壳纷纷实现了上市的战略目标，在"把壳让给最好的"原则指导下，上海的一批没有生命力的绩差公司纷纷脱壳退出，同时另一些有朝阳前景的企业和资产相继装入。谈起当年的重组上市，上海医药董事会秘书曹伟荣认为，这一重组实际上打开了上海市医药产业的整体发展空间，为医药产业成为上海第七支柱产业奠定了稳固的基础。而上海医药重组的成功，是令公司原总经理廖有全最欣慰的作为。当初，他亲自领导这一重组，并为了上海医药的发展战斗到他生命的最后一刻。他曾评价说，重组是对壳资源的有效利用，体现了证券市场的资源优化配置。

而从一度濒临退市的PT农商社到今日的都市股份，抚今追昔，公司董事会秘书汪培毅更是感慨万千："资产重组，使公司获得了新生。"1994年上市的农商社，自1996年开始亏损，连亏到2000年底，公司净资产为–5.7亿元。在那段不堪回首的日子里，PT农商社苦苦挣扎在生死线。而历经种种的艰难和博弈，最终在政府及有关方面的定夺下，2001年，农商社获得近2亿元的现金及价值3.6亿元的土地使用权，同时公司原有的大部分不良资产"一锅端走"，当年公司一举实现盈利。PT农商社的重组成功，堪称上海当时几家走向新生彼岸的PT公司的典型写照。

对于上海绩差公司进行的这种重组方式，有学者提出，该死的企业就不应该让它活，这样才符合市场经济规律。面对不同的声音，参与并策划上海本地股大重组的原上海市经委主任、现重庆常务副市长黄奇帆表示，这要从我国实情出发，中国股市脱胎于计划经济，那时一些并不是很有前景的国有企业上了市，后来成了绩差股，甚至是ST和PT公司，对此，地方政府推动并引导这些问题企业的资产重组，是对股市和投资者的负责，也是对历史形成问题的一种负责任的协调。

不过并非所有的绩差公司最终都迎来了柳暗花明，PT水仙就未能幸免于难。对于PT水仙的摘牌，证券市场一直有不同的看法，一些市场人士尖锐地指出，政府推动不可避免地带来重组并非完全按市场化运作的弊端。李柏龄教授当初一直在操作PT双鹿的重组，对几家PT公司的复杂重组背景和不同的重组命运，有着强烈体会。他毫不讳言地表示，水仙的退市，某种程度上体现了政府意志对上市公司重组的左右，实际上，水仙在几家PT公司中并非最差，由于公司是家集体企业，缺乏足够的政府背景，最终没有获得全力的支持。

再融资的强大支持

上海本地股的资产大重组，无疑付出了高昂的代价。李柏龄教授表示，这场重组过程中，政府花了极大的力气，付出了巨大的代价，形成了很高的重组成本。那么，这一重组成本究竟是由谁来埋的"单"？

张文魁认为，上海政府推动进行的这场重组的成功，很大程度得益于在当时的历史时期和市场条件下，重组带来的上市公司再融资资本有效弥补了政府注入的资本。张文魁强调，后来其他一些地区也不同程度地效仿上海的做法，但最终大多不尽如人意，一个主要原因是随着近年来证券市场的低迷，上市公司再融资已经很难实现。再融资使上市公司重组及重组后能有足够的资金作保障，支持公司的可持续经营和发展，而再融资的资金来自证券市场，来自广大投资者。

将资产重组与再融资尤其是与增发新股紧密相连是证券市场的一项金融创新。而先走一步的大胆尝试，为上海上市公司带来了巨大发展空间。有幸成为证券市场第一批省市"置换并增发新股"试点的申达股份，深深体验了重组为公司发展带来的深刻变化。当年，申达股份一举增发新股7500万股，募集资金3亿多元，雄厚的资金支持，有力地推动了公司进入良性发展轨道。1998年重组至今，申达股份连续五年保持每股盈利在0.38元以上，净资产收益率达到12%，公司基本年年向股东分红派现。

无论是申达股份董事长席时平，还是上实联合总经理陆申，都将资产重组的成效总结为：实现了国家、上市公司和股东的共赢。这也说明，只有使上市公司

"重组—再融资—良好经营"形成有机运作和良性循环，国家的付出和投资者的投入，最终才能获得有效甚至高效的回报。

重组的巨大能量，终于激活了上海上市公司的勃勃生机，上海公司的重组行为也成为证券市场一道引人瞩目的风景。2000年上半年，上海113家上市公司平均每股收益和净资产收益首次超过沪市、深市和全国平均水平，上海公司终于打了翻身仗。由资产重组和业绩提升所带来的上海上市公司的板块效应，进一步对股票市场走强产生了极大的影响，上海本地股的价值凸显，不断成为引领投资者投资的风向标。

上海上市公司发生的深刻变化，使其在上海经济中的地位显著增强。截至2001年底，上海上市公司累计筹集资金近1000亿元，其中2000年和2001年，上海公司连续两年每年筹资超过180亿元，这些资金对带动上海相关的投资、增加就业和拉动消费等作用十分明显。同期，上海上市公司总市值约为7000亿元，相当于上海2001年GDP总值的141%。上海上市公司对上海经济作出了重大贡献。

当然，重组并非一蹴而就。当初包括申达股份在内的几家纺织上市公司的重组，曾被期望"将开创纺织业的新局面"，然而，落花有意，流水无情，由于没有从根本上建立和完善公司治理机制，无锡太极实业的重组最后以公司重又跌进亏损旋涡，而给证券市场留下诸多遗憾。同样，上海上市公司的重组也存在种种不足和隐患。对此，上海上市公司资产重组领导小组常务副组长姜耀中指出，上海资产重组工作取得了一定的成效，但不宜估价过高，有些深层次矛盾有待进一步研究和解决。

新重组：孕育"蓝筹集团"

如果说上海上市公司的重组在前期还更多地停留在"救死扶伤"的层面，那么，面对新形势，未来上海上市公司的新重组将在充分尊重市场规律和按照市场化运作的基础上，致力于培育一批大公司、好公司进一步做大做强。这些公司不仅要成为国内行业龙头，而且还要具备很强的国际竞争力，成为真正的蓝筹集团。

李柏龄教授表示，2001年以后，上海上市公司的重组表面上似乎步伐有所减慢，实际上在表象背后，是上海市政府重组的认识更深刻、更充分及更理性。这一时期以及今后，上海上市公司的重组工作应该按照市场化和经济规律的要求运作。上市公司自身将更多地成为重组的主体，而政府主要抓住经营者的有效考核，促进国有资产实现保值增值。

目前，宝钢股份、浦发银行、上海汽车、申能股份、上港集箱等一批上海上市公司，逐步发展成为绩优蓝筹公司的优势和风范。上海证管办副主任黄运成教授认为，这些蓝筹集团的崛起和壮大，不仅成为证券市场中的中流砥柱，而且对推动上海经济增长和增强产业国际竞争力，起到了重要作用。

依托证券市场实施资产重组，为上海打造蓝筹集团提供了强大的资本扩张能力和巨大的辐射能量。浦发银行的成长之路可见一斑。1999年浦发银行上市时公司总资产仅为8720万元，经过上市后几年的迅速扩张，到2002年底总资产已达到2793亿元，尤其公司引入美国花旗集团这一国际战略投资者的重组推进，使其在新的市场竞争形势下，将显著增强应对国内外竞争对手的实力和能力。

老牌公司申能股份的成长之路更具典型意义。亲眼目睹申能取得发展成就的公司副总经理陈铭锡很有感触地说，资产重组对申能做大做强起到了四两拨千斤的作用，1993年申能上市时总资产仅为43.5亿元，1992年公司实现税后利润3.3亿元，而截至2002年底总资产已膨胀到134.9亿元，2002年实现净利润10.3亿元。申能的良好业绩，赢得了小股东的称赞，被称为上海滩小股东代表的吴元昌老先生，自豪地宣称，他是申能的跨世纪股东。

一直参与并积极推动上海上市公司重组的上海金融服务办副主任范永进，对上海公司的重组有着难以言表的深厚感情。他指出，如果不是依托证券市场及进行资产重组，浦发银行、申能股份以及上海汽车等一批上海绩优蓝筹公司能取得今天的发展成绩，将难以想象。同时，范永进对上海公司的重组也有着客观清醒地认识。他认为，国有资产管理体制改革以及产业结构调整，将赋予上海公司未来更大的重组和发展机遇。

上海公司如果不走出上海，何谈蓝筹？上海证券交易所有关人士指出，上海的蓝筹集团目前还更多地局限在上海区域，今后这些公司应进一步增强资本扩张能力，勇于走出上海、走向全国并走向世界，掀起跨地区、跨行业、跨国界的更大范围和更大规模的新重组浪潮。只有这样，上海蓝筹集团才能真正与上海以及中国的经济增长相适应，从而成为上海以及中国经济发展的优秀代表。

与时俱进开创未来

上海上市公司已经强烈地意识到新重组浪潮正在拍岸。种种政策趋势和导向正明确传递出：未来五年，上海加快国有企业战略性重组，鼓励个人、私营企业战略性重组，鼓励个人、私营企业和社会资本参与国有经济战略性重组，鼓励外资参与国有企业改组改造。新时期的上海上市公司重组，正在被赋予新的内涵。

展望上海上市公司的未来，上海市政府特聘决策咨询研究专家杨建文表示，上海业已绘就的未来五年发展蓝图，赋予了上海140家上市公司新的发展机遇和发展空间。上海深入推进国有经济战略性调整加快国有企业战略性重组，将推动上海公司的重组走进新时代；建设工业新高地，加快城市信息化建设，将使高新技术、支柱工业和都市型工业上市公司的发展赢得更大的社会资本聚集效应；加快向国际金融中心迈进，为服务贸易业的上市公司提供参与经济全球化竞争的强大推动力。

在新征程上，有着海纳百川胸怀的大上海，唯有也必将继续向前。而上海如何不断突破历史和时代的局限，与时俱进积极探索，开创上市公司资产重组和上市公司发展得更加辉煌的未来，将令世人再度瞩目。

第三章

Chapter3

没有规矩，不成方圆

市场制度建设薄弱，是早期中国内地资本市场的主要弊端。公司造假、大股东占用、违规坐庄、投机炒作等一系列问题和现象，构成了当时的股市百态。

财经事件层出不穷。证券报社记者每天都研究上市公司的公告、年报，尤其临近年报披露结束的最后半个月和一周，巨亏公司纷至沓来，被出具否定意见、拒绝发表意见的财务报告"翩然而至"，个别公司甚至发生年报推迟披露的窘态。一批批公司暴露出来的问题，令投资者眼花缭乱。

"政策市"，是当时市场的典型特征。每当股市下跌，市场各方就呼吁监管部门甚至国务院高层出台政策利好，而股市也随着政策的出台，演绎着各种起落行情。1999年5月，国务院正式批准了《关于进一步推进和规范证券市场发展若干政策的请示》的报告，从而引发了5月19日开始的井喷行情，一轮"牛市"启动。

资本市场，风云变幻。身在其中，见证了市场的每一步改革。PT水仙与PT粤金曼分别成为沪深市场第一家退市公司，会计政策从四项计提扩大到八项计提，要约收购与资产重组风起云涌，独立董事制度的引入和确立以及公司治理的提升，具有划时代意义的股权分置改革实施……

没有规矩，不成方圆。加强资本市场制度建设，加快资本市场走向规范与成熟，是市场发展的重中之重。2000年2月，周小川正式出任证监会主席，在他任职期间，带来了对资本市场的各项改革，尤其是公司治理建设的完善与提升，对改善提高上市公司质量，扭转市场投机炒作之风，发挥了巨大的推动作用。

这个时期，中国证监会以及沪深交易所、沪深证监局活跃着一批有所作为的监管者。每每振聋发聩的监管政策与监管力度，令市场震慑。这其中，不少成为日后我工作上打交道的领导与朋友，至今，君子之交。

本章选取的部分文章，可以看到资本市场当时的生态，看到上市公司存在的深层次问题，以及市场的不断探索与发展。中国资本市场建设，任重道远。

农民走向市场　期市架起桥梁

（原载于1997年10月23日　上海证券报）

"今年种什么"，这一直是农民颇感困惑的大事。而在河南农业大区邓州市，农民早就开始根据期货信息种植绿豆，以避免市场风险。越来越多的农民逐渐懂得期货市场的作用，期货架起了农业走向市场的桥梁。

在河南邓州市，当地农民从1993年就开始根据市粮食局发布的期货信息进行绿豆种植，期货市场在防止农产品价格大幅度波动、保证粮食生产稳定发展中发挥出重要功能。

邓州农民有种植绿豆的传统，但90年代初期由于盲目扩大种植面积而出现滞销，造成价贱伤农，邓州市绿豆种植面积一下子减少了近10万亩。1993年5月，邓州市粮食局成为中国第一家期货市场——郑州商品交易所的第一批会员。作为河南地区绿豆主要产区的邓州市，最初粮食部门参加期货交易只是想回避贸易风险，因为绿豆属于小宗产品，价格波动较大。1993年5月，邓州市粮食局做了第一笔期货交易，以每公斤2.5元的价格收购绿豆。这对农民有着相当大的吸引力，许多吃了绿豆亏的农民抱着试试看的想法扩大了种植面积，全市的绿豆种植面积增长到15万亩，结果农民和粮食部门双双获利。从此，邓州及附近近10个县的农民掀开了根据期货信息种植绿豆的新篇章。

期货交易所的主要"产品"是未来价格，期货市场在发现未来价格和转移价格风险方面能发挥重要功能。以期货市场提供的未来价格信息为向导安排生产，农产品能够有一个比较稳定的价格，避免农民种植风险，保证农民种粮的经济效益，使农民得到实惠。现在，每年5月绿豆种植之前，邓州市粮食局都要根据未来收购季节的期货市场价格，确定绿豆收购价，然后通过有线广播向农民发布信息，指导农民种植。据郑交所统计，自从邓州市粮食局从事期货贸易以来，绿豆期货市场价格的高低已成为邓州地区农民确定绿豆种植面积的主要依据。目前，邓州市的绿豆种植面积已达到20万亩。

有关人士认为，邓州市粮食局在农民和期货市场之间发布价格信息，指导农民种植并和农民建立合同收购关系，这是真正和农民结成了利益共同体，既可搞活粮食部门的经营，又有效地避免了农业生产的盲目性。现在，邓州市粮食局的信誉越来越高，每到8月的收获季节，这里就成了一个大型的绿豆集散地。市场人士指出，随着我国期货市场的日益成熟和规范，期货市场的功能必将得到充分发挥，关注期货市场的农民也将越来越多。

B股公司缘何频换境外会计师

（原载于1998年2月12日　上海证券报）

正当上市公司年报登台亮相之际，B股公司却纷纷发布更换境外会计师审计的公告。继去年11月末鄂绒B股公告以来，又有胶带B股等三家公司相继变更境外审计师。在年报出台的紧要关头B股公司为何要这样做？据称，一是境外会计师事务所内部人员更换频繁，影响年报审计正常进度；二是审计费用逐年上涨，为公司带来经济压力。

一些B股上市公司指出，境外会计师、审计师事务所由于其特殊管理机制，内部人员有时流动频繁，这为B股公司会计审计工作带来不便，原负责对胶带B股进行审计的境外一大会计师事务所，内部人员常有调动，一旦人员调换审计就要重新进行，工作量大且重复，为了不影响1997年年报的尽早完成，经双方友好协商，决定解除合作关系。1995年10月上市的鄂绒B股有关人士表示，从公司发行前到上市后，境外会计审计一直是由一家境外事务所承办，去年该所一部分业务骨干相继跳槽，为保证公司业务进展顺利，鄂绒B股随之聘请普华承担境外会计审计工作，另外，普华将与永道会计师事务所强强联合，也是鄂绒B股变更会计师事务所的一个重要因素，用公司有关人士的话来讲，"主要基于公司未来发展的考虑"。

此外，B股公司境外会计师审计费用每年几乎以10%的幅度上涨，使一些B股公司感觉负担沉重。联华B股三年更换三家境外会计师事务所，由永道到安达信再到新聘请的沪江德勤，例子颇为典型。同样的问题也困扰着其他B股公司。据悉，一般B股公司年审计费用为40万至60万港元，最高的达100多万港元，而有些B股公司每年利润才几百万元。

最近几年，伴随着中国资本市场的快速发展，B股上市公司队伍迅速壮大，目前已达101家。为了使会计审计工作符合国际准则，B股公司普遍聘请毕马威、安达信、普华等国际六大会计师事务所，安达信等公司作为资深审计机构按照国际会计准则进行审计，投入劳动强度之大、审计态度之严谨已是有所共认。至于费用收取标准，这些境外审计机构表示是在B股公司资产规模加上利润的基础上，经双方协商同意确定的。

今年有关部门对上市公司的年报披露要求更加严格，在1997年年报即将出台之际变更会计审计，是否会影响审计完成的时间和质量。对于投资者的这一担忧，上述四家B股公司纷纷表示，由于公告前与新的境外会计师事务所已进行了非正式了解，公告后又立即着手工作，因而可以保证在规定的时间完成审计。

虽然一些B股公司主张市场经济下谁胜任就聘请谁，境外审计机构也认为双向选择自愿结合，但频繁变更会计审计对B股公司的发展必定会带来不利影响。境外会计师事务所也将由此造成业务和声誉方面的损失，如何妥善圆满地解决这一问题，还有待当事双方以及主管部门共同探讨努力。

活跃B股市场该有新思路　大规模才能大流通

（原载于1998年4月2日　上海证券报）

业内人士一直认为，B股一级市场不繁荣和二级市场不活跃是制约B股市场健康发展的主要因素，而追根溯源造成这一状态的根本原因是B股上市公司的规模普遍偏小以致严重影响了市场流通量。因此从B股上市公司发行前和再增发这两个渠道，尽快让其盘子增大、流通性增强已成当务之急。

由于历史原因，B股市场从1992年运行之初上市企业规模就一直较小，到目前为止上市的102家公司中，大多数股本只有1亿元左右。而境外投资者却比较偏爱稳定成长的大中型企业，尤其是对于管理上千亿美元的国际公司而言，B股公司盘子太小，因此境外投资者对B股的投资兴趣渐弱，海外基金不敢轻易入市，形成投资主体来源缺乏，造成市场流通性不足。所以，从审批发行这一角度来讲，有关部门在选择规模较大的绩优企业送往海外上市的同时，更应该多鼓励其中的一批企业进入B股市场，使越来越多的效益好的大企业成为B股市场的中流砥柱。可喜的是，政府的这种推动作用近年来已日益增强，无论是去年公布的33家预选B股企业名单，还是今年的18家，都体现出向国家重点支持的基础性产业和大企业倾斜这一显著特点，只不过与海外上市公司相比，今后倾斜力度还应加大。

对于已经上市的B股公司如何让其在二级市场上盘子增大，最好的办法是走增资发行的道路，前不久国务院证券委已明确下发《境内上市外资股（B股）增资发行B股暂行办法》，这一专门规定的出台为B股公司壮大规模提供了良好机遇，由于B股公司增资发行只是对B股股东进行，而国家股股东不参与，所以有人担心B股公司的控股权问题，其实这一顾虑可以消除，一般来讲境外投资者大都从财务性投资人的角度对B股公司进行战略性投资，其看重的更多是B股公司的效益和前景，以分享中国不断增长的经济成果，至于公司的经营管理，则大多并不想介入。这些境外投资者也可以称为被动投资人。另一方面通过增资发行虽然使B股股东股权扩大，但也只是处于相对控股地位，由于股权分散单个B股股东的持股比例都不是很大，因而外资比例超过内资并不会影响国有股东地位。

日前，怡富上海投资公司董事兼首席代表洪永沛提出，B股公司可以参照国际惯例，实施国有股东先注资扩大股权比例然后再增资发行的做法，这样国有股股权比例始终不会降低，国家股也将始终保持绝对控股地位。洪永沛先生表示，从另一角度来讲，一些B股公司所处的已是国际和国内完全竞争的行业，如果国外股东介入B股公司并占有一两席地位，从管理和经营都会给B股公司带来新观念、新变化，从而使B股公司增强竞争能力。

拭目以待"新纺织"

（原载于1998年8月24日 上海证券报）

为了加快国企改革的步伐，国家提出"把纺织工业作为国有企业改革解困突破口"，五家纺织上市公司率先停牌重组并增发新股，意味着改革的突破口正拉开

"世纪新创业"的帷幕。

国企改革"试金石"

此番国家下决心将龙头股份、申达股份、太极实业、上海三毛和深惠中这五家纺织上市公司的典型代表作为纺织业和国有企业改革解困的"试金石"，显示出的是一种希望点石成金的不寻常力度。停牌一个月、大规模资产置换、不同比例增发新股，这是我国证券市场上从来没有的，如此运作使龙头等五家上市较早的老公司，在业绩连年滑坡、数年丧失融资功能的状况下，通过资产重组，剥离了不良资产置换进了优质资产，从而显著提高了公司资产质量，通过大比例增发新股，使增量资金的注入犹如一场"及时雨"，不但盘活了存量资产，激活了优质资产，而且为公司后续发展提供了强有力支撑，"试金石"体现出重值千金的分量。

由于目前纺织行业总体陷入前所未有的困境，因而一些投资者对此次资产重组没有跳出纺织主业尚抱有遗憾。其实国家此番给纺织公司一系列优惠政策，就是在为纺织业走出困境探索一条新路，种种努力旨在让纺织业真正赢得一个生机勃勃的新纺织。如果五家公司全部出壳甩掉纺织，便偏离了国家振兴纺织行业的初衷，如果纺织业再度丧失壳资源优势，无疑对已处于危机中的行业生存是雪上加霜，如此做法将使解困脱贫更多地夹杂着逃避的成分，突破口将丧失其应有的威力。同时受连带效应影响，纺织上市公司扔掉的包袱，便成了整个国有企业改革中的沉重负担，以致减缓整个国有企业改革的前进步伐。

此次纺织上市公司重组，正与国有企业的总体产业大调整相吻合，脱胎换骨的龙头等五家公司已构筑起高附加值的都市纺织的产业框架。都市纺织作为都市工业的重要组成部分，和支柱产业、高新技术产业并驾齐驱被列为未来都市产业布局的主体，围绕这一目标发展的新纺织，毫无疑问摒弃了传统纺织的痼疾，其如冉冉升起的朝阳，发展前景十分广阔。另一方面，"试金石"带来的是强大的示范效应，纺织上市公司的亮色，使正处于改革解困攻坚中的纺织行业和整个国有企业，看到发展的希望，从而又加快了国有企业总体产业调整的步伐，相得益彰形成的将是良性循环。

转换企业经营机制，提升产业科技含量，增加产品高附加值，五家纺织公司已迈出了坚实的脚步。虽然由于时间紧张仓促，重组中还存在着不完善或尚待解决的种种问题。不过重组总体看来比较成功已不可否认，尤其是"试金石"的巨大示范效应更不可估量，聆听已经吹响的进军号角，相信纺织业和整个国有企业的改革将汇成一股波涛汹涌的潮流，势不可当。

重组带来质的变化

纺织行业面临的困境众所周知。五家纺织公司借资产重组这一难得机遇，剥离不实不良资产，置换进优良优质资产，公司已经从挣扎在一片低洼地的艰难中走出，开始以新的面貌，站在新的起点，进行优势扩张的新创业。可以说，重组后五家纺织公司无论是资产质量，还是产品的品牌、技术以及经营理念均发生了质的变化。分析五家纺织公司的现状已然今非昔比，最为显著的是公司资产质量有了很大的改善，净资产纷纷增值。原有资产全部置换出局的龙头股份，用3.7亿元的棉纺织净资产置换进三枪、海螺、菊花、民光四家企业的总计5.3亿元净资产；深惠中将所属化纤主业的6112万元的不良资产，置换进深圳市华北纺织印染公司和深圳华联置业公司的优质资产；尽管太极实业置换的资产仅有三分之一，但公司净利润却提高了6000多万元；申达股份和上海三毛也是如此。目前，五家公司的资产质量显著改善，新资产盈利能力明显增强，最近率先公布中报的申达股份其重组带来的效力已卓然显现。

投资者追求回报率最大，高成长、高收益的公司一直是投资者关注的热点。由于纺织行业尚处于转型接轨的调整过程中，因而一些投资者对五家公司的成长性不抱乐观。其实，重组后的五家公司以新的品牌、技术和市场化经营构筑起全新的格局，公司未来发展实为可期。

重组进龙头股份的三枪、海螺、菊花、民光为上海纺织四家明星企业，四大名旦云集使龙头形成了大服装和大服饰两大产业，而申达股份也确立了发展产业用纺织品的产业布局，上海三毛将做大服装面料基地，这三家公司以此构筑起上海都市纺织的支柱。与此同时，太极实业将向高档轻薄呢绒和高档服装领域进一步拓展，深惠中致力于成为以品牌为龙头、高附加值产品为导向、向深加工发展的、集纺织、印染、服装贸易内外销并举的投资控股公司。五家公司的种种努力旨在迎接

知识经济时代的挑战，真正提高项目技术附加值、提升产品科技含量，赋予纺织行业崭新的内涵和生机勃勃的活力。

五家纺织公司以破釜沉舟的勇气和魄力实施了大手笔的资产运作，而当五家公司走出泥泞站上新高地之时，更需要以现代企业制度运作再造新纺织。作为上海纺织控股（集团）和龙头股份的董事长，朱匡宇已明确表示，公司下一步将拓展两大业务，即明星业务和金牛业务，同时通过在社会上大规模招聘人才，使公司真正引入新的思维方式和经营理念。

如何把握新机遇

作为五家上市较早的老公司，龙头股份、申达股份、太极实业、上海三毛和深惠中不同程度地存在着改制不彻底这一固有弊端，这一不可争辩的事实常常成为造成公司业绩滑坡的主要因素。此次重组可谓彻底消除了五家公司的痼疾，从一直挣扎在一片低洼的困境中走出，开始以新的面貌，站在新的起点，进行优势扩张的新创业，这是五家公司重组的初衷和良好的愿望，但真正落到实处才是关键也是最难点。

如何避免有了钱好三年然后又重蹈覆辙这一恶性循环的怪圈，需要五家公司真正转换机制，彻底按照现代企业制度运作。脱胎换骨意味着公司以全新的思维方式营造全新的经营理念，并制定跨世纪的长远发展战略方针。此番增发新股，五家公司最多的募集资金6亿多元，最少的也有1.5亿元。一下子有了这么一大笔钱到底怎样投资才能赢得较高的回报率，不但是五家公司普遍面临的新课题，同时也是投资者广为关注的焦点。

面对"立足纺织没优势，走出纺织没方向"的困惑，复旦大学企业管理系主任芮明杰教授认为，应该对发展纺织主业充满信心。他解释说，纺织行业所进行的压缩调整针对的是低水平重复建设和低附加值产品生产，并不是说整个纺织主业都没有生命力，那些技术能级较高的纺织主业，如大服装、大服饰、产业用布、高档面料等的发展潜力很大，而目前中国纺织企业在这方面尚没有形成真正优势，因而五家公司运用募集资金所进行的技术改造，必须真正提升技术含量，使产品具有较高附加值，从而在主业的产品市场上始终处于全国领先的优势地位，并逐步走上世界的大舞台。

同时，也不能就纺织论纺织，五家公司还需不断拓展新的发展空间，寻找到一个能与纺织主业发展密切相关并相互促进的结合点，作为公司新的利润增长点。不过资金运作一定要进行机会成本的比较考虑，不能分散投资，所谓多元化其实潜藏着既不能壮大主业又可能处处亏损的极大隐患，许多上市公司曾经走过的弯路值得五家公司深思和借鉴。

无论是改革还是解困，都需要付出努力和代价。目前全国纺织行业正经历着精干主体、压缩总量的断臂求生阵痛，在这关键时刻国家对五家纺织公司给予重组和增发新股的优惠政策，可谓雪中送炭。面对这一难得的发展机遇，五家纺织公司深感任重道远之余，如何尽快脱颖而出带动起整个行业大发展，则尤为迫切。五家公司并不轻松，更不能丝毫懈怠。

ST红光注册会计师无法发表审计意见

（原载于1998年9月5日 上海证券报）

在投资者的等待中，姗姗来迟的ST红光中报今日亮相，公司净利润亏损9328.8万元，每股收益亏损0.406元，被注册会计师出具无法发表审计意见报告。

经营决策失误和信息披露违规对ST红光的影响进一步暴露，公司今年上半年生产经营几乎陷入停顿，因超期服役而成为公司1997年亏损重要原因之一的彩玻池炉终于无法运转，公司于2月28日和3月6日将彩管玻壳锥炉和屏炉分别停炉待修，同时公司主导产品黑白显像管和黑白玻壳销售量减少，致使公司于6月13日至7月26日将黑白系列生产线停产。公司上半年实现主营收入8703.2万元，同比减少约46%，而公司营业成本依然居高不下，达到1.26亿元。

注册会计师在审计报告中指出，红光实业彩管玻壳生产线账面净资产占全部固定资产账面净值的大部分，该线停产待修后公司董事会尚未最后确定重新生产日期；账面价值为3.6亿元的存货，公司是以历史成本入账，未计提减值准备；账面累计应收集团公司离退休人员费用等2106万元；待摊费用中有本期停工损失2103万元未计入损益；3.4亿元的在建工程为彩色显像管生产线项目前期投资，尚不能确定能否继续进行；有关部门对公司调查尚未作出结论，可能涉及部分账项的调整。

此外，红光实业1.6亿多美元的"黑字还流"贷款对公司长远发展是利是弊，也是未知。公司上市后曾动用募集资金偿还贷款本息8168.1万元，中报中注册会计师对此指出，公司贷款本金尚余38.89亿日元，按1998年6月30日汇率计算，调增汇兑收益2025.9万元，由于外汇市场波动较大，可能给公司今后的损益及负债带来影响。

关注一步到位送现金

（原载于1999年1月13日　上海证券报）

上市公司的控股股东向其一步到位直接送现金，这是1998年重组"末班车"中的一个突出现象。1998年最后几天公布重组方案的ST双鹿、金狮股份、上工、永久以及阿城钢铁，均将公司的存货、应收账款、生产设备等沉淀资产一次性转让，其控股股东则直接支付现金给上市公司。

最引人注目的当属ST双鹿，为了实现"保牌"的目标，公司在临时股东大会开过两天后即1998年的最后一天，发布资产大转让的公告，在公司间接控股股东白猫集团的奋勇救助下，双鹿扭亏渐露曙光。

将沉淀或不良资产套现旨在盘活存量资产、优化资产结构，这几乎是卖资产的公司的一致说法，套现近2.3亿元的阿城钢铁宣称，此举将使公司降低资产负债率，并能够扩大优势产品产销量；获得现金1850万元的金狮股份也在公告中称出售资产能使公司提高设备利用率，加快资产结构调整。

值得注意的是，在上市公司卖资产套现的现象中，基本上都是评估值高于账面值，转让价高于账面价，由此公司均获得一笔转让收益。对此有关人士指出，上市公司控股股东"急吼吼"送现金的做法，未免有帮助上市公司突击重组利润之嫌。众所周知，在上市公司收购、转让等种种资本运作的方式中，卖资产被誉为一次性创造利润的"捷径"。根据现行的财会制度，通过收购获利的途径已受到新的财会制度的限制，而通过资产转让获得投资收益尚没有明确限制，因此，上市公司纷纷大卖资产、其控股股东一步到位送现金的目的也就昭然若揭，尤其是在1998年年关的非常时期。

随着年报编制新准则的出台，1998年新报规定业已要求，上市公司应对涉及收入和利润来源的内容，逐项进行定量披露乃至具体分析说明。这意味着卖资产的上市公司在1998年年报中将对其特殊收益给予公开披露和说明，而投资者在评判公司业绩时，则将注意到上市公司卖资产所带来"特殊收益"。无疑，新的规定对卖资产和送现金做法是一种无形的监督。

补贴收入不可小视

（原载于1999年3月12日 上海证券报）

最近披露的年报显示，部分上市公司所获得的补贴收入数额越来越大，所占公司利润总额的比例也越来越高，已成为1998年年报中的一个突出现象。据统计，目前上市公司的补贴收入占利润总额的比例接近和超过50%的已达10余家，其中最大的一笔补贴收入为1.2亿元。

上市公司的补贴收入究竟从何而来？许多公司在年报中的解释并不十分清楚，有些只是一笔带过，通过对年报的分析，可以发现上市公司补贴收入的来源主要分为三类。

第一类为税收返回，具体分为三种情况：一些公司上缴33%所得税，其中18%部分由地方政府返回；有的公司出口比重较大，享受国家出口退税；企业增值税中75%属国税，25%属地税，一部分公司得到地方财政25%地方增值税的返回。应该说，前两种情况比较合理，也较为普遍，第三种情况则需要引起关注。从目前披露的年报看，有一家公司增值税和所得税地方返还部分，均采取扣除一定上缴基数，其余全部返还的做法，两笔收入相加有900多万元，而该公司总共1100多万元的补贴收入占了公司利润总额的近50%，这种税收返回做法在上市公司中尚属罕见。

第二类是补偿性收入，包括动迁补偿、市政建设补偿等。有一家公司在其1100多万元的补贴收入中，道路拓宽损失补贴达480多万元；而另一家公司的道路补贴则达到了530多万元。应引起投资者注意的是，上市公司所得的这类补贴多为一次性收入，不具有持续性。

第三类为国家及有关部门对特殊行业或项目的补贴，如环保治理、技术改造等。国家及有关部门对某些行业或项目表示鼓励，考虑该行业或项目的风险性因素，政府给予补贴是可以理解的，但若该行业或项目盈利性较好，政府再给予巨额补贴，则不利于有限财政资金的优化配置。对于这类公司，投资者需关注补贴收入在公司利润中所占的比重以及今后继续获得补贴的可能性。

与此同时，一个令人值得关注的现象是，在10余家补贴收入已构成公司利润半壁江山的公司中，大多为上年没有补贴收入或1998年补贴收入比上年大幅增加的公司。一家以造纸为主营的公司上年补贴收入为零，1998年因获得4500多万元补贴，公司净资产收益率超过了10%的及格线，如果剔除这笔收入，该公司的净资产收益率只有近7%。另外几家净资产收益率徘徊在10%~11%之间的公司，如果没有巨额补贴收入作支撑，公司净资产收益率也将沦落到10%以下。而一举扭亏的两家ST公司，其补贴收入分别占到公司利润总额的49%和42%，由此我们可以发现，补贴对公司保配、扭亏起到了相当大的作用。

缘何有利润却无现金

（原载于1999年4月6日　上海证券报）

一批上市公司虽然账面利润高挂，但实际却是囊中羞涩。据上海证券信息公司统计，在已披露年报的公司中，有三分之一经营现金净流量为负数，同时这些公司的每股收益均为正数。其中一家公司的经营现金净流出高达2个多亿，折算现在每股的经营现金净流出为1.32元，与每股收益相差1.5元以上，当上市公司的获现能力偏低时，投资者不免要对其利润的质量以及财务的状况进行仔细掂量。

市场经济条件下竞争异常激烈，上市公司要想站稳脚跟，不但要想方设法把自身的产品销售出去，更重要的是要及时收回销货款，以便日后的经营活动能顺利开展。从年报披露看，几十家经营现金流量出现负数的上市公司经营状况各异，通过分析发现，造成这些公司现金"供血"不足或现金"失血"严重的原因主要有四种情况。

产品销售资金不能及时回笼，应收账款大幅增加。在1998年经济形势下，许多公司为了增强市场竞争力，采取赊销挂账政策以加大销售力度，如经营现金净流出1.44亿元的长城电脑，其应收账款高达2.08亿元，同比增长近114%，主要原因是公司为增加市场占有率，加大信用额度，且结算周期延长。无独有偶，民族化工应收账款达到1.4亿元，同比增加137%，公司销售量增加也是一个主要原因。其他还有南京高科、秦川发展、咸阳偏转等，均有这种情况。

有钱大家用的关联交易，导致上市公司其他应收账款急剧上升。像经营现金净流出1.8亿元的广州冷机，公司其他应收账款较年初增加9.5倍，主要原因是募集资金到位后，因有关项目推迟，至年末尚未使用部分被集团公司暂借使用。

而其他应收账款较年初增加2.5亿元的棱光实业，其中1.26亿元的其他应收款是与上海恒通经济发展（集团）有限公司增加的往来款，还有1.21亿元为整体出让珠海恒通电能仪表公司的交易款，集团尚未全部付清。

采购原材料或销售商品积压，造成一些上市公司存货居高不下。如存货高达5.2亿元的宝商集团，由于公司扩大连锁经营，购进代销商品，使存货较上年增长近377%。还有一家以酿酒为主营的公司，其年底存货较年初增加近32%，也是因为公司生产能力扩大，陈酒储备增加，相应产成品、包装物等存货也增加。还有一些公司则因其他与经营活动有关的现金大笔支付，使现金大量流出。

尽管上市公司经营现金净流量为负数有着各种各样的理由，但不可忽视的是，如果上市公司只有现金的大量流出，没有现金的及时流入，货币资金不能及时回笼，最终将会加重公司流动资金的压力，致使公司投入再生产能力削弱，经营周转效率低下。

增发新股能否取代配股？

（原载于1999年9月23日　上海证券报）

去年，龙头股份、深惠中等7家公司以不同比例增发A股，沪深两市另有152家上市公司实施了配股。今年，截至9月底，已有8家公司实施了配股，上菱电器、中关村等公司实施了增发，康佳、江苏悦达、东大阿派等数十家公司正准备增发。增发新股究竟能否取代配股，我们分析一下增发新股出现的新变化。

从国际资本市场的情况看，向公众增发新股是上市公司再融资的主要手段。在国际资本市场，配股往往是公司在无法从二级市场筹资的情况下，迫不得已向老股东融资，市场往往反应不佳，我国上市公司以配股为主要融资方式，是历史形成，从发展趋势来讲，上市公司增资扩股必将与国际接轨。有关人士已表示，今后增发新股将逐步成为上市公司再融资的主流。

正如资产重组不是一组就灵，增发新股也并非一增就灵。截至目前，去年增发A股的7家上市公司，经营运作已有一年，从报表上反映出好坏不同的结果。这有着多种原因。作为试点，7家上市公司增发新股当初主要是在有关部门推动下进行，公司自身的主动意识并不突出，特别是增发新股被作为国家对纺织行业进行整体资产重组的特殊手段之一，行业较为集中，扶贫解困的意义更浓。另一方面，外因离不开内因，上市公司要实现真正的转变，必须认真吸取以往的经验教训，提高经营管理水平，搞好资产整合，扭转经营和效益低下的状况，公司自身不发生质的变化，只能重蹈覆辙，丧失第二次发展良机。

增发新股的7家上市公司开辟了融资的新途径，但募来的资金是否投入到了优势项目中，最为关键，7家公司不同的变化，其中募集资金使用的效果也起到了主导作用。龙头股份的募集资金紧紧跟着项目走，陆续投入到对四家明星企业的技术改造，"四大名旦"纷纷引进新技术设备，强化产品研究开发能力，构筑起龙头股份都市型现代服饰的支柱产业。申达股份的资金使用体现出短期与中长期紧密结合，既有短频快的技改项目，也有中期可产生效益的大手笔收购项目，以及公司长期发展方向的轿车地毯项目，因此每个阶段均有盈利来源。上海医药的投资项目上半年纷纷产生效益，成为公司新利润增长点。相较而言，太极实业、上海三毛和深惠中投资进展缓慢，不同程度地显示出资金无投向的无奈，因此公司在净资产迅速膨胀后，没有相应的利润支撑，业绩难免被摊薄。

随着我国证券市场进一步走向成熟，今年以来增发新股出现了一系列新的变化。从已披露公司的情况看，公司对增发新股的自主意识增强，这些公司分散在各行各业，有的通过资产重组已柳暗花明，有的则一直保持着绩优本色。总体看，含有A股、B股的公司较多，公司筹集资金的目的，主要是为了走出资金短缺的约束，将募集资金投入到符合国家产业政策、具有良好发展前景的朝阳产业，使公司完成新一轮产业结构调整，走可持续发展道路。

同时，增发新股的公司在保持信息披露透明度和降低市场风险等方面，也更接近于市场化和国际化。日前上菱电器实行全新的市场化发行机制，意味着我国证券市场新股发行定价进入一个新的阶段，开始贴近国际惯例。

聚焦申能股份回购

（原载于1999年10月20日　上海证券报）

随着我国资本市场不断走向成熟，近年来证券市场的种种金融创新精彩纷呈，相对而言，业内人士对股份回购这一金融创新模式探讨最多，期望值也曾最大，然而一直是只闻楼梯响，不见有上市公司具体实施。十五届四中全会的《决定》，为证券市场的金融创新开辟了更广阔的空间，此时申能股份适时提出拟回购国有法人股，使市场各方再次"聚焦"股份回购。

云天化抛砖引玉

提及股份回购，不能不说到云天化。今年4月，云天化首先提出拟回购2亿股国有法人股，当时犹如一石激起千层浪，顿时成为证券市场各方人士的热门话题。

这表明，已有一批上市公司对于通过证券市场提高资本运作的效率，有了新的思路。公司意识到可以通过股份回购改善公司股本结构，完善法人治理结构，建立起有效的监督机制，从而弥补当初作为国有企业改制上市时的不足。股份回购这一国际成熟资本市场常见的公司行为，在我国将被赋予不同一般的内涵。投资者也认识到，适当的股份回购，可使上市公司的每股盈利、每股净资产相应提升，有利于上市公司市场价值的维护及实现股东财富的最大化。

业内人士同时也看到，股份回购并不简单，并非所有股权结构未达标的上市公司目前均适合进行股份回购。尤其是上市公司回购的资金来源和国有法人股的估价等问题，技术操作性较强，如果实际过程中操作不当，反而会引起适得其反的效果。

申能股份脱颖而出

此时，申能股份提出的回购方案与云天化的方案相比，显示出方案的论证更趋成熟。

应该说，申能股份颇具备股份回购的相关条件。公司设立已超过三年，经营状况一直良好，货币资金和短期投资约38.21亿元，有足够的自有资金进行股份回购，截至今年中期，公司资产负债率为38.99%，回购完成后，公司资产负债率约为50.49%，财务风险不大，财务结构较为合理，同时，回购方案对保障债权人权益也作出了合理的安排。因此，总体看来，申能股份此次拟进行的股份回购在操作上具有可行性。而股份回购后，公司大股东申能集团所持股份仍达到68.16%，仍然保持控股地位。

至于实施股份回购，是否会造成上市公司竭泽而渔？这既是投资者颇为关心的问题，也关系到上市公司的长远发展。从申能股份的股份回购方案来看，大股东申能集团将利用回购所得资金收购上市公司不良资产并且继续支持上市公司投资重大项目，同时为上市公司今后发展培育优质资产，显示出集团长远发展的立意。

上海亚商董事长、交大管理学院教授陈琦伟认为，无论是上市公司还是其大股东，都不能将证券市场作为圈钱的场所。大股东要有长远眼光，尤其在得益的情况下，更应帮助上市公司优化资产结构，提高资产质量，支持和推动上市公司发展。

另外，股份回购可以使国家股得以减持。国家股、法人股变现后，能够按照国有资本战略调整的要求，进行资源重新优化配置。大量国有资本的变现，一方面用于建立社会保障体系，逐步解决国有企业的人员负担，另一方面用于偿还国有企业的新负债，减少企业的不良资产，降低金融风险，从而加快国企改革。这也充分体现出，证券市场在深化国企改革的过程中，将发挥更大的作用。

积极意义还很多

申能股份提出股份回购，在上市公司中引起良好反响。申达股份财务总监丁振华认为，只要不是纯粹套现或造成上市公司现金流紧张，就应该鼓励符合条件的上市公司实施股份回购。对于上市公司大股东来讲，可以盘活资产，进行资源优化配置；对于上市公司来说，可以建立科学的法人治理结构，并提高盈利水平；对于中小股东则意味着，随着上市公司业绩的提升，将得到更丰厚的回报。这符合十五届四中全会精神，符合国家政策，无疑形成了一举多赢的难得局面。

有了云天化，尤其是有了申能股份的股份回购方案，相信还会有更多的上市公司将提出进行这一试点，尤其是B股以及H股上市公司。新亚股份董秘王国兴很早就曾提出，B股上市公司应该实施B股回购，昨天他在接受采访时表示，对于这一批在1995年以前上市的老公司，尤其是B股公司，实施股份回购将面临自有资金不足的问题，但通过国有股换资产等方式可以解决这一问题，B股上市公司也可进而解决再融资的问题。

对于股份回购这一金融创新模式，一些证券公司的分析人士也持较为赞同的态度。福建兴业、华夏证券等证券公司的研发人员认为，在一个成熟的证券市场，上市公司既有分红、配股、增发等方式的股本扩张，也有回购方式的股本缩减，目前我国证券市场，上市公司只有单向扩张而没有反向缩减的手段，不完善。更值得关注的是，实施股份回购，比简单让国家股、法人股上市对证券市场的影响和压力小许多，可以有效解决国家股、法人股不能上市流通的历史遗留问题，有利于证券市场稳定。

相关法规需完善

不容忽视的是，作为金融创新的一种手段，回购是一项系统工程，需要本着

积极稳健的原则。国际成熟资本市场对回购均规定了十分严格的条件，我国上市公司进行股份回购，同样需要对回购的具体规定进一步完善和严格。包括公司设立年限、回购的方式、回购的价格、回购的资金来源以及回购后发行新股或增资扩股问题，B股及H股公司还将涉及外汇汇率管制问题，只有使股份回购规范化运作，才能保护投资者利益。

股权质押背后有风险

（原载于1999年11月24日　上海证券报）

上市公司的股权被大股东质押出去的现象在增多。近一时期，已有ST高斯达、中福实业、ST琼华侨、天宸股份、威达医械、桦林轮胎等10余家公司公布此项内容的公告。而昨日公告的国嘉实业，以及此前的成都联益、棱光实业三家公司被质押的法人股，最终将成为或一度成为被拍卖的对象，这一出人意料的结局不能不引起投资者对上市公司大笔股权被质押问题的关注。

股权质押是一种正常行为，上市公司大股东进行股权质押的目的，主要是希望在一段时间融得资金。桦林轮胎、ST高斯达均属于这种情况，桦林轮胎的控股股东将所持全部国有法人股，向银行进行质押贷款，ST高斯达新入主大股东则用其持有的2000多万股作质押，向银行作限额为3980万元的贷款。

不过，近期上市公司披露的情况显示，大部分发生股权质押的公司的大股东，其最后的结果均是经营陷入困境，发生财务危机或债务纠纷。如中福实业，公司9000多万股国有法人股被大股东质押给银行，而截至今年10月底，其大股东欠银行款合计达1.12亿元。无独有偶，5700万股国有法人股全部被质押出去的威达医械，其控股股东已深陷经济纠纷诉讼案件中。中报迟迟不能披露的ST琼华桥，也基本如此。然而权宜之计毕竟不能长久，当大股东对质押的股权到期违约，则上市公司被"典当"的股权只能沦为被拍卖的结局。

威达医械宣称，由于控股股东的经济纠纷诉讼案件，公司被质押的股份将有被强制拍卖或过户抵债的可能。而国嘉实业、成都联益及棱光实业形成"股权成为被拍卖对象"的风险，也即在于此。

我们由此可以看出，股权质押其实是一种信号，投资者应由此对上市公司大股东的经营状况进行判断。如果股权质押的背后是大股东资金捉襟见肘经营恶化，那么，这样的大股东能否尽快摆脱困境，到期及时收回质押的股权，还须投资者细细分析。

同样更重要的是，对于股权质押的相关信息的披露必须及时，否则投资者看不到信号也就无从规避风险。如棱光实业，其大股东恒通集团于1997年末将其所持4000万股股权作质押，但直到今年5月公司才接到大股东致函，而这时公司的基本面情况已非昔比。

对此，有关人士指出，进一步加强对股权质押信息的披露已越来越重要。目前，对于上市公司股权被质押，只是要求在中报、年报中作陈述。如果大股东发生质押行为却不及时向上市公司作通报，公司也就无从知道也不会陈述或公告，因此有关部门应尽快采取针对性措施，使股权质押更加透明化，让风险尽早释放。

网络经济显示无穷魅力

——美国在线、时代华纳合并案给中国网络业带来的启示

（原载于2000年1月12日 上海证券报）

东半球人们熟睡之际，西半球股市正被一件互联网世界最著名的合并案搅得地覆天翻，美国在线（AOL）和时代公司（Time Warner）宣布合并。消息带动欧美股市大幅上扬，这一互联网公司与传统媒体公司之间具有开拓意义的合并案，注定会成为今后一段时期网络业、投资界以及众多传统行业关注的焦点。

这个全球最大的传统传媒公司和互联网服务公司合并案，将会对传媒业和互联网业带来巨大的冲击，将创造一个新的基于互联网和传统业务的革命性产业，使人们在获取资讯和进行沟通等的方式上产生革命性变化，并将促使互联网经济和传统经济尽快融合。据悉，最初萌发的合并念头，还是在两家互不往来的公司总裁同时访问中国时产生的。

　　国内互联网企业在接受记者采访时均兴高采烈，他们普遍认为这一合并案是传统经济对互联网经济的认同。综艺股份子公司8848网站董事会主席王峻涛称，这是一起全球有史以来最大规模的合并案，最令人激动的是购并的主体是网络公司，合并后的新公司性质既不是ISP，也不是传媒帝国，而是革命性的新产业，将对全世界人们获得资讯信息和沟通的方式上产生革命性变化。ST海虹控股子公司中公网总裁谢文认为，一个五年前岌岌可危的互联网企业发展到今天，竟然可以去购并一个全球最大、最早也是传媒产业龙头的公司，足以证明互联网经济的无穷魅力。

　　同时，这一合并案给中国网络业和其他行业带来的启示有三：

　　1. 互联网业务不可遏制的发展势头，迫使传统产业公司采取积极态度，尽快利用这一新技术，以期在竞争中确保立于不败之地。正如时代华纳总裁兼首席执行官莱文所说，尽管无须美国在线的帮助，华纳就可以顺利进入到21世纪，但与其合并将是时代华纳融入信息社会的一大突破，美国在线将为时代华纳提供在网上占重要一席所需的互联网专业知识和最新信息。而对于现实阶段只有较少盈利的互联网企业来说，来自传统产业实实在在的支撑也必不可少。

　　2. 这一合并给国内互联网企业带来强烈冲击，这种合并、整合、淘汰，强者愈强的游戏在不远的将来出现在国内，但国内网络公司除新浪、搜狐、网易和8848等几个知名且有上市融资计划的网站以外，其他多数网站均存在小而分散、内容不健全、资金匮乏、知名度不高等问题，如不能迅速联合兼并以壮大为几个具有实力的市场领导者，加入世贸之后外国巨无霸将有可能长驱直入，令国内互联网企业处于被动局面。

　　3. 互联网的迅猛发展令任何具有实力的公司都不能掉以轻心，特别是处于传统行业的公司，互联网兴起对传统的传媒机构一直构成压力，由于双方都要争取客户，令两个本来不相关的行业成为对手，更造成资源、人才等方面的竞争。在美国实现合并的这两个全球最大的公司能够使两个互相竞争行业握手言和，并图共同发展，特别具有启示意义。

让独立董事依法独立

（原载于2000年1月19日　上海证券报）

越来越多的独立董事出现在上市公司董事会，据统计，去年以来，沪深两市已有十几家A股公司的董事会引入"外脑"。作为与国际公司治理机制接轨的一种表现，这一做法深受市场人士肯定。不过，随着这一模式运作的深入，独立董事制度建设滞后的缺陷也日益凸显。有关人士指出，只有依据明确的法律法规对独立董事的设立进行规范操作，才能真正保障上市公司的有效运作和投资者权益。

最先在外资股上市公司中出现的独立董事，对于大多数A股公司还是一个模糊的概念。独立董事有别于外部董事，国际成熟资本市场对独立董事概念的界定为：不在上市公司内部任职且与公司没有任何股权关系的人士。独立董事在美国最早起源于20世纪30年代，作为改善公司治理机制的重要部分，各发达国家90年代初对这一建设的重视进一步加强。英国的坎伯理准则规定，公司董事会应该有至少两名非执行董事，其中至少有两名是完全独立董事。坎伯理准则被伦敦证券交易所吸收到上市规则中，并且融合进了实际的市场操作。

独立董事的独立性至关重要，各国证券交易所首先对独立董事的人选有严格限制。1998年8月，美国纳斯达克市场在新的公司治理要求中进一步明确，申请上市的公司都是其中必须至少有2名独立董事，他们不能是公司或其子公司的经理或雇员，也不能是和公司有关系而这种关系会影响他们作出独立判断的人士。独立董事应有足够的时间和必要的知识、能力履行其职责，在美国，独立董事有些是政府部门的退休官员或大学教授。同时，作为董事会成员，独立董事被赋予一定的权力。纽约证券交易所在上市规则中指出，独立董事所发表的意见应在董事会决议中列明；公司的关联交易必须经由独立董事签字后方能生效；2名以上的独立董事可提议召开临时股东大会；独立董事可直接向股东大会、证监会和其他有关部门报告情况。

相较而言，目前中国资本市场的独立董事制度建设相对滞后，有关的证券管理法规和证券交易所上市规则尚未就上市公司设立独立董事提出强制性要求或类似的指引。因此，一批先入为主的上市公司，大多是以一种探索性的姿态，尝试着在公司董事会中引入独立董事。从运作效果来看，大多数公司认为情况较好。创智科技董秘陈蓓表示，公司的4名独立董事对公司重大项目的决策能从更高层次着眼从更科学的角度把关。申达股份财务总监丁振华强调，公司聘请3名独立董事后，改变了董事会即公司经营班子会的局面，对改善公司法人治理结构起到了作用。

然而，没有规矩终不成方圆。最近颇受市场关注的"黄河事件"暴露出，公司对独立董事的设立，存在运作不规范等问题。另外，该事件也折射出，有些公司在设立独立董事时，更多意在通过名人效应提高公司形象并没有实质性的操作机制作为约束，随意性和伸缩性很大。对于独立董事"独立性"的认识，云大科技副总经理严辉表示，如果独立董事已成为一方利益的代表，就会失去独立性，失去独立董事的意义。美菱电器的独立董事吴亦力表示，目前上市公司对独立董事在权力方面尚没有明确的界定，契约型安排没有到位，独立董事所起到的作用不大。

借鉴国际经验与模式，设计出符合中国国情的上市公司独立董事制度，已受到有关部门及人士的高度重视。上海证券交易所发展研究中心主任胡汝银教授表示，上证所正加紧对改善公司治理机制的研究，准备出台《董事会指引》，明确独立董事的权力和责任等。胡汝银认为，只有有法可依，才能规范独立董事的运作，提高上市公司的经营质量及其竞争力，从而实现股东价值和股东财富最大化。尽快建立完善的独立董事制度，无疑将成为所有上市公司面临的新课题。

并购重组告别"救死扶伤"

（原载于2000年2月26日　上海证券报）

全国证券期货工作会议提出，要促进上市公司购并重组，优化上市公司质量，调整企业结构。会议进一步指出，要继续规范上市公司重组行为，鼓励拟上市公司兼并具有互补关系的企业，鼓励上市公司之间实施购并重组或吸收合并非上市公司，重组后符合条件的上市公司，将允许其进行增发新股试点。

购并重组这一近年来在证券市场风起云涌的资本运作行为，在中国经济处于新一轮经济结构调整的过程中，将进一步发挥优化资源配置、促进产业优化升级的积极作用，并以此推动证券市场的繁荣和发展。

购并重组是有效途径

购并重组在中国证券市场已不是新鲜话题。尤其1997年以来，上市公司围绕资产或股权所进行的一系列兼并收购，形成了市场上一个又一个热点。

然而，不可否认的是，这一期间发生的大多数购并重组，尚带有浓厚的中国特色的烙印。"救死扶伤"和"买壳上市"模式的重组成为主流，形成"混合式"重组。有担任上市公司重组财务顾问的券商表示，似乎什么样的公司都能重组，但由于受到区域及条块分割等的限制，真正使上市公司实现横向一体化或纵向一体化的战略性重组，并不多。

随着证券市场不断走向成熟，面临当前产业结构调整的涌动大潮，证券市场无疑要成为这场结构大调整的积极推动力量。因为证券市场具有得天独厚的优势，能够提供最丰富的市场手段、最有效率的运作机制，以及集聚庞大的市场资金。

而购并重组是最有效的途径。通过重组，一批上市公司与上市公司以及上市公司与非上市公司之间，切实以资产和股权为纽带联系起来，达到最大限度地迅速获得最好的技术资源，如电子信息、新材料、生物医药等。从而不仅加速推进高技术产业化和规模化的进程，也使公司自身尽快融进当今世界高技术高速发展的链条，成为中国高科技和网络产业的龙头。

据悉，一批先知先觉的券商已敏锐地意识到新一轮购并重组将出现的新特点。有的已专门成立IT产业或高科技产业购并重组部，以推动证券市场尽快涌现出一批高科技和网络产业的上市公司，构成代表新兴产业和知识经济的高科技板块的重要部分。这无疑意味着，中国的证券市场将与美国一样，真正成为孕育高科技和网络产业的温床。

拓宽融资通道

对于实施购并重组的上市公司来讲，通过重组实现向高科技领域的介入或深入，只是第一步。更重要的是，重组后要加大对高科技项目的投入，包括继续选择一些具有良好发展前景的项目，确保公司能够实现可持续发展。这就需要公司能够迅速融得大笔资金，发展高科技需要高投入。

允许重组后符合条件的上市公司增发新股，无疑是极大的利好。众所周知，为了实现融资的目的，上市公司一直存在千军万马争走配股"独木桥"的现象，由此带来了一大批公司年年为"保配"而战，其中不可避免地掺杂着短期效益。另一方面，由于历史原因，上市公司的股本结构普遍存在不合理状况，包括国有股、法人股以及B股的比重过大，因而严重限制了融资功能的发挥。增发新股不但突破了配股融资的单一模式，而且有利于重组公司筹得更大比例的募股资金，从长远发展角度选择项目投资。

此前上市公司增发新股的帷幕已经拉开。尤其是去年以来，增发新股的公司逐渐增多，包括真空电子、东大阿派等一批公司，已成功通过增发新股实现再融资，在证券市场引起反响。此次证券期货工作会议对增发新股进一步明确，无疑透露出监管部门对规范的购并重组行为给予大力支持而有了强大的资金支撑，上市公司购并重组的更充分的积极意义才能深刻凸显。

这将是一种良性循环。真空电子就是很好的例证，作为"老八股"之一，真空电子最早加盟中国证券市场，在经过去年来的一系列重组和增发后，公司已构筑起新的产业定位，向信息技术产业发展方向大迈进，预示着这家具有某种标志性意义的老牌公司，将迎来一个全新的发展阶段。

避免短期行为

资产重组不仅仅是对上市公司资产和负债的简单调整，并补充以新的资产，重组之后的磨合与发展更为重要，一些公司之所以重组之后不到几年又陷入了困境，正是因为没有做好这方面的工作。

资产重组应当是在对公司的资产和负债进行整合的基础上，对公司的管理、组织和企业文化进行整合和再造，尤其是公司的治理结构，否则为重组而重组，看似提高了股东的投资回报，其实是急功近利的短期行为，往往会损害公司的持续价值。集团把上市公司的不良资产剥离出去，再注入自己的优质资产，固然能在短期内极大地提高公司业绩。但优质资产要真正与上市公司融为一体，促进和带动公司主业的发展，绝非一朝一夕之功。

这涉及财务型重组与价值型重组的关系问题。许多重组方案通常同时包含资产结构和产业结构的调整，资产结构的重组不仅可以降低上市公司的资产负债率，剥离低效资产，而且常常能通过关联交易取得巨额的一次性收益，从而使公司的财务报表在短期内迅速改观。构筑新产业的价值型重组从实施到产生盈利一般会有一个较长的时滞，所以过渡期内以资产买卖所得收益适当充实财务报表有其合理性，问题在于如何做好重组后持续盈利能力的培养和产业结构的真正转变。

市场呼唤规范

资产重组在中国证券市场上发展的时间还很短，不可避免地存在着这样或那样的问题。这里面，既有技术性问题，如资产价格的确认不尽合理等，也有制度性问题，如很多重组行为的市场化程度还很低。另外，有些公司重组过程中还出现了暗箱操作和内幕交易。

我国上市公司的购并重组有其特殊性。首先，中国还缺乏一个完整统一、充分流动的资本市场来支持企业间的重组。其次，许多上市公司是由国有企业改制而来，股权相对集中，在重组过程中各级政府往往会发挥比较积极的作用。这虽然有利于重组工作的顺利实施，但也不可避免地限制了企业的跨行业、跨地区发展。另外，市场上也缺乏一些具体规范各类重组行为的法律法规。

企业重组的规范，除了需要加强市场的作用、完善相关法律法规以外，中介机构的地位也不容忽视。购并重组是一项技术性相当强的工作，从项目的选择、价格的确定到重组的方式、方法，都需要专业人士的积极参与。现在市场上的重组行为很多，但证券公司、财务公司作为中介的作用发挥得还很不够。

在一个成熟的市场，公司重组的每一个过程都离不开专业中介机构的作用，因为专业机构的介入，不但可以大量节省企业财力、人力的支出，同时也能使公司的重组行为更加规范合理，大大减少重组的摩擦成本。在我国，许多企业还没有真正认识到这一点，认为引入中介是多此一举，却不知这正是专业化分工的需要。相信随着市场的进一步发展，这种观点会逐步扭转过来。

明确ST认定原则影响重大

（原载于2000年3月14日　上海证券报）

因"四项计提"带来的对今年ST公司的认定问题，终于有了标准。这一原则的明确，一方面，显示出管理层对投资者的负责，使投资者可以客观公正地评价上市公司的经营情况。另一方面，对大批尚没有披露年报的上市公司的业绩，可能会产生影响，而亏损板块以及其中的ST板块、PT板块1999年度是否会扩容，也可能会发生微妙变化。而由此折射出的对上市公司具有配股资格的认定，更引来市场极大关注。

为了使中国的会计准则加快与国际接轨，1999年财政部新规定要求上市公司计提四项准备，并采取追溯调整。执行这一规定不仅影响上市公司1999年度会计利润的核算结果，还影响到公司两年的会计利润，由此带来一家公司在同一年度会有两个不同的会计利润的局面。究竟应该以哪个利润指标为准，以及由此引发出的少数公司是否应受ST或PT处理，一部分公司是否还具有配股资格，受到市场关注。

认定原则较合理

首先掀起"盖头"的是对ST公司的认定，其原则是仍以公司披露的各年度报告为准。尽管这一原则出台的时间有些迟缓，但原则本身无疑较为合理。因为当前上市公司利润指标发生变化，是中国会计政策一次性调整中出现的特殊情况，是上市公司会计核算跨上一个新的台阶过程中形成的，而不是上市公司生产经营发生重大变化所造成，因此在大调整的大背景下，不应由单个上市公司承担会计政策变动所带来的对企业正负效应的影响。

配股资格更受关注

目前对PT公司和配股资格的认定原则，尚未明确。此间有关人士表示，在会计政策调整的过渡阶段，上市公司会计准则要执行稳健的新原则，但考核公司是否应受PT处理和具有配股资格，应该与对ST公司的认定原则相同，不考虑四项计提后追溯调整的数据。特别是配股，尽管增发新股正在为上市公司打开新的融资渠道，但对于大多数公司来讲，目前配股还是主要的融资手段，因此，对上市公司配股资格究竟如何"定音"，是这些公司非常关心的问题，也急切盼望相关的原则指明"方向"。

甩包袱现象会更多

不可否认的是，由此也可能带来一些公司借助利润操纵，尽力避免陷入连续两年、三年或1999年亏损的窘境。由于四项计提及追溯调整在操作上存在较大的灵活性，执行四项计提，使上市公司资产质量面临更为严格的标准，业绩中的泡沫被大大压缩的同时，一些公司也可以从中寻找到新的利润操纵空间。比如，将包袱拼命追溯调整到前面两年，1999年则亮出一份漂亮的报表，以形成公司1999年不亏损的事实。这就需要通过增加信息披露透明度，使投资者对上市公司业绩仔细判别，认真分析公司盈利究竟是生产经营的结果，还是操纵利润"赚"来的。

值得一提的是，沪深交易所有关人士已表示，如果公司因计提四项准备后出现巨额亏损，反映出经营前景极端恶劣的特例情况，可以ST处理。这意味着监管部门对上市公司的"非常"做法，绝不会熟视无睹，必要的监管会对一些公司造成直接的压力。

上市公司不是"提款机"

（原载于2000年4月15日　上海证券报）

大股东或母公司将上市公司当成"提款机"的现象已有先例。而ST粤金曼资不抵债创纪录的严峻事实，使这一问题的严重性更进一步凸显，无疑，应该引起关注。

此前，"提款机"现象已经屡次出现。棱光实业的大股东恒通集团，变着法从上市公司"提走"8亿元。无独有偶，活力28的母公司资活力28集团，也曾一笔就从上市公司核销1.37亿元欠款。与这些公司相比，ST粤金曼更甚，母公司粤金曼集团，不仅随便用上市公司的钱投资自己的项目，连偿还集资款都向上市公司"伸手"，粤金曼集团及其子公司占用上市公司资金高达近10亿元。

"提"钱容易，还钱难，上市公司充当"提款机"后的结果是：公司财务状况恶化、深陷亏损泥潭，官司缠身，一系列表现令人触目惊心。棱光实业已是典型的例证，公司成了烫手的"山芋"，法人股无人问津，三次拍卖均"流标"。ST粤金曼更是因为母公司欠债不还，公司大比例计提四项准备，导致资产严重缩水，成为目前证券市场资不抵债最严重的公司。

大股东或母公司将上市公司当成"提款机"，是对其他股东权益的严重侵害。大股东利用其控股地位擅自占用上市公司资源，从而影响了上市公司的经营和发展，这无疑侵害了其他股东的利益，极不合理。尤其是ST粤金曼，资不抵债意味着所有股东权益已全部被侵蚀，而造成这一后果的主要原因是粤金曼集团的所作所为，这其中的不公平和侵权行为，已十分严重。

之所以会出现"提款机"现象，根源在于目前沪深上市公司股权结构上"一股独大"而造成的"内部人控制"，上市公司与大股东或母公司"两块牌子""一套班子"，上市公司自然被大股东所左右。此外，上市公司经营运作缺乏公开性和透明度，不规范运作掩盖了问题的及早暴露，当纸包不住火时，"提款机"已成"垃圾桶"。在证券市场监管不断加强、法制日益健全的今天，大股东将上市公司当成"提款机"的行为必须予以坚决制止。

关联交易"戏路"拓宽

（原载于2002年1月18日　上海证券报）

面对关联交易操纵利润遭遇一系列新政策的风暴，一些上市公司正千方百计地将关联交易摇身变为非关联交易，从而一样达到通过取得非经营性收益而实现扭亏增盈的目的。近期上市公司资产重组出现的这一新动向，不仅成为对会计处理新规的变相挑战，而且使众说纷纭的报表重组又多了一种新方式。

2001年末掀起的新一轮卖资产热潮，终于引来财政部决定从2001年12月21日起执行《关联方之间出售资产等有关会计处理问题暂行规定》。当时该政策一出台，市场普遍认为"关联方向上市公司送利润没戏了"。然而，置之死地而后生的无奈，令一些上市公司想尽办法打会计准则的"擦边球"，尤其是面临可能暂停上市风险的一些ST公司，为了求生纷纷走"钢丝"。

如ST中侨，本来公司向大连柏兴房地产公司溢价出售资产创造的9000多万元收益，闪烁着关联交易的身影。然而当会计处理新规出台后，公司于2002年开市第一天公告称，大股东深圳市中侨实业有限公司终止了收购大连柏兴50%出资额的协议。由此，ST中侨与大连柏兴的资产置换将不涉及关联交易，这样一来，随着一度为潜在关联方的大连柏兴摇身变为ST中侨的非关联方，公司卖资产所得将成为非关联交易所得。

同样，道高一尺魔高一丈的还有湖北的一家ST公司。虽然该公司通过关联交易接受的无偿捐赠不能作为利润，但公司一手接货的同时转手就把所获赠资产部分高价出售给另两家非关联方，由此所获570万元收益，按理也不应该算在会计新规的限制范围内。面对这样的非关联交易行为，投资者在惊叹之余，不禁感叹上市公司究竟何时才能脱离操纵报表及调节利润的窠臼？

虽然天下没有免费的午餐，但证券市场一直以来都有"天上掉馅饼"的喜剧上演。只不过每一幕重组大戏的背后，往往是上市公司不得不更多地"投桃报李"，更有甚者干脆沦落为"提款机"的下场。

目前一批上市公司将关联交易"变脸"为非关联交易，从而实现快速致富，但值得关注的是，那些所谓的非关联方为何心甘情愿作贡献？这种一个愿打一个愿挨的友谊，不能不令人怀疑，未来有一天，上市公司是不是将奉献更多？

针对此种现象，有市场人士提出，应该尽快界定关联方的严格范畴，以堵塞漏洞。对于关联交易以及非关联交易重组行为的约束，关键应该提高和加强上市公司相关信息披露的透明度，让投资者真正看清并自己判断上市公司重组的实质，让市场正确判断上市公司投资价值的含金量。

公司治理全面推进　基础逐渐夯实

（原载于2002年12月23日　上海证券报）

经历了种种毁誉与伤痛，中国上市公司在2002年开始了痛苦而深刻的转变。2002年1月10日，《上市公司治理准则》正式出台，这不仅成为新一年证券市场推出的第一部规章，而且昭示着公司治理将成为贯穿2002年全年的主旋律。将2002年称为公司治理年，并不为过。

一年的努力成效明显。公司治理全面推进，总体业绩开始提升，越来越多的公司走上良性互动轨道，上市公司逐渐成为拉动宏观经济增长的主要力量，在世界市场上开始表现出前所未有的竞争力。

多管齐下抓治理

公司治理，是一个令世界关注的课题，对于中国上市公司而言，一些先天的不足使改善治理的难度增大，规范上市公司与大股东之间千丝万缕的关联交易，已成为改善公司治理的重要一环。

一次动用179.16亿元向集团收购资产，宝钢股份无疑是规范关联交易的典型，公司不仅在制度层面制定落实了严格的规定和措施，而且建立了透明的信息披露机制，同时借助独立董事制度的建立保证独立董事对公司关联交易的监督。应该看到宝钢股份在改善公司治理方面起步较早，对于1200多家上市公司的大多数而言，由表及里地完善公司治理，真正触动深层次结构性矛盾和历史遗留问题，其间的阵痛刻骨铭心。

无论是主动还是被动，改善公司治理，已成为提高中国上市公司质量的重中之重。这其中，证券监管部门做了很多具有建设性与突破性的工作。近年来，证券监管部门先后出台了200多部法规条文，包括《上市公司治理准则》《上市公司章程指引》《股东大会规范意见》《建立独立董事制度的指导意见》等。这些规章推动着来自上市公司内外部的各方力量日趋注重积极行使各自的权利。

对于华纺股份业绩大幅度缩水的2002年半年报，来自公司第一大股东的两位董事不仅提出质疑，而且还要求公司董事会聘请会计师事务所进行专项审计。独立董事的独立性也开始体现，亚星客车的两位独立董事对公司与当地政府以及有关企业签署的一份协议表示暂时无法发表意见。与此同时，上市公司也更加重视信息披露，及时揭示风险，这在定期报告以及纷至沓来的业绩预告中，已有所体现。

不再追逐业绩光环

一年来，有关部门出台了一系列规章和准则，进一步加大了对虚假报表的打击力度。与此同时，许多上市公司也逐步体验到一个极为简单的道理：与其提心吊胆造假，不如踏踏实实挤干泡沫。

2002年半年报披露工作于8月31日结束，上市公司业绩状况可能令部分投资者有些失望，1204家如期公布半年报的上市公司加权平均每股收益为0.0822元，同比下降18.64%。不过，大多数投资者已然意识到，这是挤出泡沫后的真实的业绩，在此基础上，上市公司整体业绩将开始触底回升。

果不其然，第三季度业绩令市场为之一振，上市公司已基本扭转了近年来业绩下滑的趋势，全年业绩有望同比出现较大幅度增长。

与此同时，更多的公司越来越注重培育自身的核心竞争力，上市公司将自有资金投资主营业务的比例已由去年的60%提升到今年的90%，而今年上半年1204家公司经营活动所生产的现金流均值也同比增长了28%。一系列指标的改善，显示出上市公司在经营管理、财务制度、盈利水平等方面已发生了较大改变，上市公司质量得到明显夯实。

做国民经济中坚

上市公司在国民经济发展中的主力军作用进一步凸显。据统计，今年1~11月，全国工业企业经济效益继续趋好，其中交通运输设备制造业、煤炭采选业以及汽车等行业均实现利润大幅增长，这其中，离不开上市公司的贡献。

改善公司治理不仅推动着上市公司成为国民经济的中坚力量，而且不少公司正在向世界一流企业的目标迈进。11月19日，京东方实施跨国购并，意味着我国上市公司也开始进入全球高科技产业整合。而在参与全球竞争中，中集集团已成为冷藏箱的全球领导者，宝钢股份则跻身全球最具竞争力的世界级钢铁企业。

不过，更多的上市公司要成为国民经济的中流砥柱，更多的上市公司要在参与全球竞争中尽早步入强者行列，还需要更大的突破，在提升公司治理的征程上付出更大的努力。

季报改变"游戏规则"

（原载于2002年4月1日　上海证券报）

从这个月开始，中国证券市场将第一次出现上市公司的季报与年报大规模集中亮相。短短一个月里，投资者不仅要面对2001年年报的最后浪潮，同时还要迎来2002年第一季度的季报潮。季报制度的实施究竟将给证券市场带来什么？

促进均衡经营

一是促进上市公司均衡经营，促进财务管理规范。以前许多上市公司为了报表好看，大多半年的时候才集中抓业绩，而季报的披露，意味着这一时段将被压缩到三个月的时间。尤其季报中要求披露的利润表与资产负债表，从中可以看出上市公司一系列财务时点性指标，据此可以评判出公司季度期间内经营的好与差。面对外力约束，上市公司不得不主动增强经营的连续性和稳定性。而三个月一次的财务核算，也要求上市公司充分利用现代化的财务工具，规范财务运作。

市场热点增多

二是市场增加了新题材，季报浪可能成为新的炒作热点。近一时期，市场在追捧了高派现、高送转等概念后，将在年报披露的最后一个月里，面对大量已预亏、预警公司的报表，市场因此不免会受到影响。此时，如果一批上市公司亮出漂亮的季报，给投资者带来一份惊喜之余，也将成为令市场此消彼长的热点。尤其是经历了去年一系列严格监管和执行新会计政策后，许多上市公司的年报已将多年累积的水分一次性挤干，公司的新起点，很可能就充分体现在季报的不俗上。另一方面，由于季报原则上不需审计，要求相对简单，容易增加人为调节利润的因素，因此不排除有公司为了配合二级市场炒作，而有意调节季报报表数据的可能。

完善市场规则

三是推动监管部门适应市场的发展，不断完善市场规则。季报与大批年报一起出现，给市场带来的一个最现实的问题是如何停牌。沪深交易所在向社会征求对改革停牌制度的意见后，出台了新的停牌办法。而随着季报制度的全面实施，很可能还出现新的问题，需要监管部门进一步完善市场规则。有IT等高科技产业的上市公司就提出，能否借鉴国际成熟市场的做法，出台与季报披露制度相配套的豁免政策，对某些行业或上市公司的季报披露内容和模式，有一定的豁免。

信息通道增加

四是中小投资者对上市公司了解更及时，为倡导理性投资奠定了基础。随着季报披露的实施，上市公司的透明度进一步提高，这使长期处于信息劣势的中小投资者增加了及时了解上市公司的新通道，便于他们对上市公司业绩进行贴近跟踪。不过由于目前我国证券市场造假和披露虚假信息的行为依然没有彻底根治，加之有些上市公司的业绩确有季节性，所以中小投资者不能简单地将季报利润乘上2或4来推断上市公司中期及全年的盈利。

5月1日起PT将消失

（原载于2002年4月27日　上海证券报）

随着2001年年报披露接近尾声，沪深两市将暂停上市和终止上市的公司基本露出端倪。据中国证券网统计，截至4月26日，有9家ST公司已经或即将暂停上市，有2家PT公司将可能终止上市。无论这些PT公司的去留如何，随着5月1日起PT制度正式取消，中国证券市场将告别PT股票。

9家已经或将暂停上市的ST公司为：ST东北电、ST九州、ST海洋、ST宏业、ST

银山、ST棱光、ST幸福、ST鞍一工、ST北特钢。其中前四家公司的暂停上市已经交易所审定，公司股票已不再上市交易，ST幸福也于昨日发布公告，公司股票将于4月30日起暂停上市。其余4家公司已分别披露亏损年报或发布预亏公告，因此暂停上市可能只是早晚的事情。

2家可能将被终止上市的PT公司为PT南洋、PT金田。这两家公司日前双双发布公告，声称2001年度可能亏损，由此将被终止上市。

对于ST公司而言，中国证监会于去年11月底发布的新退市规则，意味着从ST还可以到PT的缓冲时代从此终结，ST公司的退市进程大大提速。而已连续两年亏损的一批ST公司面临的第一个问题，则是能否跨过2001年年报盈利这一杠杠。资料显示，尽管ST东北电、ST鞍一山等ST公司想尽办法并作出最大努力，但最终还是无可奈何，公司将首先被暂停上市，股票不再进行交易。而这些ST公司能否最终渡过这些难关，则决定于2002年的中报，如果今年中期继续亏损，公司将难以避免被终止上市的命运。

对于PT公司而言，按照新的退市规则，经会计师事务所认定的2001年年报盈利与否决定了其是否将最终退市。2001年年报披露前，沪深两市共有新老16家PT公司。在置之死地而后生的巨大压力下，目前多数PT公司有望再生，尤其白猫、网点等公司已经恢复上市或即将恢复上市。不过对部分PT公司来说，这一扭亏之路走得并不轻松。典型的如PT南洋，尽管公司此前已发布预盈公告，但最终还是"节外生枝"，在日前宣布2001年度可能亏损。而盈亏一直不确定的PT金田，因最终无法逾越重组的难关，目前也表示2001年度业绩可能亏损。

塑造上市公司再融资新理念

（原载于2002年6月25日　上海证券报）

增发门槛的提高，将使过热的增发大潮趋于平静。证监会日前发布的《关于进一步规范上市公司增发新股的通知（征求意见稿）》，向市场明确传递出这样的信息：扶优、扶强、鼓励实质性重组。这不仅将重塑上市公司再融资的新理念，而且将进一步加强对中小股东权益的保护，加大中介机构的责任和风险。

扶优扶强

面对增发新股设置的新高度和硬指标，市场各方已明确认识到，只有那些真正的绩优蓝筹公司才能跨过这一标杆。

据中国证券网统计，仅就"最近三个会计年度加权平均净资产收益率不低于10%等"这一规定中的第一项条件考察，目前沪深两市符合条件的共有205家上市公司（包括发行上市未满三年的次新公司和新公司）。在此基础上，进一步综合有关资产负债率、筹资规模、投资项目进度等一系列严格的硬性指标考核，优中选优后，能够有资格增发的将是上市公司中的精英。而为绩优公司创造更大的机会，让它们通过增发再融资进一步做大做强，也将更充分地发挥证券市场优化资源配置的功能。

与此同时，根据规定，资产重组比例超过70%的上市公司，重组后首次申请增发新股筹资额不受净资产值的限制，这是《关于上市公司重大购买、出售、置换资产若干问题的通知》精神的延续，意味着监管部门鼓励实质性重组，而这也将进一步支持这些公司尽快驶入良性发展轨道。

保护中小股东权益

与此前任何一份关于再融资的规定不同的是，加强对中小股东权益的保护，此次在增发新规中得到了更为充分的体现。这也使对某些上市公司大股东"独断专行"的行为，原本无可奈何的中小股东，有了更好地行使自己权利的机会。

中小股东可以直接对增发说不。以往面对上市公司超比例、大比例增发，中小股东尽管有不同意见，但因为大股东的"一股独大"，所以只能在二级市场用"脚"投票。现在就不同了，如果上市公司增发新股的数量超过公司股份总数的20%，其增发提案需获得出席股东大会流通股东所持表决权的半数以上通过，中小股东通过在股东大会上充分行使自己的权利，可以直接对上市公司增发行为进行有效约束。

不仅如此，增发新规定还对公司治理结构不完善、会计政策不稳健、频频改变募集资金用途等上市公司再融资的"流行病"，设置了严格的限制条款。上市公司的不良记录将成为增发的障碍，而通过这些规范和约束，监管部门为进一步保护中小股东利益创造了更为有利的外部条件。

承销商责任重大

上市公司圈完钱就"变脸"的现象，一直屡屡发生，而这与承销商把关不严有着密切的关系，此次增发新规加大了对中介机构的惩罚力度。

发行推荐通道被券商投行视为"生命线"，而根据新规定，如果上市公司本次发行完成当年净利润较发行前一年下降幅度超过50%，监管部门将扣减或暂停该上市公司主承销商的推荐通道。此举令大大小小的券商深感肩上责任重大，不少投行人员认为如果因选择不慎而遭遇"变脸"公司，从而损失了发行通道，无疑是因小失大，不仅毁了自己的名誉，更砸了自己的饭碗。而这也将促使上市公司与券商结成更加紧密的利益"共同体"。

可以预见，在今后上市公司的增发新股的过程中，券商们将更好地履行其尽职调查义务，上市公司增发再融资的"空气"也将得到更进一步的净化。

上市公司应提防重组陷阱

（原载于2002年8月9日　上海证券报）

近来，又有一批上市公司遭遇假重组，落入重组陷阱。ST长控重组"救世主"泰港实业"洗劫"2.7亿元，望春花被重组大股东华银投资抽走投资资金约1.4亿元，丰华股份承接的新股东汉骐集团置换进公司的资产被判决承担8660万元偿还债务责任，而遭遇重组噩梦的ST松辽也围绕7400万元的借款担保与前任股东打官司……这些事件的发生令上市公司和投资者遭受巨大损失，而如果任其发生势必会危害到中国股市的健康发展。

事实上，上市公司掉进重组陷阱的事例早有发生。最早的ST棱光被恒通集团提走8亿多元，后来又有ST联益被广东飞龙狠"咬"了一口，随后四砂股份、亚通股份也陆续引爆重组地雷。相对于以前年度的寥寥可数，近期上市公司遭遇的重组风险明显增加。

重组陷阱的最大特征是上市公司成为重组股东的"提款机"。从近期发生的一些事件来看，重组方掏空上市公司的手段主要有以下四种：将上市公司资金挪作己用，导致上市公司逐渐被榨干拖垮；利用上市公司的信用，进行大量借款担保及股权质押，以获取更多借款；将自己的资产贵卖给上市公司，从而在与上市公司的资产置换中套现资金；利用上市公司的壳资源，再度进行股权转让，以实现"金蝉脱壳"并获利。

在这些重组案件中，重组方大多是证券市场的匆匆过客，其中许多是投资公司。它们并无真正经营公司的意图或实力，更多的是想利用重组进行炒作，掏空上市公司的资源。而面对事发后重组方的"人去楼空"或资产转移，上市公司往往十分被动，即使能追索回来一点资产，也是大打折扣。

前车之鉴本应引起警惕，但缘何还有那么多上市公司前赴后继地掉进重组陷阱？

一些业内人士分析认为，一方面，这与上市公司重组的动因有很大关系。在上市公司陷入亏损泥潭或濒临亏损边缘后，有关部门一些急于"救死扶伤"的做法，往往给证券市场的"过江龙"们带来可乘之机。而上市公司的公司治理结构不完善，也为这种行为提供了方便。无论是哪个新股东进入，一股独大使公司董事会及独立董事仍被操纵或架空，重组方的代表可以为所欲为，却没有应有的制约。

另一方面，目前的法律及监管机制对违规的重组行为缺乏有力的约束。当前证券市场民事侵权纠纷案件还受到有条件受理的限制，集体诉讼制度也尚未推出，致使一些重组方的不法侵害行为尚难得到应有的处罚。与此同时，对于重组大股东打着上市公司的名义对外进行的担保、股权质押等行为，也缺乏相关配套措施的规范和制约。

不规范的重组只会给证券市场带来隐患，业内人士为此呼吁，进一步加大处罚力度，规范上市公司及当事人的重组行为，以保障投资者权益。

安达信事件引发中国注会业反思

（原载于2002年9月4日　上海证券报）

安达信日前正式放弃其在美国的全部审计业务，面对这样一家在全球有着广泛影响的"百年老店"的关门，国内注册会计师以及会计师事务所在感慨万千的同时，更多的是对行业未来发展道路的思考。

声誉就是生命

浙江一家大型会计师事务所的主任会计师表示，对于会计师事务所而言，声誉无比重要，它是事务所的生命，一旦事务所因为一个项目的问题使执业质量受损，并由此失去社会的承认和客户的信任，那就意味着该事务所生命的终结。

上海立信长江事务所的负责人对安达信事件有着比较深刻的看法。他指出，目前来看，会计师事务所不能单纯强调做大，更重要的是要把好质量关。如果一味强调做大，忽视了对风险的控制，那么即使事务所运行的时间再长，声望再大，也会因为一两个项目的问题而垮掉。

立信长江目前在国内会计师事务所中，各项业务均排在前列。对此，该负责人表示，对于立信长江而言，全所员工将非常珍惜事务所的形象，大家明白，必须坚决控制好每个项目的审计风险，牢牢把握质量关，不能在任何一个项目上出事。

该负责人表示，事实上去年中天勤等几家事务所出事，对国内注册会计师及会计师事务所的震动很大。大家已强烈地意识到，注册会计师的责任非常重大，需要紧紧把握住项目审计的风险，绝不能有一点闪失，否则不仅影响注册会计师本人的职业生涯，而且也危及到事务所的生存。

应对新挑战

在美国安然、国内银广夏等上市公司造假事件接连曝光后，在安达信、中天勤等会计师事务所因此而无奈"出局"后，目前国内会计师事务所最为担心的问题是什么？对此，上海立信长江负责人表示，当前会计师事务所最担心的已不再是合伙人是否与客户串通造假的问题，而是如何避免无法发现差错的问题，这是注册会计师最大的审计风险。

据悉，目前包括上海立信长江会计师事务所在内的国内几家大型会计师事务所，正在设计一套进一步把住审计质量关的更为严格的程序。

国际合作更慎重

一直以来，因"五大"会计师事务所全球范围内影响深远，在业内占据垄断地位。国内事务所一方面在积极学习"五大"的管理模式和审计精髓，另一方面也在加快与国际事务所合作的步伐。现在，"五大"之一的安达信"出局"，是否会影响到国内事务所与国际事务所之间合作的进程？

对此，上海立信长江负责人表示，国际先进的经验仍然值得国内事务所深入学习。同时，中国有着具体而实际的情况，需要很好地结合。上海国家会计学院教授、中国注册会计师职业发展研究中心主任马贤民教授认为，不会影响与国际事务所合作的进程，只是国内会计师事务所今后在合作对象的选择上会更加慎重。他说，进行国际合作是不可避免的趋势，尤其随着全球范围内审计行业垄断趋势的突出，将会进一步加快这一进程。

他解释说，从国际会计审计行业来看，安达信退出这一行业后，其原来的很多业务将并到其他"四大"事务所。特别是随着美国监管当局对会计审计行业监管的加强，"四大"业务量会进一步增加，这使全球市场的垄断程度会进一步提高。而垄断趋势日益突出，反过来对会计审计行业的发展会形成新的障碍，这一点应该值得重视。

有限责任合作制是方向

谈及安达信退出在美国的审计行业，马贤民则从更为宏观的角度，阐述了他对中国注册会计师行业从行业监管到事务所自身管理，以及未来发展方向的一些观点。

马贤民说，安达信退出事件从开始到结束，一步步都是按照程序比较严格地进行调查处理和谨慎操作，整个处理过程颇为严密，尤其安然事件发生后，美国监管当局并没有马上让安达信关门停业，从而避免了对其他客户审计业务造成不必要的冲击，这种处理方式值得国内注会行业的监管部门借鉴。

另一方面，对于安达信会计师事务所而言，当事务所出事后，公司危机管理系统立刻运转起来，整个操作比较有章法，这一点，值得国内事务所学习。同时，安达信在全球范围内既独立又分散的品牌管理体系，也值得我们借鉴。

另外，马贤民强调，从"安达信事件"来看，有限责任合伙制在注会行业发展中的优势非常明显，其作用和效应远远大于前一阶段国内所推崇的合伙制模式。

"创新"挑战战略配售

（原载于2003年1月3日　上海证券报）

中水渔业的这次金融创新，似乎巧妙地绕过了法律上的障碍，不过这一举动却与战略投资者所承诺的诚信责任有所背离，进而对证券市场战略配售的发行方式提出了挑战。

是否有悖诚信？

2002年3月，招商银行发布招股书时，绝对不会想到日后会遭到由其精挑细选的战略投资者中水渔业的"抛弃"。尤其是，与此前的上市公司相比，招商银行当时在其招股书中对战略投资者进行了更为严格的定义，力图使战略投资者更加实至名归。

中水渔业当初荣幸地成为招商银行的战略投资者，一定不会很容易。资料显示，招商银行对其战略投资者的定义是：与招商银行建立了紧密的银企合作关系，或与其重要业务拓展有密切联系，社会形象好、规模较大，并愿意大比例、大额、长期持有发行人股票的企业法人。招商银行规定，其战略投资者的锁定期限为不低于12个月。

在招商银行如此殷切希望和严格挑选的背景下，中水渔业脱颖而出，以配售总数4000万股名列招商银行十大战略投资者的第六位。如今，12个月的锁定期尚未结束，中水渔业就先行将所获配中的1500万股转手给了他人。是否违背了其作为招商银行战略投资者的责任呢？市场对此议论颇多。

北京和君创业咨询有限公司总经理何劲松认为，中水渔业这一做法与当初作为战略投资者的承诺有所背离。他分析指出，中水渔业当初是通过战略投资者的身份，才得以获低价配售，从而赢得其他绝大部分投资者所没有的投资机会。同样，作为当时发行人的招商银行，也是经过一系列的严格认定，才确认了中水渔业作为其战略投资者的权利和责任。

按照招商银行的标准，现在接盘的北京中会投资管理有限公司，无疑不够成为其战略投资者的资格，从招商银行的角度，当初其应该不会将北京中会纳入其战略投资者的行列中。何劲松表示，中水渔业现在将招商银行的一部分股票通过远期合约的形式转让给北京中会，也意味着其将作为招商银行战略投资者的责任转出了一部分，而其中的关键是招商银行对北京中会认可吗？

更有市场人士直接指出，中水渔业利用其战略投资者的特殊身份，急于谋取招商银行二级市场的股票差价，目的在于弥补亏损粉饰利润。他们表示，中水渔业的举动从法律角度讲，可能没有"撞线"；不过从道德角度讲，有悖战略投资者的诚信。

战略配售亟待规范

中水渔业的"曲线抛售"行为，使战略投资者的形象再次引发市场议论，上市公司在新股发行中是否还应该进行战略配售，如果仍然实施战略配售，应怎样进一步细化规则，以规范和约束战略投资者的战略投资行为，再度成为市场关注的焦点。

在新股发行中引入战略投资者，始于1999年7月监管部门发布的《关于进一步完善股票发行方式的通知》。该《通知》称，与发行公司业务联系紧密且长期持有发行公司股票的法人称为战略投资者。由于我国一级、二级市场存在巨大的无风险利差的特殊性，因此，曾经有一段时间部分战略投资者成为被市场诟病的"战略投机者"，使如何规范在新股发行中引入战略投资者的行为，引起市场热烈讨论。

2000年8月监管部门又制定并发布了《法人配售发行方式指引》，其中规定，

"发行人在招股意向书中必须细化和明确战略投资者的定义，使之充分体现出战略投资的意义"。在市场各方的努力下，战略投资者的界定日益明晰，从宝钢股份开始，华能国际、招商银行等新股的发行方式中，引入战略投资者这一做法，被认为逐步走向规范成熟。

然而，此次中水渔业打出战略投资者的"擦边球"，令人不能不提出疑问，目前对战略投资者的界定和要求，是否真正体现了战略投资的意义？有市场人士进一步指出，目前战略配售是否依然存在"暗箱操作"的行为？尤其是，如果中水渔业这种金融创新的方式推而广之的话，意味着招商银行、中国联通等尚有许多未流通的战略投资者以及日后还有等待发行的大盘股，这些公司的战略投资者也可以采取这一方式回避风险，那么，战略配售以及战略投资者还有何意义？另外，如果这种方式得以盛行，会对这些大盘股在战略配售股票上市之后的股价带来何种影响呢？人们不得而知。

申达股份财务总监丁振华认为，应该进一步规范战略投资者的配售行为，并制约战略投资者的持股行为。他同时表示，由于近期股市持续低迷，一级、二级市场的利差已日益缩小，甚至目前中国石化已出现战略投资者被套牢其中的局面，这种情况下，战略配售的吸引力正日趋减弱。

强化创新监管

伴随着证券市场发展，十几年来，上市公司金融创新的脚步前进不止。但上市公司的每一次创新，在为证券市场带来新的理念的同时，有些也因为面对法律和规则的空白，存在着不可忽视的风险。面对中水渔业的"创新之举"，有关方面是否应该给予明确的说法？

退市风险考验ST公司

(原载于2003年3月8日　上海证券报)

随着ST上市公司对2002年盈亏情况的反复预告，目前，可能因连续亏损而被暂停上市的ST公司已浮出水面。在随后半年的暂停上市时间里，各家公司的重组力度和扭亏程度，将决定这些公司的最终命运。

两种走向

从ST公司的盈亏预测公告和已披露年报看，可能和已经被终止上市的ST公司有ST中西、ST国嘉、ST渤海、ST鑫光、ST五环、ST昆百大、ST吉化、ST七砂、ST春都、ST襄轴以及ST原宜共11家。

这些上市公司未来的命运将有两种走向：一是通过实质性重组及改善经营，基本面实现重大改观，2003年上半年扭亏为盈，达到恢复上市条件而再次上市；二是因债务负担沉重导致重组失败，或公司经营状况无力改善，2003年上半年继续亏损，最终被终止上市。

出现分化

这11家上市公司最终能否置之死地而后生，还充满着诸多变数。不过从目前各家ST公司的重组进展以及公司的基本面情况看，分化的苗头已经初露端倪，一些公司已经显露出有可能扭转亏损局面的迹象。

ST原宜明确提出，努力实现2003年度中期扭亏和全年盈利，争取公司股票恢复上市。在这11家上市公司中，ST原宜是唯一一家目前已经被暂停上市的公司，该公司亏损的2002年年报已经披露。同时，公司董事会表示，北京桑德环保集团有限公司将成为公司第一大股东，并将对公司进行资产重组，从而实现公司主营业务的彻底转轨，扭转公司的连续亏损局面。

ST春都和ST吉化虽然还未明确表态，不过公司的经营情况已有所好转。ST春都的亏损与大股东长期占用公司巨额资金直接相关，为此公司一直在想办法解决，今年2月15日，ST春都公告称，公司已与大股东达成一揽子解决方案。另一方面，ST春都的主营业务发展状况良好，特别是去年第四季度增速明显，这使ST春都有着最终迎来柳暗花明的基础。而增发当年就发生亏损的ST吉化，公司2002年1~9月仍亏损6.59亿元。但值得指出的是，ST吉化在深入开展扭亏为盈总动员工作的基础上，2002年第三季度季报显示，公司主营业务已经盈利。同时公司已表示，力争在2003年取得理想业绩。

此外，ST昆百大的债务重组也进展较快。该公司于2002年末已签署了以物抵贷、还款免息等协议，同时，华夏西部投资有限公司也于2002年末正式入主ST昆百大。对于重组计划，新大股东提出，将对昆百大注入优质资产和业务，提升其盈利能力，避免退市。而尚无重组计划的ST襄轴，自2002年7月公司新班子组建后，拟订了减亏计划，并在2002年第三季度季报实现大幅度减亏。

风险不小

无疑，暂停上市公司大部分都将命运系于重组的成败，而资产重组并非易事，尤其随着《关于上市公司重大购买、出售、置换资产若干问题的通知》和《关联方之间出售资产等有关会计处理问题暂行规定》等法规的颁布和出台，暂停上市公司尤其债务负担沉重的公司，试图通过突击性重组及利润调控等手段扭亏为盈的难度开始加大。

ST七砂的重组工作在积极地酝酿、推进之中，公司国家股划转工作已经财政部批准，有关资产置换协议已签署，不过公司仍面临不可忽视的风险因素，如拟无偿划转的6728.341万股国家股全部处于司法冻结状态，重大资产置换尚需中国证监会核准同意等。ST五环虽然表示公司在加大债务重组及资产重组力度，但公司重组尚无实质性进展，如果重组失败，公司2003年上半年可能将继续亏损。

ST中西、ST国嘉的资产重组目前也都悬而未决。ST中西虽然尽最大努力推进有关资产或债务方面的重组工作以挽救企业，但由于所涉问题较多、历史包袱沉重，重组难度很大。ST国嘉大股东已经提出将自行召开临时股东大会，但这次股东大会结果如何以及公司的债务问题能否有效解决，目前都是未知。而这些，将决定着ST国嘉能否恢复上市的命运。

而ST渤海因历史遗留问题尚未完全解决，经营状况未有明显好转，公司依然前途未卜。不过该公司股权转让已经完成，山东恒坤实业成为公司第二大股东，恒坤实业的入主能否为ST渤海带来命运的转机，值得关注。至于业绩预告反复无常的ST鑫光，公司2002年亏损还是盈利一直在"变脸"，这使投资者对2003年上半年该公司能否扭亏抱以更加谨慎的态度。

请勿一拒了之

（原载于2003年5月17日　上海证券报）

一个现象令人关注，近两年来，一批"问题"公司的年报集中被注册会计师出具拒绝表示意见也就是无法发表意见的审计报告，与此同时，否定意见的审计报告则没有一例。权威人士指出，担负职业审计责任的注会仅停留在对上市公司的报表发表不置可否的无法发表意见的层面上，不排除有些是为了巧妙规避责任，而这种做法容易造成对投资者以及对上市公司的不尽责任。

被拒绝公司何其多

统计显示，"被拒绝"现象自2001年年报起掀起高潮，沪深两市共有19家上市公司的会计报表被注会拒绝表示意见。而到了2002年年报，这一现象依然蔓延，沪深两市"被拒绝"的公司仍然有16家。其中，被连续两年"拒绝"的公司有7家，即ST深石化、ST辽国际、ST兴业、ST国嘉、ST轻骑、ST生态、ST龙科。

一家公司被审计会计师出具拒绝意见，意味着公司持续经营能力受到会计师严重质疑。如果公司连续"被拒绝"，注会连续无法发表意见，这份审计报告是否还有实质意义，是否还能提供给投资者应有的客观判断，值得探讨。有资深注会表示，一些"被拒绝"公司的报表可能介于"拒绝"和"否定"之间，从一定角度上讲，个别公司的报表实质已存在应该遭遇否定意见的倾向。至于为何还是"被拒绝"而不是"被否定"，其实有着复杂的因素。

拒绝原因多种多样

分析来看，2002年及2001年年报注会拒绝表示意见的报表相当一部分是因为上市公司被大股东占用的巨额资金无法收回，公司全额或高额计提坏账准备及确认或有损失，而注会无法判定上市公司的计提数额或预计损失是否恰当等，从而无法发表意见。

从会计角度而言，对注会出具拒绝表示意见审计报告的界定是，"如果审计范围受到限制可能产生的影响非常重大和广泛，不能获取充分、适当的审计证据，以致无法对会计报表是否公允反映形成审计意见"。对于ST生态的2002年年报，注会就表示"因司法部门对公司的调查尚未结束，致使审计范围受到限制"，公司报表"被拒绝"。而对否定意见审计报告的界定是，"如果认为被审计单位会计报表整体没有按照企业会计准则和企业会计制度规定，公允地反映被审计单位的财务状况、经营成果和现金流量"。但在拒绝表示与否定意见之间具体如何界定和评判，既是科学，也是艺术，这一责任由审计会计师具体把握。不过当审计师面对着来自方方面面的压力时，可能不得不有所倾斜，同时还得尽量规避自己的责任，而拒绝发表意见可能是最好的办法。

违规成本太低是要因

在中国证券市场，第一例被注会亮出否定意见报告的是渝钛白的1997年中报，当初令市场大为震动。近两年来，否定意见缘何渐渐销声匿迹，一个原因是监管衡量严格。2001年12月22日，监管部门发布了《非标准无保留审计意见及其事项的处理》，其中涉及对明显违反会计准则、制度而被出具非标意见的上市公司其股票将被停牌的规定。这一规定对上市公司以及会计报表出具的影响很大。

按照国际惯例，拒绝表示意见为会计审计报告的一种，不过在成熟资本市场，上市公司被注会出具拒绝表示意见，相当少见，而在中国，遭拒绝意见的公司如此之多，不能不说相应的违规成本太低。然而上市公司问题仅仅一拒就可以了之吗？这一问题带来的监管真空值得各方高度关注。

遏制上市公司巨亏现象

（原载于2003年5月28日　上海证券报）

一批问题公司集体巨亏的现象，已成为近两年沪深两市年报中一道最刺眼的风景。上市公司缘何发生巨额亏损？绝大多数是因大额计提坏账准备。

而这一行为背后，又大多是因为大股东当初种种不负责任的行为，为上市公司带来巨额欠款、担保、投资损失等。面对资金无法收回，上市公司则采取"让我一次提个够"的做法，进而出现了"让我一次亏个够"的局面。

数字触目惊心

上市公司出现集体性巨亏的现象，始自2001年度，2001年年报深市集中出现了ST中华、ST石化、ST科等11家亏损额均超过5亿元的公司，亏损额共计高达123亿元，而深市43家亏损额超亿元的公司，亏损总额接近200亿元，占整个深市亏损总额的90%。这些巨亏公司的集体性亏损，使当年深市公司业绩整体出现大幅度波动，并加剧了沪深两市总体业绩的滑坡。

到了2002年度，巨亏之风从深市刮到沪市。沪市出现了ST轻骑、ST长控等5家亏损额均超过5亿元的公司，仅这5家公司，亏损额总计已近60亿元，占沪市77家亏损公司148.32亿元亏损额的40%多。

统计显示，2002年年报沪深两市169家亏损公司总计亏损276.8亿元，其中每股亏损在1元以上的24家公司总计亏损120.9亿元，而2002年沪深两市1236家公司总计实现净利润850亿元左右。巨额的亏损，大大吞噬了2002年度沪深上市公司的总体盈利水平。

一次提个够

从2001年ST中华亏损22亿元，到2002年ST轻骑亏损34亿元，上市公司为何会发生如此高的亏损？这种不可思议现象的发生，很大程度是缘于制度因素的强大压力，面对连续三年亏损将暂停上市以及退市的规定，一些亏损公司便充分甚至过度利用会计政策，在三连亏的最后一年来个大幅度计提准备。目的是希望借助这"一次性清理"的做法，博取公司最终盈利的可能和恢复上市的机会。

据统计，2001年度深市公司总计计提资产减值准备金额达137.46亿元，其中亏损公司计提资产减值准备金110亿元，占深市当年亏损总额的50%，如深中华亏损22亿元，其中减值准备占17亿元。2002年度，沪市亏损额排名前20名公司总计计提资产减值准备超过99亿元，尤其以ST轻骑、ST长控、ST兴业、ST国嘉、ST中西为典型代表。

巨亏公司究竟将什么资产"一提了之"？统计显示，对大股东及其关联企业的欠款、担保、投资损失等，占了相当比例。

法律途径解决

问题公司集体巨亏的现象，已引起证券市场各方人士的高度关注。上海交大法学院副教授李明良指出，这一现象的根源，在于中国上市公司股权结构不合理，大多数公司一直存在"一股独大"的现象，而"一股独大"又带来公司治理存在着内部人控制的问题，上市公司的大股东长期控制着公司的人、财、物。

对于上市公司大幅度计提并由此引发巨亏的问题，一些人士将其主要归结于会计政策的规定，其实并不正确。从会计处理角度而言，上市公司出于财务稳健的原则，计提准备，本无可厚非。但巨亏公司纷纷采取"一次提个够"的计提方法，是否符合会计原则，则值得探讨。尤其是ST轻骑等公司将大股东欠款全额计提，这种行为实质损害了公司其他股东的利益。

李明良认为，解决这一问题，可以通过法律途径。从法律角度来看，对于资金被大股东占用，上市公司实质享有对大股东的债权，就应该积极行使回收债权的权利。如果由于内部人控制，发生"怠于行使"的现象，说明上市公司及其董事本身未尽义务。而法律上，上市公司的董事对股东有着信托义务。"怠于行使"，意味着上市公司董事违背了信托义务。因此，中小股东可以通过法律途径，对公司董事提起诉讼。

上市公司募资使用令人忧

（原载于2003年6月9日　上海证券报）

募集资金使用存在严重问题，是上市公司过度以及恶意"圈钱"的典型表现。募资或被大量闲置，或被挪作他用，甚至个别公司的大股东利用变更募集资金投向的机会套取资金等，这些现象在上市公司2002年年报中均有着程度不同的表现。

严重闲置

上市公司当初募集资金时的承诺言犹在耳，一年之后，投资者却已不得不接受这一令人难以置信的事实：蓝星清洗的募资资金竟然白白闲置了一年。2001年11月配股融资的蓝星清洗一次募资1.66亿元，然而一年多下来，公司累计使用募资总额为零，募资完全处于闲置状态。

创下募资使用的"零记录"，蓝星清洗可谓是一个比较特殊的典型。不过在沪深两市，上市公司募资大量闲置并非个别。据深交所对深市52家在2001年内进行再融资的公司募资投资进度进行统计，其中投资进度不到50%的上市公司有10家。而来自上证所的统计也显示，2001年沪市上市公司募集资金的共有115家，截至2002年底，资金投入进度在50%以下的共有21家。

这其中，将募集资金只是"意思意思"的公司，同样让投资者不得不质疑公司上市的动机。安阳钢铁2001年8月一举募资16.59亿元，而到2002年底，公司实际投入资金仅1700万元，占投资进度的1%，这在一定程度上说明，公司在申请发行股票时，募集资金项目的规划不够审慎。还有募资投资进度连1%也不到的天歌科技，公司2001年8月配股募资3.796亿元，截至2002年底公司累计投入资金仅331.19万元，配股资金未按原定投向正常使用。

朝三暮四

上市公司募集资金使用"朝三暮四"的随意行为，已经不能不引起高度重视。据对115家2001年募资的沪市公司的统计显示，在2002年先后共有71家公司披露募资变更投向的公告，涉及金额总计92.22亿元。而深市于2001年实施再融资的52家公司中，在2002年不同程度地变更募资的同样占相当比重。尤其是，变更募资投向普遍存在的现象，进一步带来部分公司难以兑现招股承诺的投资收益，个别公司甚至不履行应有的变更程序等一系列问题。

上市公司变更募集资金的行为可谓花样百出。先锋股份的募资实现了彻底"变脸"，公司一次变更募资涉及金额1.79亿元，占其全部募资的比例高达91%，并因此一举实现主业的转换。亿城股份也是有过之而无不及，由于公司决定退出生物制药领域，因此2001年配股募资中投向生物制药行业的1.44亿元资金，最后全部改变投资项目，占募资总额的85.6%。

在上市公司林林总总的募资变更行为中，长春一东竟然将3000万元募资用于归还银行贷款。还有一些公司，则将募资变更为收购大股东的资产，这一方面表明上市公司倾向于将募资投入到见效快的项目，另一方面也不排除存在上市公司通过收购关联方资产为关联方套现的可能。

优化配置

上市公司募集资金存在的种种问题，不能不令人忧虑。这一现象的背后，不仅暴露出一批上市公司的决策水平较低，同时也不排除部分公司存在募资在先、项目在后的嫌疑。在近年来严格监管规范和约束下，很多公司变更募资投向的程序可能没有任何瑕疵，但却实实在在损害了公司特别是中小股东的利益。

对此，权威人士提出，进一步加强我国上市公司募集资金使用行为的监管，需要采取两个措施，一是堵住上市公司恶意编造"圈钱项目"的路，二是开放上市公司"快速融资"和市场化分批融资即"储架发行"的渠道。只有使恶意编制"圈钱项目"的上市公司受到严厉处罚，使真正拥有良好投资项目的公司拥有快速的融资渠道，才能真正实现上市公司募集资金尤其是融资中的资源优化配置。

如何堵路，又怎样开渠？权威人士认为，必须对上市公司恶意编制"圈钱项目"进而随意变更募集资金的行为，进行严厉的监管，并实行相应的严惩制度。当前有必要建立和完善更为严格的责任追究机制，尤其要加大处罚的力度。与此同时，对于部分公司治理规范、募资管理和使用较好的上市公司，支持鼓励可采取快速融资的方式。至于储架发行，则是将上市公司募资方案进行一次性核准后，再根据企业项目进展情况分几次向证券市场融资，即"一次核准，分次发行"。

资本市场"扶优"：如何推动上市公司加快发展

（原载于2003年8月13日　上海证券报）

通过中国资本市场打造世界级企业，通过资本市场进一步支持优秀上市公司做大做强，这不仅是目前中国经济快速发展的需求，也是一批大型蓝筹和绩优成长上市公司的强烈愿望。从宏观到微观传递出的信号表明，资本市场应该深刻转变机制，为优质上市公司提供更广阔的发展空间。

一直对国有资本市场进行深入研究的上海证券交易所研究中心主任胡汝银博士，对此有强烈的紧迫感。他说，在国外，大公司几乎都是上市公司。综观美国资本市场，活跃着IBM、微软、通用、可口可乐等一大批世界级企业，这些上市公司借助高效运行的资本市场平台，实现了快速和超常发展，但中国目前还没有形成一批全球化的上市公司。中国经济的发展取决于企业竞争力的提升，中国经济保持活力，需要更多的绩优蓝筹上市公司通过资本市场实现高质量的发展。

近年来，随着中国资本市场不断成长壮大，越来越多的行业优势企业以及国民经济支柱企业已开始加快上市步伐，如宝钢股份、华能国际、招商银行、上海汽车等，这些上市公司一定程度上代表了中国经济的未来。对于这些中国经济中最有活力、最有效率的企业群体而言，强烈的危机感和竞争压力，使它们迫切需要在发行上市后，能够借助资本市场的平台，实现更高、更快的跨越式发展，以提高公司的核心竞争力，保持可持续发展能力，从而迎接来自全球的激烈竞争和挑战。

宝钢股份这艘航母虽已经成功驶入资本市场，但按照现有的再融资方式，公司难以大规模收购集团以及行业内的优质资产，以进一步做大和做强。不仅是宝钢，其他一些绩优公司也都不同程度地需要通过收购兼并以及金融创新等各种方式赢得超常规的发展。但目前资本市场存在的种种局限，如并购市场极不灵活且欠发达，金融工具的创新力度不够等，极大地制约了资源配置的优化，影响了上市公司扩张战略的实施。而形成资本市场创新不足的原因，既有体制方面的先天不足，也有主观努力的不够。许多上市公司表示，这些年来，资本市场在鼓励金融创新方面的政策缺乏前瞻性、指导性和连贯性，鼓励得不够，限制得太多，一定程度上抑制了上市公司创新的激情。

不可否认，这些年来资本市场对金融创新的探索一直没有停下脚步。比较典型的有"东西大众"股权运作、申能股份和云天化的股份回购、清华同方对非上市公司的吸收合并，都对市场产生了不同寻常的影响和强烈的示范效应。不过，与国际成熟资本市场及跨国公司相比，目前中国资本市场及上市公司的创新力度还远远不够。在这方面，较早在纽交所挂牌上市的华能国际的一系列资本运作，为国内A股上市公司带来了一定的借鉴意义。尤其是2000年7月，华能国际与华能集团控股的另一家也是在美国上市的山东华能签订吸收合并协议，吸收合并后，山东华能一举并入华能国际。而这么多年来，国内A股市场尚没有一例上市公司之间的吸收合并。

资本市场应该深度营造优胜劣汰的市场环境，这是打造"扶优"系统工程的又一重要环节。好公司与坏公司差别不大，是目前众多上市公司在资本市场的普遍感受。中国上市公司与跨国公司的最大差距，在于综合质量低、企业核心竞争力弱。这一差距的形成有着多种因素。从强化监管的角度出发，则要求监管部门一方面要加大监管力度，严惩违规和劣质公司，另一方面要加大扶持力度，推动优质公司健康、快速发展。这样，才能真正实现资本市场的优胜劣汰，使好公司与坏公司有着本质的区别。

许多上市公司老总均提出，在上述过程中，需要保持政策的稳定，实现监管的透明，保证程序的经济，从而提高监管效力。他们强调，必须提高绩差公司的违规成本，降低绩优公司的运行成本，只有这样，才能为优质公司的健康发展创造良好的环境。

国际成熟资本市场的发展经验已证明，一个成熟、高效的资本市场，并不是吸纳了众多企业进入就是成功，更重要和更关键的是要让这些参与者能够借助资本市场平台实现可持续发展。中国资本市场的发展，也必须与优质上市公司的发展形成良性互动。唯有一大批绩优蓝筹公司沐浴着资本市场的阳光雨露，茁壮成长，中国资本市场才能迎来自己的新时代。

信托业保密条款"撞击"证券业公开原则

（原载于2003年9月2日　上海证券报）

种种迹象显示，复苏后的信托业正在成为并购市场的一支重要新军，开始大规模介入证券市场的兼并收购。信托公司频频出手上市公司股权收购，既开启了信托业与证券业紧密合作的新模式，也引发了一连串新的问题。如何及时严格地履行信托的信息披露义务，防止大量幕后交易以及寻租行为的发生，值得重视。

渐成趋势

信托公司"染指"上市公司股权，渐成趋势。今日，重庆国际信托投资有限公司受让ST冰熊第二大股东持有的3584万股法人股，占总股本的28%。此前，赫赫有名的金信信托投资股份有限公司通过一系列令人眼花缭乱的资本运作，先后收购了长丰通信、伊利股份、金地集团的部分股权。近年来异军突起的中泰信托投资有限责任公司也发起凌厉攻势，接连受让轻工机械、焦作鑫安、九发股份、恒瑞医药等公司的部分股权。还有，中原信托投资有限公司成为宇通客车第二大股东，北京国际信托投资公司一度受让ST宁窑19825万股股权等。

据不完全统计，自去年下半年以来，信托公司收购上市公司股权案例已经发生了12起。截至2002年底，共有291家上市公司的前十的股东中出现了信托投资公司的身影，其中大部分信托公司持有上市公司的国有股和法人股。信托公司依托其特性和优势，加大抢滩证券市场的步伐，不仅拓宽了自身的盈利模式，为上市公司提供了新的融资平台，而且将进一步推动证券市场掀起更大规模的购并重组浪潮。

意欲何为

面对信托公司纷纷斥资收购上市公司股权，市场对信托公司收购究竟有何意图的疑问一直没断。信托公司斥巨资收购上市公司股权，意在"借壳上市"，应该是理所当然。不过，目前信托公司的收购，大多没有直接成为上市公司第一大股东，同时，一些信托公司明确表示收购后将不干预上市公司的具体运作。大部分信托公司收购背后的真实意图究竟是什么，带给市场更多的是问号。

战略性或财务投资，是一些信托公司收购名正言顺的理由。尽管市场有着种种传言，但金信信托无论是介入金地集团，还是收购伊利股份，公司均表示属于战略性投资。

不过，信托收购更多意在MBO，是市场对部分信托公司收购上市公司股权真实意图的普遍认定。当前，上市公司管理层直接实行MBO尚面临着政策以及资金等障碍的限制，通过"曲线救国"的方式，以信托投资公司的名义先行出面收购上市公司国有股权，成为一种变通的好办法，尤其是一批业绩良好、回报稳定以及管理层处于强势的公司，存有这种可能的可能性极大。但目前为止，信托公司和上市公司都极力回避这一敏感话题，纷纷否认是MBO行为。

不仅如此，"受人之托、代人理财"，使信托公司收购背后往往有着一批真正的买家。根据《信托投资公司管理办法》和《信托投资公司资金信托管理暂行办法》的规定，受人之托进行股权收购可以作为信托公司的一种经营业务。目前，大部分信托收购举动透露出，一批背后的买家并不愿意直接露面，由此使收购行为蕴含着是否是短期投机以及二级市场炒作等风险。日前ST冰熊的股权转让有所不同，真正买家重庆银星智业公司直接亮相，此次收购是重庆国信接受重庆银星委托以信托以方式进行。真正买家从幕后走到前台，目前尚不能说是一种趋势，ST冰熊只是个案。同时，重庆银星为何采取这种利用信托公司收购的"迂回"方式，颇为耐人寻味。

监管面难题

不容忽视的是，信托公司频频收购上市公司股权，带来了如何加强信托披露义务的新问题。对于信托公司而言，受托收购是一种合法的资金信托业务，信托公司在受托收购时，一般都与客户签订保密协议。而在证券市场，监管部门要求上市公司对收购方的实际控制人进行终极披露。有关人士表示，信托业的保密条款与证券业的公开性原则构成冲突，成为证券市场新的监管课题。

面对越来越多的信托公司介入证券市场的购并重组，有关人士指出，尽快妥善解决信托业与证券业在信息披露方面的矛盾，使信托公司对上市公司的股权收购减少模糊地带，真正做到公开、透明，迫在眉睫。该人士建议，针对信托公司收购上市公司股权的行为，监管部门应该制定专门的信息披露细则。

提高新股发行门槛：为有源头"清水"来

（原载于2003年9月24日　上海证券报）

中国证监会日前下发《关于进一步规范股票首次发行上市有关工作的通知》，市场人士纷纷用"具有重大意义"来评价这一新规定对证券市场发展的巨大推动作用。不少人士指出，这一规定不仅将从源头上杜绝模拟财务报表造成的业绩失真问题，而且也将进一步提高对拟上市公司独立性的要求，大大减少上市公司与控股公司以及关联企业的关联交易。

模拟的财务报表，实际上并不符合《公司法》关于股份公司设立满三年后方可发行上市的立法本意。《公司法》明确规定，股份有限公司申请其股票上市需符合"开业时间在三年以上，最近三年连续盈利"的条件。不过由于这一规定同时还开了一个"后门"，使大批未能达标的国有企业，纷纷借"可连续计算"实现"曲线上市"。这个"后门"一开就是近十年，在国有企业千军万马争相挤入这个"后门"的过程中，证券市场也逐渐成为为国企"解困脱贫"服务的场所。

自证券市场成立以来，上市公司一直存在公司不独立、"三分开"分不开以及关联交易剪不断等治理不规范的问题。究其实质，与企业不是整体改制上市有着直接关系。大批国有企业是由集团剥离出一块资产包装上市，投资者看到的是一幕又一幕的"某某股份公司第一届股东大会暨创立大会"的场面。这种背景下，上市公司借上市的机遇一举募集到大量资金后，怎能不与原来的"母体"也就是集团公司发生千丝万缕的关联交易，大股东占用上市公司资金的现象又怎能不应运而生？

这一现象令投资者触目惊心。2002年进行的"上市公司建立现代企业制度专项检查"发现，控股股东占用上市公司资金和上市公司为控股股东担保问题非常突出，全国共有676家上市公司存在控股股东占用资金的现象。而据上市公司自查，27%的公司存在控股股东及关联方违规占用某资金或资产的行为，20%的上市公司为控股股东及关联方提供担保。为此，日前中国证监会和国资委还联合发布了《关于规范上市公司关联方资金往来及上市公司对外担保若干问题的通知》。

此次证监会下发的《通知》新规定，对拟上市公司的独立性提出了更严格和细化的要求。据了解，此前《首次公开发行股票公司改制重组指导意见（公开征求稿）》第十九稿中，规定"公司50%以上的营业收入其利润来自关联交易……不得发行上市"。而目前，《通知》已经将标准提高到30%的高度，力度不可谓不大。这对指导企业更加规范地改制，将有积极的促进作用。

天上掉"馅饼"，天上下"金钱雨"，曾经是许多一下子募集到大量资金的上市公司刚上市时的切身感受。然而，这些年来，一大批上市公司募集资金使用效率低下，严重挫伤了投资者的信心。统计显示，目前上市公司及其控股子公司尚未到期的理财资金仍然将近48亿元。超额募资的同时带来了上市公司募资使用效率低下，这一问题一直困扰着证券市场的发展。在对2002年年报进行总结时，沪深两个交易所均不约而同地指出，上市公司募集资金使用存在的问题比较突出。

为了规范首次发行股票的募资行为，推动上市公司提高募资使用效率，证监会于2001年11月下发了《关于进一步加强股份有限公司公开募集资金管理的通知（征求意见稿）》，提出"拟上市公司发行新股的，募集资金数额一般不超过其发行前一年净资产额的两倍"。遵循这一原则，近年来拟上市公司发行大多在"两倍"上下浮动。然而据上海证券信息有限公司统计，今年新发行上市的52家公司中，超过两倍的有19家，其中最高为6.5倍。

如今，《通知》的进一步出台，无疑将更加严格地规范拟发行上市公司的筹资数量，遏制盲目融资带来的资金使用效率低下问题。在这其中，小盘股高价发行的现象将受到冲击，由此一定程度上将进一步促进证券市场的结构调整。

值得指出的是，此次出台的《通知》并非尽善尽美。在关于"满三年后方可申请发行上市"的条款规定中依然留了一个关于"可豁免"的豁口。有资深人士指出，从市场准入公平的角度来讲，不应该有特例。无奈，中国依然有着特殊的国情。

募集资金：市场人士建议完善严格责任追究机制

（原载于2003年10月21日　上海证券报）

上市公司募集资金使用"朝三暮四"的现象不能不引起关注。目前，一家黑龙江上市公司公告拟变更巨额募集资金投向，变更后募资将主要用于收购集团的一系列资产，此次变更总计涉及资金超过7亿元。

据上海证券信息有限公司初步统计，今年1月到现在，沪深两市有近120家公司先后发布变更募集资金使用的种种公告，其中6月以来就有60多家，占了一半以上。目前还有一些公司蠢蠢欲动，欲变更募资投向。

变更手段花样百出

上市公司变更募集资金的方式可谓花样百出。其中一个很突出的表现是，上市公司将募资变更为收购大股东的资产。比较典型的如那家黑龙江上市公司，拟以41542.09万元募集资金收购集团所持的一家米业公司98.55%的股权，拟以总计19536.59万元募资收购集团所持的一家纸业公司89.96%的股权并对其技术改造。而令投资者大跌眼镜的是，在收购米业公司股权的关联交易中，41542.09万元的收购款项实质是已扣付了集团公司对米业公司的12607.05万元欠款后的支付额，同时集团公司将以收到的41542.09万元资金，偿还对上市公司的41542.09万元的债务。如此募集资金变更和收购后，大股东对上市公司的所欠债务不仅一笔勾销，而且通过向上市公司卖资产还净赚了一笔，不可谓不划算。

这样运作的公司在证券市场并不止一家，上市公司借助变更募集资金的手法收购大股东或关联企业资产使关联交易变得越理越乱。河南有一家上市公司变更募集资金8000多万元，投资收购集团公司所持有的三家子公司股权；四川有一家科技公司总计变更募资27000万元，收购一家可以借助并使用上市公司平台的教育投资管理公司的股权。有关权威人士对此认为，上市公司变更募资不排除存在上市公司通过收购关联方资产来为关联方套现的可能。

募资使用效率低下

频频出现的上市公司变更募资行为，实质上暴露出上市公司募集资金使用效率低下的深层次问题。如一家电子信息公司，变更了原来两项对电子产业的主业投资项目，转而用总计1.1亿元的资金投资组建投资管理公司。还有一批公司或将部分募集资金用于补充流通资金，或暂时归还银行借款。

不过，并非所有上市公司的募资变更方案最后都获得股东大会通过。如天威保变原计划变更募资，拟将8060.31万元出资设立汽车车身制造有限公司，然而该方案最终在股东大会遭否决。公司股东认为，变压器是天威保变的主业，募集资金应该更好地用于发展主业。

根治顽疾须用良药

上市公司频频变更募集资金的行为，已经成为证券市场难以根治的顽疾。近年来，在监管层的严格规范和约束下，上市公司变更募资的随意性已经大大收敛，程序上几近没有瑕疵，但依然在损害公司特别是中小股东的利益。设想一下，前述那家黑龙江公司的募集资金收购项目，如果当初公司发行上市时直接以收购大股东的这些项目作募资投向，肯定很难得到发审委的审核通过。所以募资"变脸"成为上市公司绕过监管界限的一种常规手段。

一位市场人士指出，针对上市公司随意变更募集资金的行为，必须进行严厉的监管，并实行相应的惩罚制度。这位人士建议，监管部门可以设立相应的审核委员会，专门审核上市公司募集资金的变更，尤其变更金额占募资总额50%以上的大比例变更。另外，有必要建立和完善更为严格的责任追究机制，加大处罚的力度。

推动公司治理必须内外兼顾

（原载于2003年11月14日　上海证券报）

应该说，公司治理是通过内部治理和外部治理的共同作用来实现的。"啤酒花事件"深层次地暴露出，上市公司内部治理中独立董事的监督功能丧失，外部治理中的信息披露、债权人治理和审计机构治理的失效，是导致公司治理失灵的重要原因。

独立董事须作为

目前，上市公司独立董事基本都由上市公司内部人提名，如被提名人对提名人进行制约和监督，或多或少会受到情面因素的困扰。同时激励与问责诉讼机制的不完善，降低了独立董事"不作为"的风险成本。加之，独立董事有效工作机制的缺乏，如审计等专业委员会的不设或形同虚设。在这些因素的共同作用下，独立董事的"不作为"现象便难以避免。

而投资者则迫切需要上市公司独立董事真正独立和有所作为，因此，改善独立董事现状非常重要。第一，应该改善独立董事的提名制度。第二，董事会下的专业委员会必须成立，审计、薪酬和提名委员会必须由独立董事组成，并赋予实际的权力。第三，对独立董事的激励和问责机制必须尽快建立，以提高"作为"的收益和"不作为"的成本。

信息披露要透明

一个有投资价值的证券市场，必须是信息披露透明的市场。然而由于多年来证券市场的股价信号失灵，使其对信息披露的激励作用弱化，导致上市公司信息披露质量下降，信息的市场价值降低，这使信息提供者的动力更加不足，上市公司信息披露的治理功能逐步衰减。与此同时，中国证券市场信息披露违规的发现成本较高和处罚力度不足，也降低了违规的风险成本。

上市公司的信息披露能否透明，直接关系到证券市场的健康发展。监管部门应坚持不懈地打击操纵股价的内幕交易行为，整顿市场秩序，使股票价格逐渐恢复信号功能，增强信息披露的激励效应。同时，鼓励机构投资者对上市公司信息披露情况进行公开评价。

堵住银行漏洞

尽管啤酒花没有对外披露担保实情，但从理论上说应该无法瞒过银行，因为审核的担保银行可以从贷款证上得到完整的担保记录。近年来，经济理论界一直在讨论如何通过推动债权人参与治理来加强公司治理的建设。应该承认，债权人拥有参与治理的多项优势。但是，债权人自身的治理缺陷，又怎能让人寄予厚望。商业银行的不良贷款比率居高不下，不仅困扰着中国银行业，甚至已成为国家金融安全的重要隐患。然而，在一些历史的不良贷款艰难消化的同时，啤酒花这种一笔就是几亿元乃至十几亿元新的不良贷款却又悄然而生。

权威人士指出，银行业的改革必须加快进行。一方面，通过引入外部资本，如民营资本和外资，改造银行的资本结构，从根本上推动市场化改革；另一方面，降低行业壁垒，强化竞争对效率的刺激作用。

强化审计机构责任

"啤酒花事件"也使投资者再度关注注册会计师的审计职责。

会计师事务所是否在审计中出现了疏忽？由于审计机构的聘选和报酬支付事项均由公司控制人决定，难以从根本上避免利益驱使下的妥协。而对审计失职的追究和处罚力度不足，也降低了风险成本。

如何让会计师事务所避免疏忽，值得进一步关注和探讨。具体措施可以包括：将审计机构的聘选和报酬支付权力，交给独董控制下的审计专业委员会；审计机构从有限责任制改为无限责任的合伙制，合伙人必须承担无限责任；加强法律追究制度建设，在《破产法》中引入自然人破产的规则。

大股东千亿占款敲响警钟

（原载于2004年4月2日　上海证券报）

一批上市公司缘何在2003年年报中大比例计提坏账准备？都是大股东及关联方巨额欠款惹的祸。本报昨日刊发的《关联方计提吞噬上市公司》的文章，在市场上引起强烈反响，因此引发的大股东占用上市公司巨额资金问题再度成为市场各方关注的焦点。

上市公司资金被大股东占用情况到底有多么惊人？资金被大股东严重占用给证券市场带来怎样的危害？在监管力度空前加大的情况下，还需要如何进一步整治和解决上市公司的资金被占用这一痼疾？这些问题值得市场各方和管理部门高度重视。

状况令人忧虑

并非耸人听闻，中国证券市场上市公司被大股东占用资金高达近千亿元。

2002年底，中国证监会与国家经贸委联合召开的"上市公司现代企业制度建设经验交流暨总结大会"上透露，当年下半年对1175家上市公司进行普查，发现676家（占比57.53%）上市公司存在被大股东占用巨额资金现象，而占用资金合计高达966.69亿元，平均每家被占用资金1.43亿元。而2002年全年，全部上市公司通过证券市场融资总额只有961.75亿元。

2003年这一状况是否有明显改善？研究显示，上市公司资金被占用的实际情况呈现更为严重的趋势。上市公司资金被占用，主要体现为财务报表中的应收账款、其他应收款、应收款净额三项数字居高不下。对大股东占用上市公司资金问题颇有研究的专业人士田磊分析指出，截至2002年，1218家境内上市公司应收款净额、其他应收款净额分别占上市公司股东权益的24.37%和9.79%。至2003年第三季度，1301家境内上市公司的这两项比例分别为25.77%和10.29%，而这一结果还包括相当一部分上市公司在2001年、2002年已加大坏账准备金计提。

借款容易还款难。被大股东长期占用的巨额资金，被当成"提款机"的上市公司如何处置？很多是一提了之。以截至2004年3月25日的1301家上市公司为研究基准，1998年至2002年上述总计计提坏账准备金分别为59亿元、256亿元、341亿元、438亿元、566亿元，分别占当期这些公司净利润的6.53%、21.96%、22.59%、37.13%、42.92%。坏账准备金的幅度增长不仅反映出上市公司资金被占用的状况越来越严重，而且进一步反映出上市公司清欠之路漫长而艰难。

吞噬巨额利润

2003年一批上市公司对欠款纷纷开始计提坏账准备，而且出现巨额计提，这些公司当年的管理费用剧增，公司利润随之减少，甚至产生亏损。面对此情此景，市场人士忍不住呼吁，计提吞噬上市公司利润，计提更吞噬了中小股东利益。

实际上，这一危害早已显露。统计结果显示，2001年、2002年上市公司整体计提坏账准备金的总额竟达到全部利润的40%左右。不少上市公司由于大量资金被控股股东或其关联方长期占用，经营状况每况愈下。

典型的如ST江纸、ST轻骑、ST佳纸、ST石化等。而原PT粤金曼等公司，在被大股东掏空之后，经营状况持续恶化，最终难逃退市的厄运。

上市公司大量资金被大股东以各种名义占用，不仅严重影响了企业的正常发展，同时严重侵蚀着公司的资产质量。资金长期被占用必然导致上市公司流动资金匮乏，为维持经营，一些公司纷纷债台高筑。2002年，上市公司整体的平均资产负债率为51.36%，其中应收账款净额高于1亿元的271家上市公司的平均资产负债率高达66.05%。而高额债务必然导致上市公司财务费用大幅度增加。2002年年报显示，271家公司财务费用合计达到84亿元，占主营收入的3.49%，为上市公司该项指标平均值的1.95倍。

占用多为国资

都是谁在占用上市公司的巨额资金？上市公司与生俱来的"一股独大"缺陷暴露出，国有控股的上市公司资金被占用现象格外突出。

271家典型上市公司中，60%属于国有控股，其中超过80家公司国有资本控股比例超过50%。因大股东占用资金而"名声显赫"的ST猴王、三九医药、ST轻骑、华北制药、ST民丰、莲花味精等上市公司，都存在着国有股权"一言堂"的问题。上市公司资金被占用情况必须从源头抓起。

值得关注的是，对上述资金被严重占用的上市公司进行分析发现，一些公司正是中央企业的下属子公司或孙公司。如三九医药、中铁二局、凯马B股、广船国际、中国嘉陵、数码测绘等上市公司，其最终的实际控制人都是国资委管辖下的中央企业。当前，中央企业整体上市成为市场关注的热点，对于其中一批企业而言，在落实整体上市方案之前，无疑还需要先着手解决占用上市公司资金问题。

探索创新方式

一直以来，监管部门对控股股东及其关联方占用上市公司资金问题极为重视。2002年中国证监会联合国家经贸委对上市公司进行了历时7个月的现代企业制度检查，其中控股股东占用上市公司资金情况是检查的重点内容之一。并明确指出，控股股东占用上市公司资金问题将成为今后加以整治和解决的重点。迫于监管部门的巨大压力，随后一些上市公司的控股股东采用"以资抵债"的方式，偿还欠款。

然而，"以资抵债"方式却隐藏着诸多隐患。为了进一步规范，2003年9月证监会与国务院国资委联合发布了《关于规范上市公司与关联方资金往来及上市公司对外担保若干问题的通知》，制定了具体的约定偿还要求、具体的"改过"指南以及"惩戒"措施。通知还指出，在符合现行法律法规的条件下，可以探索金融创新的方式进行清偿。

专业人士周到指出，引入创新概念，将拓宽上市公司的清欠之路。今年2月23日，三九医药提出了"以股抵债"的还款方案。日前，上海证券交易所召开的"上市公司做优做强座谈会"传递出，将支持上市公司试行定向回购等方式。所谓定向回购，即上市公司对大股东的应收款回购大股东持有的上市公司非流通股权，并予以注销。对于定向回购，回购价格是最为关键的因素，市场人士指出，对此需要慎重把握和规范操作。

第四章

Chapter4

艺术与财经结合的风景线

将艺术报道引入财经媒体，上海证券报社应该是开了先河。当时还是在2004年上证报改版之时，报社大胆策划并重磅推出"艺术财经"版面，率先对海内外当代艺术品市场的发展进行聚焦，当属创新之举，令市场耳目一新。

随着中国经济的蓬勃发展，财富管理理念脱颖而出，成为社会各方人士趋之若鹜的投资取向，成为资产管理业的核心。盛世谈收藏，更多人士开始对艺术品投资抱有浓厚的兴趣。恰逢其时，2013年上证报再改版，推出"艺术资产"专版，更多从艺术品投资收藏角度，深入聚焦艺术品市场。

这一时期，作为分管这一报道业务的领导，我近距离欣赏东西方艺术的博大精深，浸润并汲取着灿烂丰富艺术文化的滋养。同时，也目睹了艺术市场的投机浮躁、挥之不去的造假泛滥以及管理上的不规范等一系列问题。

为了带给资本市场更多对真善美艺术创作的认识和追求，我带团队深入采访了一批优秀的艺术家，随之撰文刊发"上证艺术大家"系列文章，成为财经报道领域的一道风景线。

本章前面大部分的内容，是"上证艺术大家"系列采访文章。这组文章，是我当年分别带着同事唐真龙、张昆采访并撰文。这一系列采访，让我们内心充盈，收获满满。

本章后面两篇文章，是选取前几年做的"高端访谈"系列文章中的两篇。分别是与时任新华爱心基金会张君达理事长谈公益慈善，与时任交通银行牛锡明行长谈财富管理建设。两位高端人物从不同角度，畅谈其所倾注打造的事业，文章在当时形成良好反响与关注。

后面两篇文章是当时分别带着同事唐真龙、王文清等采写后撰文。他们都是非常有影响的财经媒体专业人士。

周春芽　艺术像桃花一样灿烂

（原载于2010年7月20日　上海证券报）

有人说他是艺术史上奇花异草型的特殊例子。在技法上，他具有浓重的手工情结，这使他的作品如同一块老玉，没有太多的光泽，但是充满年代和磨蚀的触感。在精神上，他是个绝对的自由主义者，那些大胆的甚至有些肆无忌惮的反自然色彩成为他最具标志性的符号。

他是传统的，他也是现代的，他是独一无二的。

在印象中，画家大抵可以分为两种：一种是很像画家的画家，或光头或长发，一身不修边幅的打扮，一张个性十足的脸；还有一种是不像画家的画家，衣着也好、长相也好，你可以想象他的各种身份，但就是想象不出他是搞艺术的。周春芽显然属于后者。见到他时，他刚刚从湖南卫视在北京的演播室录完节目出来，一身黑色的休闲套装、洁白的衬衣。他温文尔雅，亲切随和，看不出半点桀骜不驯的影子。

就在一个月之前，周春芽完成了他艺术历程上也是人生中的一件大事……

2010年6月13日，上海美术馆。习习凉风吹来，6月的上海不似往年那般燥热。下午3时许，平静的美术馆突然热闹起来，谭盾、于丹、吕燕、杨乐乐、汪涵、林依轮这些文艺圈的明星以及"中国当代艺术F4"成员张晓刚、岳敏君、王广义、方力钧悉数亮相，不过这些"腕儿"们都不是今天的主角。

浓艳的"桃花"、夸张的"绿狗"，展馆里充满张力的色彩告诉人们，今天这里的主角只有一个，他就是周春芽，这位与"中国当代艺术F4"齐名的画家。

展览"1971~2010周春芽艺术40年回顾"正在这里举行。在55岁时办回顾展，这对于中国的艺术家来说并不多见，不过对周春芽来说，办一个回顾展非常有必要，"这40年不仅是回顾我，更是回顾中国当代艺术的发展。"周春芽表示。而他对此也很有底气：就在两个月以前，胡润百富发布了《2010胡润艺术榜》，榜单公布了2009年公开拍卖市场作品总成交额最高的中国在世艺术家排名。周春芽第三次荣登榜单十强，以5262万元的总成交额位列第八。

奇花异草型的范例

"周春芽实在是一个美术史上奇花异草型的特殊例子。"对于周春芽，来自台湾的策展人胡永芬这样评价。透过此次"40年回顾"展，人们可以清楚地看到这位艺术家的创作历程。"与老一辈艺术家相比，我们比较幸运，经历了比较开放的时代，我亲身体会到从1977年开始，中国发生了很大的变化，包括在艺术领域。"周春芽表示。

周春芽的艺术成就正是在改革开放以后突飞猛进的。1980年，25岁的周春芽以成名作《藏族新一代》崭露头角，这一时期创作的作品如《剪羊毛》《若尔盖的春天》等都已成为美术史上重要的藏族题材作品；而20世纪80年代中期至90年代初，周春芽的肖像和人体作品则展露其色彩天才与风格化线条造型能力；此后他便不断登上艺术的高峰，创作了《山石》《红山石》《中国风景》《太湖石》系列、《瓶花》系列，还有大众最为熟悉的《红人》《绿狗》《桃花》系列。

"我的艺术不是属于那种非常前卫、先锋的艺术，而是跟传统有所粘连的，我的艺术没有完全脱离传统。"在一个全球化的时代里，全世界的政治、经济、文化的融合正在加速，对于艺术家来说，张扬的个性似乎已经成为时代的标签。虽然对此有着深刻的认识，但周春芽并无意打破传统的界限，"在思想上，我的画跟中国的文人画有一些联系，但是整个来讲介乎前卫的艺术和传统的绘画之间，我追求的理想状态就是要有自己的个性但又要跟传统有所粘连。"

在艺术创作阶段上，人们常把1986年出国留学德国作为周春芽艺术创作的一个分水岭。在此之前，他的创作题材主要来自西藏。1986年至1989年，他在德国留学三年，在此期间深受德国"新表现主义"的影响，西方的思维方式、想象力和表现方式深刻地影响着他此后的创作。回国后，周春芽开始对中国传统的东西产生了浓厚的兴趣，尤其喜欢中国古典文人绘画（诸如"元四家"、八大山人和董其昌充满书写意味的绘画作品），并对中国古典音乐的线型韵律情有独钟。于是，他便尝试着运用西方的思维方式和表现手段来传达逐渐清晰的、由中国传统文化所引出的文化兴奋点。

"很多艺术家其实都很可贵，他们完全打破了传统，完全创新，这一类艺术家在中国非常多。"周春芽表示。但他并无意彻底打破传统，"我喜欢当这种艺家，传统的东西不要丢了，有点儿粘连，这样才有意思。"周春芽认为，当代和前卫是有时间概念的，现在所有的先锋艺术可能再过50年、100年都会变成传统的，传统和现代之间会有一个转换。而他目前要做的就要是把传统的东西糅合进现代的艺术中，但是这种糅合是精神上的糅合，而不是简单的手法上的糅合。

艺术？意外？

凶狠的狼狗，如鬼魅般的绿色，夸张的表现手法……这样的画面出现在你面前时不知你会感到恐惧、惊奇、特别，还是其他说不出的观感，这就是周春芽的作品——《绿狗》给人的感觉。然而正是这一奇怪的"绿狗"形象却成为周春芽最具代表性的作品系列之一。

"绿狗是个意外。"对于绿狗的创作周春芽不止一次这样表示。任何一个艺术家的作品都跟自己的生活经验有关系，这一点在周春芽的身上体现得尤为明显。曾有一段时期，周春芽把家庭成员作为自己创作的原型，他画妻子、画女儿，而"绿狗"也是他的家庭成员之一。它叫黑根，是朋友送他的一条纯种的德国狼狗。"我并没有把它当成一条狗，而是把它当成家庭的一员。"1997年，周春芽开始画黑根，刚开始还是画一个正常的狗，毛是黄色的，在黄的毛中有一些反光的绿色的东西，不经意间，他把这个绿色夸张，扩大，再扩大……最终就成了现在看到的绿色，没想到这样一来就成了一个特殊的形象，并引起了轰动。"画绿狗完全是下意识的，而不是设计出来的。任何一个艺术家要设计一个形象、一个符号，并想引起轰动，肯定不会成功的，因为设计出来的其实不是内心特别想表达的东西。"周春芽认为做艺术一定要以真情去打动别人，而要打动别人首先要打动自己。

艺术是下意识的积累，很多成功的画作往往都是在这种积累之后，通过一种"妙手偶得之"的意外跃然于画布之上。周春芽创作"绿狗"也是如此。他表示把狗画成绿色实际上是人的一个观念，凶狠的狼狗加上反常的绿色，再加上画家的笔触、表现方式，"绿狗"给人留下了深刻的艺术印象。十余年间，周春芽创作了几十幅"绿狗"系列作品。被刻画的狗拥有各种各样的情绪和姿势。他表示，"绿狗"是一个符号、一种象征，模糊、暧昧的场景是这种象征不确定的延伸，暗示了现代人的孤独和人与人之间的危险。

"其实，绿狗在某种程度上象征着我自己，它的形象以及所处的场景实际上都是我文化性格及现实生存境遇的投射。"周春芽表示。

1999年在画"绿狗"的同时，周春芽也开始了"红人"系列作品的创作。而桃花的创作还源于他一次看桃花的经历，春天在成都附近的桃花山看桃花时，他被那漫山遍野的桃花触动了。

"那漫山遍野的粉红色，流淌着让人血脉偾张的妖冶，让我感到原始生命力量的律动。"于是他便开始构思"桃花"系列作品。与"绿狗"系列相比，"桃花"系列作品的色调明艳动人，绚烂的桃花、红色的男女，构成一幅幅暧昧的情欲场景，周春芽表示，"桃花"系列描绘的就是"色和情"——人类与生俱来的欲望，绚烂的桃花与野合的红色男女人物奇异地并置，这种组合消融了人类与自然的阻隔，也模糊了罪恶与道德的边界，在一种流动的色彩情绪中放纵着真诚而本能的幻想，在一种宏大的场景中将人的自然属性彻底地释放、引爆——温和而暴力。

艺术家画一个题材，一般都要画一段时间才有体会，从"山石"到"绿狗"再到"桃花"，周春芽差不多每过几年就要更换一个题材，而他在画新的题材时，也不会忘记老的题材，偶尔也会画一些老的题材。不过他坦言，每一个题材和每一段创作都反映了一个阶段的生活经历和生活状态，所以有时在对旧的题材有了新的想法之后，想画但很难再回到过去了。"比如现在让我去画山石我可能画不出来了，画藏族的题材可能也画不出来了。时间已经过去了，那种状态和心境已经不是当时的情况了。"周春芽表示。

躁动的市场

艺术品投资在眼下是个热门话题，若想知道中国当前的艺术品市场到底有多热，看看拍卖市场就知道了。今年5月，中国嘉德2010年春季拍卖会总交易额创出21.28亿元的国内单季拍卖最高纪录，也是国内拍卖市场首次单季总成交额跨越20亿元大关。同样在5月，张大千晚年的巨幅绢画《爱痕湖》拍出1.008亿元。6月初，黄庭坚的《砥柱铭》创下4.368亿元中国艺术品拍卖的世界纪录。

艺术品投资市场为什么会突然热起来？周春芽认为，这跟中国经济的发展有关系，在国际上，艺术品除了艺术价值之外，早就已经具备投资的经济价值。而在

中国，此前艺术品投资一直是一个洼地，在经历了多年的经济发展之后，人们开始追求精神层面的享受。"投资艺术品同投资股票、房地产是不同的，艺术品本身是可以欣赏的。而每一件绘画作品都是一个故事，在传承的过程中会衍生出一系列故事。"

相关报告显示，在目前社会投资的三大热点中，金融业的平均投资回报率约为15%，房地产业约为20%，艺术品收藏投资的回报率则为30%。以周春芽的画为例，从2006年起，他的作品价格直线上升：2006年4月，周春芽的作品在拍卖场上的总成交额一跃上升到534.96万元，仅仅两个月后更是陡增至2249.9万元，年终上海泓盛拍卖拍出的《山石图》以440万元再次刷新了周春芽作品的拍卖纪录。有统计显示，在10年时间里，周春芽的油画价值翻了200倍。这一上涨速度让人瞠目结舌。这也难怪像刘益谦这样的资本市场大腕，以及握有大量现金的山西煤老板和其他各类金融资本蜂拥而至，纷纷投入到艺术品市场。

"各类资本的到来对当代艺术将会起到一个促进作用。"周春芽表示。不过他认为作为艺术家，不应该太关注市场的表现，市场好时要搞艺术，市场不好时一样要搞艺术。"艺术家要做的就是把作品画好，市场是收藏家和拍卖公司的事情。"

作为一个画家，周春芽不作收藏，他笑说在早些年，自己甚至没想到画也能卖钱，那时很多画作都送人或是随便处理了。现在他偶尔也会买一些画，不过他买画主要不是为了作投资：比如一些年轻的艺术家生活困难了，交不起房租了，他就会买他的画，这样可以帮助这些年轻的艺术家解决眼下的困难。

"如果说要作投资就要慎重了。"周春芽认为要投资一件艺术品，不仅要看这个艺术家技巧怎么样，勤不勤奋，更重要的是要看艺术家的人品怎么样。"如果人品不好，即使他当时很有天赋，也不能作投资，因为人品可以影响到一个艺术家的艺术前途。"对于投资青年艺术家，周春芽认为一定要看这个艺术家的综合素质。

大师之风　天地长存

这两年虽然分管《艺术财经》，却由于沉浸于财经而未能早些走近艺术。面对着光阴的年轮一圈圈地旋转，逐渐感悟到缺失的遗憾。

也曾一直关注中国当代艺术的发展，目睹了"中国当代艺术F4"群体包括著名画家周春芽先生的画作近年在国际市场的扶摇直上。比较喜欢周春芽先生画作中单纯的"桃花"。

在日前举办的"周春芽艺术四十年回顾展"上，见到了忙碌而喜悦的周春芽先生。近距离欣赏代表画作，也领略了他的儒雅与谦逊。感叹画展上流淌着名人云集的热闹气息，不仅有艺术界、收藏界，还有影视与时尚界人士捧场祝贺。

从回顾展到安排这次采访周春芽先生，其间，中国拍卖市场继续火爆，也传来中国著名艺术家吴冠中老先生逝世的消息。听到吴老离去的那天，正在上海展览中心看一场特别画展，那一刻，正在观赏吴老的几幅画作。

随后的日子，从赞叹"五百年来一大千"之张大千以及中国现代艺术奠基者林风眠等先生的风骨，到关注吴冠中老先生的一生，感动于他"不负丹青"的魂魄与精神所创造的艺术辉煌。

在北京带记者如约见面采访周春芽先生，探究他平和外表下缘何表现出"绿狗"一样的激烈与狂野，聆听他对中国当代艺术未来发展的看法。很赞同他的观点，他们这一代艺术家的生存环境与林风眠、吴冠中先生一代相比，"宽松和好了许多"，"中国当代艺术的走向与未来中国经济的发展及在世界的影响力一脉相承"。

投身艺术40年的周春芽先生，经历了坎坷的艺术奋斗，他有留学德国的求学经历。幸运的是中国经济的快速发展以及大国和平崛起，带来了近年来中国艺术家及艺术品在全球地位与影响力的快速提升。包括周春芽先生在内的当代艺术家的起点高了很多，视野很国际化。只是当下的世界少了一份艺术与政治的矛盾与争执，却多了一份拜金与浮躁的喧嚣。资产泡泡越吹越大的时代，艺术家还能或还要坚守淡然吗？

采访周春芽先生的第二天，利用午餐时间急匆匆赶到北京的中国美术馆，参观纪念吴冠中先生的特别画展。没有想到，在这样平常的日子，却有很多人如我一样心怀仰慕之情，前来欣赏吴老先生的画作。震撼、体味、流连、沉思……临走买一本介绍吴老的书籍，当晚，在酒店房间翻阅，吴老用一生的坎坷磨难淬炼出杰出丹青画作，演绎着荡气回肠的悲壮、震撼与感动。

长歌当哭。吴冠中先生的一生打上了时代的烙印与遗憾，却没有阻挠他对艺术的追求与奋斗。在油画中探索民族化，在水墨中寻求现代化，他将中国绘画艺术推向世界。

大江东去，浪淘尽，千古风流人物。采访周春芽先生结束时，我很感慨地对他说，有些人以为自己会"永恒"，其实大部分人都不会在历史上留下一笔，而伟大的艺术品和艺术家却能名垂千古。

也在重新审视自己过去看重的财经事业。一直有致力于以专业财经工作帮助更多老百姓理财和创造财富的理想。而十年一场轮回，突然发现，这种风气环境下"诞生"并扩张的一批公司及投资市场，没有也不会给大部分普通投资者创造出更多的价值。也看到相当一些金融、证券界的所谓精英人士，表现出的那份漠然的自私与膨胀的狭隘。

大师乘风而去。这两年，越来越多的人开始思考与回归，中国公益慈善事业发展与文化艺术的传承在破土萌芽并快速成长。希望为中国社会带来更多人性的净化与升华。

大师风骨，天地长存。千载白云，悠悠荡来。

著名油画大家潘鸿海：用西方油画描绘江南水乡风情

（原载于2010年8月11日　上海证券报）

提起"江南"你会想到什么？是"堆金积玉地，温柔富贵乡"的杭州？还是"江南佳丽地，金陵帝王州"的南京？在现代工业文明步伐的推进下，记忆中的小桥、飞檐、黛瓦正在一点点消逝，不远的将来，纯粹的江南也许将无处找寻。

不过在潘鸿海的画作中，江南依然。《幽幽庭院》《江南春雨》《姑苏行》《寻常巷陌》《水乡晨曲》《小玉》……一幅幅唯美、温情的画作将我们记忆中的江南水乡永远定格了，并将随着岁月越演越浓。

潘鸿海的家有着浓厚的中国传统文化气息：客厅和画室连为一体，古朴简单的家具，墙壁上挂着唐代著名画家阎立本的《步辇图》临摹本，这是出自潘老的小女儿之手，她现在是中国美术学院的一位中国画教师。

"油画和国画是我生活的全部，每天早晨我都要先写书法，打开状态，这成了一种习惯。"潘老告诉记者。目前，能同时创作油画和国画的画家寥寥无几，但潘老是一位，而且不论是他的国画还是油画，都是围绕着江南水乡题材进行创作。

用西画手法表达乡情

潘老最近很忙，他在做一件非常重要的事情，那就是将自己近20年所创作的江南题材画作进行一次梳理和回顾，创作一幅名为《江南绣》的大画。

在潘鸿海的作品里，提笼、蓝印花布、肚兜、石桥……共同构成了他江南水乡的符号。如齐白石画虾、徐悲鸿画马一样，在当代中国画坛，一提到江南水乡，人们就会想到潘鸿海。画了20多年的江南水乡，潘鸿海已经形成了自己独特的创作风格，他用西方的油画技法将中国江南水乡的风情演绎得淋漓尽致，在油画语言和乡土气息的融合上贡献突出，这在当前中国画坛，恐无人能出其右。

在《浙江画院画师写生集》中，中国美术学院院长许江讲过这样一个故事：一次，他们一行人一道面对一片林子，逆光写生。盛夏河畔的丛林，田陌在远方，大家都被凝入了静谧的水调中。后来许江评价潘鸿海的写生是"敢浓敢亮，很有水乡本色"。

悠悠小河、深深庭院、温婉的少女、宁静的石桥，从《姑苏行》系列到近期的新作，这些形象一直是潘鸿海水乡油画不变的主题。在20多年的时间里，潘鸿海一直在孜孜不倦地做一件事，即如何用外来的油画艺术形式来表现中国江南的风土人情。如今他画笔下的江南水乡已然达到了一定的境界，"即使不画江南的一砖一瓦，我依然可以画出江南的神韵"。

"画画最终就是'真诚'二字，作假、作秀最终都经受不起时间的考验。"

这正是一切艺术作品成功的关键。潘鸿海的真诚发自内心深处，他的情感已经和画笔融为一体。

1942年，潘鸿海出生于上海梅陇古镇。他的母亲是个农家女，父亲是位铁路扳道工，他的童年就在江南的青砖古巷中度过。从小耳濡目染的是乡间邻里平易的乡情民风，这造就了对于一个艺术家而言最宝贵的东西——丰富的情感体验。1958年考取浙江美术学院附中，1962年考取浙江美术学院油画系，并在杭州学习、工作、生活……直到如今，他都没有离开过江南水乡，因此他对这片土地有着深深的眷恋和热爱。"我对江南的土都是有感觉的，我喜欢冲积平原的泥沙，真好看！"潘鸿海深情地说。

在略显浮躁的当代艺术环境之下，深入刻画一个主体和对作品精雕细琢似乎显得奢侈。然而潘鸿海仍然坚守着传统，甚至近乎苛责地要求着自己的创作，"我不注重摹仿国外或某一画家的画风，作画更讲究的是'真诚'及'自己的感受'，这样的作品才有亲和力，也更具有个性。"潘鸿海说。

以小见大、以近及远，林中的一角屋檐、河面上的一艘乌篷船、河边一个俏丽的洗衣女子的身影，诗情在画笔下自然流淌。清新的色彩语言是潘鸿海水乡画的另一特点。在色彩的运用上，他偏爱冷色调。他常常用冷色表现女性温柔的肤色，如凝脂，如晨曦。

作为一个舶来品，中国人学习西方的油画技术已经有100多年的历史，然而在潘鸿海看来，"技术的东西是最容易掌握的，做一个中国的油画家，不仅要解决技术问题，在了解西方油画技术的同时，还要了解中国的传统。摆在画家面前很重要的一个问题就是跟社会、生活、大自然更贴近。中国画也好，油画也好，都要解决这个问题"。

"潘鸿海把传统西洋油画艺术语言用于表述有强烈传统东方特色的中国当代乡土风情，并且获得了成功，这种成功既是在题材内涵上的，也是在表现方式上的。这是一种成熟，就如同从春种到秋收的成熟一样——不仅标志着潘鸿海个人油画艺术创作发展的成熟，也标志着当代中国整个油画艺术发展的成熟。"美术评论家范达明这样评价潘鸿海。

在中央电视台制作的潘鸿海电视专题片里，中国美术学院院长许江先生曾这样评价："在西方油画与中国乡土油画的结合上，潘鸿海作出了突出的贡献。"

呢喃守望者

呢喃是人类最为原始的表达，是自语，是心性。

经常会有人问潘老，为什么对水乡题材如此执著，是否会尝试其他题材？他的回答总是很坚定：他只画江南水乡，过去是这样，现在是这样，将来也是这样。

他经常会跟人讲起自己在《工农兵画报》做编辑的经历，因为这段经历对他以后的艺术道路影响深远。大学毕业以后，他被分配到某县的印刷厂当美工，后来他去了《工农兵画报》，被分到编辑部从事美术编辑工作。在那个美术刊物屈指可数的年代里，《工农兵画报》在美术界具有很高的地位，在最盛期它的发行量高达69万份。可以毫不夸张地说，有一两代的画坛学子都受益于《工农兵画报》。

潘鸿海19年的美术编辑工作，让我们看到了这样一组数据：创作出版了连环画、文学插图3000幅；创作出版宣传画、年画和水粉画300幅⋯⋯这些经历为潘鸿海打下了坚实的创作功底，也注定了他会是位谦逊、勤勉而高产的画家。

30年，中国艺术界经历了太多次变革，从人们的审美形态到艺术家的创作手法。但不论经历何种变革，潘鸿海依然坚持着内心的情感创作，"我始终认为一张画解决不了一个哲学问题，一张画的作用就是产生一些美感，没有更多的东西"。

眼下，观念艺术表现得更为喧闹的情形下，架上艺术呈现出"边缘化"的势态。现在，一幅简单的画作往往被贴上厚厚的文本解读，艺术本身的价值似乎已不重要，对此潘鸿海始终持宽容的态度，"我一直坚持自己艺术中那些真的东西、质朴的东西，我看重的是这些"。

正是因为有了这份坚守和淡定，潘鸿海才能不为其左右，坚守自己的艺术之路。而且，在潘鸿海的画作中，我们也几乎看不到情绪的剧烈宣泄，"对我而言，江南是我内心深处排遣不去的情绪，生于斯，长于斯，江南是梦，天人合一"。

随着时代的变迁，画中的江南正在悄然褪去，而潘老一直在寻找、在回忆，在留住回忆。

市场是"多面手"

"以前谁要问我买画，那是件很难为情的事情。"提到画家参与艺术市场，潘老这样说。

目前艺术品投资市场高潮迭起，这对中国现当代艺术的发展既是促进又是挑战。在这吵闹的市场中，潘鸿海表现得很平淡，至今他仍然没有经纪人，也极少主动参与拍卖行的各种活动。

实际上，早在1985年，潘鸿海就在国内卖出了他的第一幅油画，他清楚地记得当时的情形，一张水乡风景，由一位绍兴籍华侨以七万多元的价格买下。这在当时可不是一笔小钱，也引起过一阵轰动。而在这之前，也是1985年的时候，他受邀到美国芝加哥办了一场小型展览。在那个展览上，他一晚上就卖出了二十多幅画。

"对于我们这个年龄层次的人，当时听到艺术品市场这个词是有点不屑一顾的。"后来，他慢慢接受了这个市场。"以前艺术家只要画好画就可以了，而今艺术家不得不面对另一个标准，那就是作品的市场价值。这对我们来说是个新的考量，有些画家扛得住，有些画家扛不住。每一个人都被标上一个标签，都要面对这个问题。"潘鸿海坦率地说。对此他愿意站在更高的角度来看待，既然存在，就是合理的。但是他不会参与其中，艺术家要做的就是画好画。同时，潘老对中国现当代艺术品市场经过一个个热闹的阶段后，正在逐步走向成熟而感到高兴。

"我想说这样两句话：小时候我母亲就告诉我，一是人多的地方不要去，二是要学会一门手艺，这样就会有饭吃。我这一生其实都是依着这两句话做的。不论是作画还是做人。"在此次采访接近尾声时，潘老的这番话让我们十分感动。

艺术万象，着实让人眼花缭乱。但在种种纷扰里，还是有些人和他们的画笔能让我们纷乱的情绪落定。

天地人合　在水一方

天地人合，是艺术的境界。

站在著名画家潘鸿海先生的油画前，江南古朴宁静的水乡风情扑面而来。轻烟淡水的河畔，细雨霏霏的堤岸。波光粼粼的水乡，如梦如幻，荡漾着华夏千百年的诗情画意。

岁月如歌，水乡的故事在光阴的逝去中轻轻地摇曳。而"水乡守望者"的画境中，凝固和永恒的是，那份人与自然的和谐相恋，相依相偎走过了一个又一个世纪。

我不忍，面对这样的现实，如此的江南，如此的风景，已在随风飘逝。还有多少小桥流水，将来的小朋友还会看得到和看得懂这草长莺飞的水乡吗？我忍不住一遍遍问这位有着人文情怀的画家，听到的是一声遗憾的叹息。

逝去的不仅是江南水乡啊。曾经有着如白砂糖般美丽沙滩的墨西哥湾，遭受了最严重的漏油事件的污染。还有，拥有美丽的黄金海岸之誉的大连海湾，被赞叹"从九天落到地上的天河"的松花江，昔日红旗跃过的碧水汀江，都在被一件件令人震惊的污染事故所"染色"。

天地人合，理应是人类的最高境界。然而，人类缔造了世界，也把地球污染了，包括人类的心灵。蓦然回首，一直高速发展的中国同其他国家一样，不得不面对"后制造业"的现实：中国经济快速增长的同时，矗立起一座座钢筋水泥的大厦，也带来不少地区对环境的破坏与牺牲。

古人善择水而居。远古以来，奔腾的长江，咆哮的黄河，养育了华夏民族，也孕育出古老而灿烂的华夏文明与文化。我住长江头，君住长江尾，中华民族共饮长江之水。无论是江南水乡、北方海港，还是西部草原、川藏高原，都是我们生存的源泉。每每梦回大海故乡的我，深深地理解潘鸿海先生梦萦水乡的那份眷恋与情怀。

在水一方，还有故乡。牵挂着居住在美丽富饶的渤海之滨的父母。大连海岸漏油事件发生后，看到画面中被黑色油污冲刷的海湾，扼腕大连湾之痛。与离休后每天依然关心着国家大事的我那"不老"的爸爸探讨："海里的鱼儿、虾儿、蟹儿怎么办"？它们曾经陪伴我童年的一段好时光。

巍巍乎志在高山，洋洋乎志在流水，高山流水，千古回荡。从远古到今天商业与科技高度发达的21世纪，人类不断创新发展，是否也更加深刻地感受到人与自然和谐守望的珍贵。审视走在经济最前沿的财经领域，资本市场见证和推动了中国经济以及中国企业的最快发展与成长，而遗憾的是，相当一部分步入资本市场的上市企业，拿到大笔融资，甚至是超常规的十几亿元、几十亿元资金，却迷失了企业应尽的那份社会责任。制度与道德缺失后，上演的是对投资者、对社会利益包括对环境保护的漠视与践踏。

今天，在浩瀚的海洋上穿梭着巨型油轮。当一件件污染事件频频爆发后，无论是垄断的大企业，还是成长中的中小企业，是否有一份反思：现代社会过多的货币对应的是过多的商品，但同样过多的货币对应的也是越来越少的稀缺资源。现在全球已经上演对水资源的争夺与保卫，未来"环境货币"的发行以及"环境货币"产业的发展，将是新的"世界之战"。

能不忆江南。也许有一天，我们或者后人真的站在潘鸿海先生的画作面前，只有回味那消逝了的水乡诗意，那时，才会更深刻地感受到水乡以及守望者的意义。

令人欣慰，有识之士用不同的方式，表达着对人类生态环境保护的关注与呼唤。

在水一方，有蓝天，有白云，有碧水，有青山，有烂漫的花朵，还有天地间播撒希望种子的人类，绘就一幅最绚丽最壮阔的天地人合之永恒。这应该是人类共创的和谐世界。

大象无形——访著名抽象画家周长江先生

（原载于2010年8月17日　上海证券报）

在进入抽象艺术领域之前，周长江曾经是一名出色的写实画家。从写实到抽象，他经历了艰苦的蜕变，而支撑他探索的动力，除了最初的那种反叛意识，更多的则源于对纯粹美学的执著追求。

八月初的上海，正值三伏。正午一点，骄阳似火。在位于上海宝山区的一间画室里，有一个人正在挥汗如雨地作画，在他面前一幅长6.4米、宽4.2米的巨幅画作已将近完成，他不时地拿画笔在画面上修改、添加……严肃而认真，全然不顾近38摄氏度的高温。他就是周长江，华东师范大学艺术学院院长，中国著名抽象画家。

这是一座由旧厂房改造成的艺术社区，从上海市中心驱车不到半小时即可抵达。社区的前身为上海第八棉纺厂，由于厂房始建于1919年，社区的名字便被命名为"半岛1919"。走进"半岛1919"，浓郁的艺术气息扑面而来，民国时期的建筑流露出历史的厚重，斑驳的屋檐虽历经岁月的洗礼，却掩饰不住固有的华丽。周长江的画室就位于社区的中央，说是画室实际上就是一间经过简单装修的大厂房，画室的中央摆着他的巨幅画作"互补09.2"。

只要有空，周长江就会来这里画画。目前他正在谋划画一系列巨幅作品，"对于绘画，目前我的积累到了一定时间，对画面的把握有了足够经验，对画面的感觉也有了自己的想法，所以我想尽可能抓紧时间画一些大的作品。"周长江告诉记者。对于在抽象画领域探索了近30年的周长江来说，目前他正处于艺术创作的巅峰状态。

从写实到抽象

"我这个人没有特别的乐或者不乐。"周长江说。或许正是因为这种平和的性格，才使他一路坚定地走来，三十年如一日地坚守在抽象画这个起初并不被人看好的领域。

1950年，周长江出生在上海一个工人家庭。同很多画家的成长经历相似，他从小就喜欢画画。1975年，他考入上海戏剧学院美术系油画班。毕业后，被分配到上海美术设计公司绘画组，成为一名"画像工人"。在那个年代里，他画了大量的领袖宣传画，但他并不甘心每天机械地完成公司的任务，在完成每月的指标之后，他便在剩下的时间里搞自己的创作。

很快周长江便在写实领域小有成就。1981年，周长江的写实油画《生命》荣获第二届全国青年美术作品展览三等奖，获奖之后，在应邀赴北京参加"全国青年油画创作座谈会"期间，他参观了美国波士顿博物馆藏品展，听了波士顿博物馆专家关于美国现代艺术的讲座。从小接受苏式"革命现实主义"画风教育的他，面对来自美国最前沿的抽象艺术，感到吃惊，甚至是震撼。

"那时在我们的教育中，印象派是资产阶级，抽象主义被说成是帝国主义颓废艺术，不允许做。"周长江表示，但是在听了波士顿博物馆专家关于美国自20世纪开始到第二次世界大战以后所有的艺术流派、宣言、方式、动机、社会背景、哲学立场和社会影响、史学意义以及各流派的依存互补关系对艺术史的推动等介绍后，周长江感到抽象主义并非"颓废艺术"。

带着一种出自年轻人的反叛意识，周长江决定进入这一新的艺术领域。他希望把抽象艺术当成一门基础学科进行研究。在绘画的专业领域里，抽象绘画是一门独立的派别，而中国当时还没有，他希望通过自己的努力来填补这个空白。"在搞学术的过程中，艺术形式的研究使我慢慢离开了具象，从表现走向抽象，做了很多年实验。"最初一段时间，他承受着巨大的孤独。"没有人可以对话，只有几个好朋友可以探讨。"他回忆道。

20世纪80年代初，中国艺术品市场已经开始有所发展。来自新加坡、日本、东南亚等地的海外买家开始进入中国市场。对于周长江来说，如果他肯画写实作品，就他当时的成就而言，不愁作品没有市场，但是他并没有那么做。"我觉得这不是我要做的。"他还是在研究纯学术的东西：和市场没有关系，也和当时的主题性展览没有关系。"没有市场、没有观众，就是面对自己。"周长江搞抽象艺术的决心异常坚定。

过了几年，人们的观念越来越开放，抽象艺术也开始为一部分人所接受，周长江的抽象作品陆续在一些探索性的画展亮相。他先后参加了"全国85美术思潮幻灯巡回展"、上海"海平线"画展。到1989年，情况有了根本性的改变，他的抽象作品在第七届全国美展中获得银奖。这是抽象艺术在国内官方大展中首次获奖，被美术评论界认为是中国现代抽象艺术史上的重要事件。

"从那个时候到现在，几十年过去了，我一直在这个领域里探索，没有犹豫过，没有彷徨过，一直在寻找更纯粹的表达语言。"虽然在探索抽象艺术的道路上，周长江经历了冷遇、挫折和孤单，但他一直很平淡，这是个对天许过大愿的人。

"互补"系列

这是一幅巨幅画作。在长4米、宽6米的画幅上，红、黑两种色调给人造成强烈的视觉冲击。然而细看，你却发现这幅画作并无明确的形象，你甚至难以发现一个略显清晰的图形。但是饱满的画面所散发出的浓郁的楚文化和东方气息又使人深受感染，艺术的张力显露无遗。这就是周长江的抽象作品"天·人之问"给人的感觉。

"抽象画没有具体的形象，它在构图中抽掉了具体可以辨认过渡的语言，因而带给人的是一种直接的心理感受。"对于抽象画，周长江更愿意将它同音乐作比较。他认为看抽象画与听音乐是一样的，不同的音乐类型，比如轻音乐、交响乐、小夜曲和进行曲，给人的感觉是不同的，人们在听音乐的同时受到感染并调动自己的情绪。而看抽象画就像听音乐，在看画的形色线条节奏的同时，情绪使人们调动自己的知识背景，充满了再创造。这种再度参与创作的过程正是抽象作品提高观赏者想象力的过程。

从创作第一幅抽象画作品开始，周长江一直沿用着一个语言符号，那就是"互补"。周长江的"互补"系列作品源于中国传统的道家哲学。道家用阴阳互补的关系来阐释人与宇宙、人与人之间的对应关系。在周长江的抽象作品中，阴阳关系表现在图形上就是正形和负形的关系。"如果我们要表达一个东西，它就是正形，围绕着它的后面的东西就是负形。"正形和负形是互相影响的，主次关系是互相之间对比存在的。

近些年，周长江更多地尝试用综合材料在多维空间上演绎"互补"理念。他擅长使用综合材料。从1990年起，他就开始用多元因素表现"互补"理念。他认为，油画语言有一定的局限性，虽然油画可能在形式上比较完美，但是在内容表达上针对性较弱。相比而言，图像或者带有装饰性的东西则有较强的针对性，用综合材料可以对生活中的东西更有针对性地进行表达。

《重叠的新译经文》是周长江让人印象颇为深刻的一幅作品，作品把在木板上以中文书写的朱红色佛经和在有机玻璃上以英文书写的银色圣经重叠在一起。一块块的大结构，一个个黑白的圣像小结构，金黄的底色与银、红色的交错，有机玻璃材质和文字重叠后形成观看的恍惚感。"两种文字分开的时候是很清晰的，但是一旦放在一起时就不能读了，互相消解了。在我们眼前走动，看的时候有一种恍惚感，我的用意就是宗教是没有办法调和的，融合了就消解了。"周长江表示。

做了近三十年的抽象艺术，谈起抽象画在中国的地位，周长江不免有些感叹。他认为抽象画在中国还没有完全被重视。这主要是因为有语言障碍，中国人习惯于在画里找故事，但抽象画并没有完整的故事可言。从专业领域进行判断，抽象画的地位也颇为尴尬，一种观点认为，就当代艺术而言，抽象艺术已属传统艺术，西方人在这一领域已经探索了100多年，中国人此时再在这一领域探索，意义似乎不大。从传统的角度来讲，很多人看不懂抽象画，抽象画似乎又是一门前卫艺术，传统人士也接受不了。周长江认为，这都是由于认知上存在障碍，在近代世界艺术发展史中，中国人需要做自己的抽象艺术，将传统文化转换成现代文明。他将一如既往地将抽象艺术做下去。

倡导现代美术教育

周长江喜欢挑战，不仅爱挑战传统，更爱挑战自我。正如他目前在华东师范大学推行的现代美术教育。作为一名画家，他并没有仅仅将兴趣锁定在画室里，而是将更多的精力投入到美术教育领域之中。对此他解释说，这是由于他们这代人受到的教育使然。"我们这代人多少带有理想主义的成分，我们受的教育告诉我们个人的发展要和社会的发展连接在一起。"他表示。

与呆板的课堂制相比，工作室制度更为灵活，更易于启发学生的创造力和培养学生的思想方法。在华东师范大学艺术学院的课堂上，每一个工作室都是一个课题组，学生在一年级接受了基础教育之后便进入自己喜欢的工作室。不同年级的学生同处一个工作室，上课时没有严肃的讲堂，老师和学生之间采用座谈的形式自由交流。

"所有学生从创造性思维培养开始，我们倡导一定的手工，但不是唯手工。教育的很大一部分是培养学生的创造能力和思想方法，让学生在学各种技术的同时看很多书。更重要的是要树立独立的自我价值观和创新艺术观。"周长江表示。

此外，周长江特别强调学生的"一专多能"，要求学生尽可能多地掌握其他领域的知识，比如国画专业的学生一年中必须有十周要离开自己的工作室去别的工作室学习。这样的教学方式在华东师范大学艺术学院已经进行了五六年，周长江做得很投入，"我觉得这个做起来有点现实意义。"他说得很平实。

大音希声，大象无形。作为一门基础艺术门类，抽象艺术在中国已经被越来越多的人所接受，抽象画不仅出现在各种展览上，也进入了寻常百姓家。如何运用这种舶来的艺术形式展现中国人的思考和审美，形成自己的抽象画流派，对这一问题，周长江已经探索了三十年，至今没有停止。

天人之合　天长地久

抽象是宇宙的自然本质，人类可以通过抽象阅读来感觉宇宙。

面对抽象派画家周长江先生的"互补"系列画作，在理解思考的同时，发自内心地问：当今现代社会人类与宇宙的关系是种什么样的状态，"互补"吗？"人类欲占有的东西太多了，开始不平衡"。这位以"互补"系列作为创作主题的画家，与赵无极、朱德群这些华人抽象画派大家一脉相承，将中国道家美学和禅宗美学的东方气韵纳入西方抽象主义的表现方式，力求呈现人与宇宙互补的天人合一世界观。

道生一，一生二，二生三，三生万物。中国特色的有机自然观，被世界所继承。诺贝尔物理学奖获得者玻尔于1927年提出了"互补原理"：在描述自然时，必须将互斥而又互补的概念结合在一起，才能形成对象的完备描述。这正是阴阳互补原理的现代表述。

远古时代，行走在天地间的人类，敬畏天地，感恩自然，探索宇宙。非常欣赏19世纪俄国最杰出浪漫主义画家艾伊瓦佐夫斯基的著名画作《九级浪》，在大自然的威力面前，人类何其不值一提，但大风大浪中，海边的太阳透过浓云重雾洒在大海的巨浪上，仿佛一个美好的希望，召唤风浪中的人们要努力战胜困境，冲向光明的彼岸。画作之所以永恒，因其描绘出天人互补的震撼与壮丽。

从远古走来的人类，走到21世纪，尽管还有对宇宙的未知，但逐步征服和战胜大自然。发展到现代社会，全世界经济快速增长，物质极大丰富，同时，世界各地不断发生人类践踏自然的破坏行为。面对电影《阿凡达》中人类肆无忌惮的"侵略"行径，全世界众多观众不约而同地发出"人类凭什么随心所欲地欺辱他人"的责问。

至今记得，大半生从事电力事业的父辈说过的一句话，人不能胜天。据说，这是一位走遍中国千山万水的资深水电老部长离休前对部下们的告诫与赠言，这句话浓缩了其一生的经历与探索后对人与自然关系的深刻感悟。而今天的地球，已严重失去平衡。

天长地久，需要和谐努力而共同为之。中国资本市场发展了二十年，上市公司已2000余家，纵观二十年间一批又一批上市企业不断上演的生生死死，其间有多少公司真正为投资者创造价值？个别占据大量社会资源的大企业包括金融、航空公司，上市后仍以行政级别论公司治理，企业动辄融资"吸金"，每每漠视投资者以及消费者的利益。虽然坐拥垄断资源，但这样巨大的公司却只大并不强，占据的资源与管理的效率和创造的价值不相匹配。在居高自傲的背后，公司距离成为真正具有国际竞争力的企业有很大差距。

历史的车轮碾动上下五千年，中国艺术从古代发展到近代和现代，绘就了一幅不断探索中西融合、不断探索创新超越的波澜壮阔的历史画卷。作为中国经济重要组成部分的民营企业，被赋予了带动中国产业创新、技术创新的期待与厚望，得到了资本市场的巨大支持。然而，一些从小到大发展起来的民营企业，不仅有上市前改制存在的问题，即使在企业上市后，面对资本的诱惑，很快就极度膨胀并充满投机心态，屡屡发生业绩"变脸"、公司乱投资、高管不诚信甚至企业造假等一系列违规违法的事件，错失了利用资本市场实现加速创新与快速发展的重大机遇，更严重丧失了企业的社会责任。这样的企业谈何基业长青。

水能载舟，亦能覆舟。如果资本市场充斥的公司，仅靠不断亏损再不断重组，或依赖资本运作的长袖善舞代替脚踏实地的实业经营，以此循环往复，这样的资本市场最终走向何方？不为投资者创造价值的上市公司和资本市场，不可能永久让投资者埋单，最终只能失去投资者的信任。这样的上市公司必将弱化资本市场基石的稳固，最终甚至影响中国经济的持续长远发展。

天长地久，是天人之合的最高境界。在中国绘画艺术的历史长河中，一代又一代艺术大师，以对天人合一之艺术境界的不懈追求，绘就了一幅幅心血画卷，流芳千古，照耀汗青。

天地所以能长且久者，以其不自生，故能长生。天长地久，也是人类生存的基础。在整个世界发展的历史长河中，人类在天地间抒写了生存、发展、创造的伟大现实画卷，可叹可敬。但现代的人类，如果越来越缺少对天人互补的认知与感悟，不能拥有一份和谐的境界与世界，那么，这幅现实的画卷如何地久天长……

修道者的俗禅——走进阎秉会的现代水墨世界

（原载于2010年8月31日　上海证券报）

阎秉会像个修道者，画画对于他不是宣泄情感，而像修道的过程。他的画面是抽象的，又非常讲究用笔用墨，以独特的笔墨处理，表现出东方哲理的意味和精神。

——栗宪庭

此次在天津对中国抽象水墨画家阎秉会的采访也从"修道者"开始，因为在今天这个热闹的艺术市场背景下，曾经的"修道者"已然有了新的含义。

我们有意将画家的这种创作状态曲解为对市场的回避，从而引发话题。"从骨子里讲我很不喜欢热闹，24岁时写下的'取众人之所舍，舍众人之所取'的话，预示了我一生所要走的艺术道路和根深蒂固的想法。"阎秉会淡然说道。

"开始我也画传统水墨，但发现它对于表达自我的内心不是很顺畅，这促使我做了一些摸索和尝试，20世纪80年代初期便开始了抽象水墨的创作。为什么传统的山水画不能表达现代人的心境，我也在思考。后来发现，你必须先要遵循它的套路，然后才能表达你个人，有一个先入再出的过程。那么，就干脆冲破它吧！抽象水墨也好，实验水墨也好，都属于开掘人的深层的精神世界的艺术活动，从内心的证悟角度来看，有些像修行吧。"

从1985年阎秉会十分个人化的作品《太阳组曲》，那个曾被评论界直指"烫手"的作品开始，他就试图在作品中表现一种普遍的人类情感，使水墨艺术进入完全精神性的领域。回顾这一时期，阎秉会笑谈："可以说那时我年轻气盛，人也感

觉莫名的压抑，那是我的一个创作阶段，也是我作品中最激烈的。"

之后，他沉静下来。他的作品中开始看到传统笔墨的韵味、空气的感觉、宇宙的混沌等中国观念的渗入。

遵从内心

阎秉会艺术创作的形式倾向于单纯性与简约性，他认为强调水墨的单纯性，恰恰可以表现出精神的丰富性。形式的局限正可以为自由的生命提供一个可以把握的空间，将形而下的人生感受融入形而上的抽象中。他的画作也因此具有一种整体的象征效果，在具象和抽象之间表现出模糊多义的性质，带给观者丰富而不确定的体验。

对此，画家给我们讲了这样一个插曲，曾经在一个展览上，一个女孩久久伫立在他的一幅很抽象的作品前，他上前探问，女孩只说"我很喜欢"。再问，却也说不出更多其他具体的感受了。对此，阎秉会说："其实这就够了！我希望我的作品是朴素直接的，不需要有很多的解释。希望就是缺乏视觉经验的观者也能产生某种个人的感受或联想，爱一个东西都需要有一番清晰的分析和表达吗？应当说，作品和观者直接的内心碰撞所生出的感动或感悟，是最真实的精神互动，也才是作品的最后完成。"

不重复是一个优秀艺术家的创作特性，而追求真实的感受也应该成为特性之一。在阎秉会20世纪90年代的作品中没有了激烈，因为"那个阶段已经过去，再重复那种感觉就是做假了"。阎秉会的创作始终遵从自己的内心，境遇的改变，社会的变迁，甚至四时季节的更替都会作为外在感受与他内心的体验相互碰撞而产生不同的绘画意境和语言。

《生生不息》《对话》及《山光》《墨光》《烛光》《灵光》等作品在日本东京参加"中国现代水墨艺术展"，这些专注表现自我内在的作品，以心灵的层次和"深刻的片面"直视人生中的怅然，对话令人无所适从的现实，也对话自己。幽暗深邃的黑墨，在窒息的压抑后是深彻的宁静，画家用此来冥想人与宇宙，人与万物之间的千丝万缕及复杂情感。

作品《冥》，层层积墨，四方伸展，一丝微光显得勉强，那些微光比喻了什么？它直接引导观者进入艺术家的内在进行探索，省察和冥思，不同的观者可以获得不同的感受。

"《椅上江山》组画，是我的重要作品，也是我的代表作之一。它是我对社会历史现实，如权利、责任、使命、人与权利、历史与现实等方面的思考。"这组作品展出后曾引起了社会各层的关注与议论。

画面中没有传统的山、水、花、鸟，只有椅子等简单的物象，大块面墨色结构，单纯而简括。构型上的象征倾向和包蕴在内的强烈表现性，以一种隐喻性的、说不清和道不明的关系存在。如江山、椅子、天空之类，似乎不能简单地去找出与之对应的东西，只能在干涩的线条或恣意的墨块里思虑、徘徊，然后感到不安。

阎秉会坚持创作的自由性，他将愤怒或焦虑或希冀汹涌挥洒。他一直向往着"俗禅"的简朴与智悟，数十年来义无反顾地以密集墨点或大笔墨块构成简要的形状，间中又有书法的抽象解构，阎秉会似乎始终不能放弃他最初原本的话语。

他兼具理性沉思和感性激情双重素质，不仅在生活中自觉不自觉地忍受着孤独，像一个灵魂的游子，同时在艺术世界，他也几乎只对灵魂和生命体悟说话，企望作为人之思想的"诗意的安居"。采访中他一再重复，他的创作都是从具象的世界和生活的体验中来的。纵览他的水墨创作，我们不难体会到一种思想的气质：在利用传统绘画的材质工具过程中，他在极力超越这个繁复的表象世界，努力地走向存在深处。

"在世俗生活中领悟到的点点滴滴，有的没了踪迹，有的豁然开朗。"不论外界有多么深刻的分析和品评，这便是他的俗禅。

2001年在深圳举办的名为"都市水墨"的展览中，阎秉会创作了几幅矿泉水瓶子，"这是最普通最平凡最日常生活里的东西。这么简单的东西怎么画？怎么赋予它精神内涵？我想，水墨语言对很多人来说，到了一定的熟练程度就只是不断地重复，这是个很严重的问题。我不会为了保留自己的所谓风格去重复。境界才最重要，技法当然要根据思想内涵精神境界的变化而变化。这个作品让观者感受到了虚灵、纯净的感觉和境界。"如果我们将这理解为大俗的载体，那么于载体之外的思考的确很丰富。

这之后阎秉会创作了条码组画，人被社会编排成序列的号码，被普遍地异化，个性只存在于内在，而外在都是很社会化、规范化的，"这些作品是我对内在和外在矛盾的思考。对外在我不断发现，对内在我也不断发掘"。

从表达激情、种种反思，再到俗禅，我们看到画家丰富的精神层次，他运用多变的"书写"手段使水墨具有了"当代性"，通过书法用笔使水墨获得了"直接性"。

师者的矛盾和担忧

阎秉会一直在天津美术学院从事中国传统水墨画和书法的教学工作，说到教学和自己的创作，他坦言二者是矛盾的，"学院派最容易陷入的一个境况就是'始终在研究前人，沿袭别人'，而忽略了自我的创作思考，对此我很警惕。能给学生一些启发是我最愿做的，学习研究前人是一部分基础，另一部分基础是如何训练诱发出自己的潜在，接下来怎么突破前人融合自己来表达最关键。很多人一旦确立了自己的'风格'后，就不再变化，一方面是因为掌握的艺术语言比较少，另一方面也是受制于市场吧。我们看古今中外大师的作品，都是将丰富的内心再融合对大自然的深刻感受而成的产物。"

艺术是通过十分个人化的艺术语言方式来表达的，先消化再变化再突破是阎秉会对学生的期望。

而面对目前学院派也已风风火火地步入艺术品市场的现状，阎秉会不无担忧地说："首先，古今中外好的艺术家都是以卖画为生，如我们熟知的唐伯虎，西方的大师也是如此。这并不可怕。但我也思考，为什么古人卖画的同时，并没有停止自己的艺术，而现在人却因为这个市场而使自己的艺术水准降低了。其实原因就是看艺术家把哪头看得更重。如果艺术家还对自己有要求，我们不谈使命，这个太重，但艺术家的根本是要搞创作，要用自己的作品来和社会对话，要通过作品表现自己的思考、表达人的内在、抒写人的精神。艺术家过度追求物质，就已经不再是艺术家了。"

"包括中国画山水发展到现在，变化都不大，除却传承的因素不谈，其实也是为了适应市场。画家们吸收传统，再加点儿聪明，被市场认可后，就不敢再变化。而且现在更多的文人画是伪古典，毕竟面对自己真切的思想是不那么愉快的事情。吴冠中65岁才举办他的第一次画展，但现在的年轻艺术家不愿忍受漫长的艰苦创作和积累的过程。现在在校的学生就会和画廊合作，其实这对个体艺术创作的自由性来说是个伤害……"

当我们问及中国传统水墨的未来、学院派参与市场等问题时，阎秉会显得很"健谈"。在这中间，我们能看到独立甚至狂妄的艺术家个性与一个充满忧患和责任的师者的双重面貌。

"我想，中国历史本来就有不能淫、不能屈、不能移的传统，那么就会有不完全被市场左右的、虔诚的、比较纯粹的艺术家！"

现代水墨的未来

20世纪90年代，中国实验性水墨画家群的崛起及围绕实验性水墨创作展开的学术交锋和理论探讨，成为世纪末中国的一个文化问题。这一实验性中国水墨画自身变革和发展不仅有着前无古人的巨大成就，而且围绕水墨画问题的争论也存在诸多耐人寻味之处。

如果问阎秉会的作品该定义为抽象水墨还是实验水墨，他会回答你：阎秉会的水墨。"不希望为了便于被归纳而放弃自己的自由表达。"这可以为他的回答加上注脚。

如果说中国几千年没有样式上的纯抽象，我们有的仅是抽象意识，那么实验水墨的确突破了传统。所以这一群体会被更多人认为是偏向西化的艺术创作，画作也更多地被欧洲藏家和艺术机构认可。同时，阎秉会的作品却不遗余力地在表现或者说是自然而然地流露东方哲学思想，这似乎矛盾。

外在形态抽象，内在意蕴丰富。这是实验水墨最具力量的地方。艺术是个人性的同时还要具有人性的普遍性，这才能被观者接受。

所以，我们想说，阎秉会在中国当代水墨艺术界是一位深刻领悟了水墨艺术精神和语言、使自己融入其间，并将传统水墨演变出当代性和个人风格，同时赋予水墨更丰富的精神性表现的一位画家。

再读他的画作《碑》，历史的纵深和现实的空间让人迷失，往古至今，红桑绿海，无常哀乐，无穷生灭，皆凝聚其中，他或是高筑在每个观者心中的无字之碑，有精神，有渴望，或是被一个时代逐渐忽略的宝贵的东西，而且还全然不知。

最后，问画家阎秉会，他的作品里是西方的东西多还是东方的东西多？他回答："人的东西多一些。"

天地悠悠　长生久视

从远古走到现代的伟大人类，却开始越来越多地面对自身创造的危机与挑战。

古老的中国水墨发展到现代，也面临着如何实现对现代人精神与心灵状态更深刻表达的突破。20世纪90年代，中国崛起了一批探索实验水墨的画家群。这些画作，既从传统中国画中寻找语言的资源与风格的生长点，也注入了对工业化进程中自然环境恶化与现代人心灵日益物欲化和精神钝化的关注。

作为实验水墨代表画家之一的阎秉会先生，被业内喻为"修道者"。这些年来，在纷繁复杂的现代世界，始终相信并坚守着生存与绘画的纯粹，强调水墨艺术的创作者要有精神气质的超拔高迈。看着《天地悠悠》等一系列画作的抽象画面，感受阎秉会先生力求表现出的东方哲理的意味和精神，也在思考这位过着"俗禅"一般俭朴与寂寞生活的画家，其追求回归人类和生命的本源，有着怎样的现实意义。

物竞天择，适者生存。但创造了世界的人类，如今，正面临着如何平衡人类自身不断增长的知识与如何运用这些知识的问题。有识之士已经发出了并非杞人忧天的警告。

最近一直研究欣赏被誉为有着怀旧之美的《美国哥特式》这幅经典画作，其被当作美国的象征。然而，20世纪上半叶格兰特·伍德创作出这幅作品时，一时哗然，即使欣赏这幅画的评论家也认为这幅画意在嘲讽美国乡村或小镇生活的刻板。但是几年之后，美国遭遇了经济大萧条，工业化程度更高、更精致的东部人生活不下去了，种地为生的中西部人则照样可以自给。人们开始以不同的眼光看待这幅画，评论家认为农夫和他的妻子是美国精神的化身。

纵观人类历史的起源与发展，农业乃一国经济之本，被普遍认知。近年来，中国大规模的城镇化进程带来房地产价格不断暴涨的同时，不断上涨的粮食价格已被作为影响CPI的重要因素。中国农业现阶段发展中面临和暴露出的深层次问题，对于努力追赶经济现代化和物质极大丰富的当代中国人而言，是否迫切需要正视、重视和解决，值得深思。这不仅影响当代，更将影响中国的未来。

治人事天，莫若啬。作为古老的农业大国，中华民族的文化之根深深地扎在土地之中。早在久远的古代，大思想家老子就提出：夫唯啬，是以早服，早服是谓重积德，重积德则无不克。

脚步匆匆的现代社会的中国城市化人群，似乎正与农业渐行渐远。很惭愧，自己小时候，基本不识"五谷"，不辨花木。而今，这样的小朋友和城市人已越来越多，许多城市人和城市农民工抱有种田与己无关的漠然。但至今记得，有一次，从事食品进出口工作的妈妈拿着一袋包装精美的东西说，这是日本大米，很珍贵，煮熟了很香。开始了解，在日本，一粒粒的稻米播撒着日本人的希望，被看做日本的精神，传承着日本的文化。

农业起源是人类历史演变的革命性事件，农业是人类社会向高级形态发展的基础。通读《全球通史》，对农业经济的进程以及在人类发展史中产生的重大意义，有了进一步的理解。中国农业当前到底是怎样一种现状？跨国公司打造的产业化农业集团是否会加速中国本土农业体系的大量消失？中国农业未来发展如何面对全球环境的破坏以及大量物种的毁灭？带着这些关注与思考，在采访画家阎秉会先生之前，于8月上旬专程到塞北的两家农业上市公司进行了走访。在那里，与两家农业上市公司的董事长分别进行了交谈，有所领悟。

读万卷书，行万里路。一直认为，对于中国经济把脉最深的人群，是一批多年来在市场中努力打拼并将企业带向国际市场的优秀企业家，而非热闹的经济学家。这次西北之行，对于中国农业经济加快产业化与集约化，加快科技进步的推动，加强政策及资本的支持，有了更深刻的领悟。中国农业经济实现规模经营，加快结构调整，改变增长方式，促进企业做强做大，资本市场可以、也应该发挥更大的作用。尽管，前路漫漫，道路坎坷。

复还本来，返归太朴，此乃一国深根固蒂、长生久视之道。当全球越来越面临着资源的严重短缺以及环境的严重污染和破坏，当高速发展的城市化扩张开始带来对公共资源的掠夺，世界各国对农业经济的高度重视，对农业产业的大规模投入，以及由此展开的新一轮农业发展竞争，已经展开。

21世纪的金矿在农村，21世纪的黄金产业是农业。走到了21世纪，人类是否不得不面对着回归本源、关爱大地的选择……

刀锋笔翼间的架上艺术——访著名油画大师黄来铎先生

（原载于2010年9月7日　上海证券报）

他崇尚色彩，响亮的色彩既是一种态度，也是一种领悟；他推崇技法，大处勾勒，细微处雕琢，审美情趣在刀锋笔翼间升华；他笃信架上艺术，他说架上艺术是永恒的，如果架上艺术消亡了，人类也就不存在了。他就是著名油画大师黄来铎。

9月的第一天，2010年第8号台风姗姗来迟。我们驱车穿行在台风来临前的暴风雨中，而当我们来到位于上海西郊的索美画廊时，这里的天空竟然是一片灿烂。画家黄来铎先生已在这里等候我们，这几天他正在忙着筹备9月18日至30日在索美艺术中心举行的"理想者的唯美守望"——黄来铎油画展。虽已届75岁高龄，但老先生精神饱满、思维敏锐，在长达近三个小时的交流中，他对人生的积极态度，对艺术的深刻理解，以及对架上艺术不懈的追求和坚持，让我们为之折服、动容和感动。

从艺路一甲子

在当代中国画坛，黄来铎是一位风格独特的油画家。他的作品有着纯正地道的油画语言和非凡的色彩造诣。在技法上他吸纳了近代法国浪漫主义尤其是印象派的绘画语汇，同时，作品中也有着苏俄批判现实主义以及中国传统绘画的笔意精神的影子。而在主观情绪的表达上，又吸取了现当代艺术的精要。

"抛开创作意识不说，真正有价值的艺术一定要有高超非凡的艺术技巧，这种技巧需要天才的、长期的磨炼才能得来。"黄来铎告诉记者。而他在艺术道路上的成长和发展也印证了这一点。

早在六岁时，黄来铎就对绘画表现出浓厚的兴趣并显露出绘画天分。到了中学，他对绘画更加痴迷，为此甚至荒废了学业。

1950年，黄来铎考入昆明师范学校艺术系，从此真正开启了他艺术生涯的大门。他异常勤奋，课余时间，就前往昆明的大街小巷写生，小摊小贩、行人街客、杂耍艺人都成为他速写的对象。这段时间，他接触到来自法国的浪漫主义和印象派绘画。那时有一位叫廖新学的画家，是首批中国留法学生，从法国归来时，带回了整整一列车皮的法国艺术作品，包括油画、雕塑以及他自己临摹的一些法国的作品。初次接触法国艺术的黄来铎即对这些作品表现出浓厚的兴趣，他抓住一切机会去接触、观摩这些作品。

既然决心从事绘画，他索性辍学，下决心要北上报考中央美术学院，而报考过程却一波三折，未能如愿。最终，他被鲁迅美术学院录取，开始了新一阶段的艺术历练。

黄来铎在鲁迅美术学院接受的完全是苏式美术教育。前苏联批判现实主义最大的特征就是对造型能力的强调。

年轻时这两段不同的学习经历，使黄来铎对这两种不同的艺术形态兼收并蓄。在昆明时期，他接触到的法国浪漫主义和印象派艺术对其在色彩的应用上产生了深远的影响。而在鲁迅美术学院接受的批判现实主义教育则给他打下了扎实的造型功底，这两者他受用终生。

"我年轻的时候确实受到这两大画派的影响。开始画的时候，这些东西就渗透在我的意识中。"黄来铎表示。在色彩方面他更喜欢浪漫派和印象派，黄来铎对色彩和光线的应用倍加推崇，他认为油画最大的魅力就在于色彩，其次才是油画的造型能力。"艺术讲究空间的造型，色彩的逼真。"黄来铎表示。

最爱紫丁香

每年4月底到5月初，东北大地上的春寒尚未退尽。一束束丁香花却已经悄然绽放，这些紫色的小花在街头、巷尾、公园遍地开放，将浓浓的春意带到了冰封了一个冬天的大地。每到这个时候，黄来铎都会回到沈阳，让家人陪着他去采集各种颜色、各种形态的丁香花，然后用汽车将这些丁香带回家。把家里所有的瓶瓶罐罐都插上丁香，甚至在桌上、床上都随意放着紫丁香。闻着满屋的香味，他就对着这些活生生的丁香花作画，一批又一批。

虽然黄来铎一生作画无数，但丁香花这个题材一直未变，常画常新、渐老渐熟。有美术评论家称黄来铎画丁香已经达到了"物我合一"的境地，他也自认，这在一定程度上描绘出了他画丁香花时的心境。"它确实在激发我心灵的感觉，震撼我视觉的快感，又萌发和提升了我的审美意趣。"黄来铎表示。

在几十年画丁香的过程中，黄来铎找到了画丁香的技巧，形成了独特的风格，有人称他为"丁香王"。黄来铎的丁香系列作品都是以紫色为基调，作画之前，他首先将丁香花根据构图的需要进行组合，或散插、或横放，作出需要的造型。在作画时，首先根据构图风格，把一簇簇花组合在一起，概括地画出中远近三个层次，然后在完整的画面上对重点和细要的部分进行雕琢。黄来铎善用刀笔，在画丁香花的后期，他全部都用刀，在认为重点的部分精雕细琢，"用刀挑出的油膏很有硬度，能够展现线条的质感，使画面立起来。"他表示。

大处着笔，细微处雕琢。正因为如此，黄来铎笔下的丁香花既概括又具体，概括里含有具体，具体又约束着整体；既写实，又写意，抽象和具象相融。而由于运用了刀笔刻画，他通过对细节的雕琢将丁香花多姿多彩的生活情态刻画出来。在概括中突出重点，使画面静中有动，主观情绪得到充分的表达和宣泄。

对于黄来铎来说，丁香花震撼着他的灵魂，给他真实的生活感悟，而他则把丁香花给予的这种美感赋予画面中，融入自身的个性、感情，并贯穿着审美理念，赋予丁香花新的生命力。"在刀锋笔翼间，我在升华自身的审美感悟和意趣，并把这些赋予画面，我画的丁香花已经和生活中的不一样了，我赋予了它新的生命。"黄来铎表示。

唯美守望者

艺术创作的道路饱含着艰辛，要有一番成就，就必须耐得住寂寞。对于黄来铎来说，他对艺术的唯美追求，使他的艺术道路比别人走得更加艰辛。在创作的早期，也就是1972年至1999年期间，他更多地坚持着当时以鲁迅美院为代表的现实主义绘画风格，结构严谨、造型准确，在色彩的应用上强调外光所产生的冷暖变化。而在进入新千年之后，他遍访了欧洲和美国，这使他不仅得以解读欧洲的经典油画，也感悟到艺术的多元化本质。这一时期的作品如《塞纳河畔》《南特港》《纽约第五大道》等从形式到语言，从情调到氛围，从景象到色彩，都洋溢着油画的本体之美和内在的逻辑力量。

2003年，黄来铎回到上海定居，重回故乡对于他来说意义重大。他的艺术创作也进入了高峰。这一时期他创作了《灯火璀璨不夜城》《城隍庙烟火》等一系列上海题材的画作。"在这个阶段中，他的生命与艺术合一，他的表现更加自由，在娴熟中体现出一种更为'自我'的纯粹性。"艺术评论家徐恩存如此评价黄来铎现阶段的艺术创作。

黄来铎追求唯美的风格表现，他认为美感就是生命力，而这种生命力是通过高超的技巧赋予的。虽然受到印象派的影响，但他认为印象派过于客观，画画就像照镜子。而他在作画时一定要赋予其生命力，在静物画中画出生命力，静中有动。"只有有生命力的东西才能打动人，才能给人以美感。"

在黄来铎看来，画画目前已经成为他生活的一部分，画画就是自然而然、水到渠成地抒发自我。"我的画都是在生活亮点的启迪下创作的，如果没有这种亮点感动我，我就不会画。只有当我发现亮点，突然发现生活之美时，我才会立刻作画。"他表示。

黄来铎最喜欢的一位画家是17世纪荷兰现实主义绘画巨匠伦勃朗。伦勃朗最伟大之处就是他对画面层次的把握和对光线的运作。伦勃朗可以在他认为需要突出的地方突然加出主光，这个光是伦勃朗独特的。在那幅传世名作《夜巡》里，伦勃朗坚持自己的艺术主张，采用强烈的明暗对比画法，用光线塑造形体，画面层次丰富，富有戏剧性。"油画要有油画的语言，油画是视觉艺术，这个艺术的特点就是视觉冲击。"正是源于对质感、光线和色彩这些传统绘画元素的推崇，黄来铎将伦勃朗的画尊为油画的最高成就之一。"伦勃朗的画是油画里的经典。"

"我是坚守架上艺术的，艺术是有条件的，既然是有条件，任何艺术都有最后的底线，根据它构成的各自的要素，都要有自身的特点。"黄来铎表示。他认为如果抛开创作的意识这些要素不谈，艺术的价值体现在高超非凡的艺术技巧上，所谓的"艺术巨匠"就是指艺术家要在技巧上博大精深、出类拔萃，而这种技巧需要天才的、长期的磨炼才能得来。

细数当代中国画坛，似乎架上艺术正在被"边缘化"。在资本介入之后，"文本艺术"正甚嚣尘上，似有取而代之的狂妄。对此，黄来铎先生的长子，也就是索美画廊的主持黄一士认为，现在的艺术市场似乎一直纠缠在传统和当代的讨论中，但从市场来看，传统的经典一直占据上风。"我想引用炒股票的一句话，叫强者恒强。艺术市场中受欢迎的永远是这些经典，当代艺术如果能够得到市场的认可，将是未来的经典，而这些作品注定是少数的，可能万分之一都不到。"黄一士表示。

对于当下中国出现的对传统的淡忘和对经典的抵制的现象，黄来铎认为这只是一个时代的短暂特征，到最后受欢迎的还是经典的大家。经典即是永恒。

没错，当我们回过头来看西方当代艺术时，发现经典还是为人们所重视的，并与现代艺术并存。黄来铎表示，任何其他艺术手段，都代替不了人本身表现的情怀，也许现代科技手段能够产生别的更好的效果，但是代替不了油画艺术在画布上用油膏，通过刀笔技法造就的形象。

任何艺术都是有底线的，而油画艺术的底线便在于画家的功力。"如果架上艺术消失了，人类也就不存在了。"黄来铎笃信这一点。

天地情怀　紫气东来

在天地之间立其心，是中国美学所表现的文化精神的核心意义。

时隔几年，又站到黄来铎先生的画作前。这一次，真切地感受到那扑面而来的斑斓绚丽的色彩所蕴涵的画作之美。画面是曾经熟悉的白桦林，沐浴在金秋光影的意境中，跃动着亮丽灿烂的自然与生命之感。正是这幅《秋染白桦林》，当初让我第一次懵懵懂懂地走近油画。

　　而今，对艺术已经有些理解。愈发感叹，这是一位有着怎样的情怀的画家啊，能如此让他的笔与刀吸聚着万千色彩，洋溢着强烈的对生命挚爱之情。看着一幅幅用缤纷绚丽的色彩重新演绎着现实世界的画作，慨叹经历了大半个世纪风雨沧桑的这位老人，为何可以始终怀有博大的胸怀和光明远大的信念，从而成就了一生的艺术辉煌。

　　熟悉的不仅是那高高的白桦林，早已忘记了的紫色小花，怎么能够开得如此绚烂而又优雅，如此淡然而又繁密。看到最后一幅《幽香》，彻底开启了我儿时的记忆。紫丁香，曾经生长和盛开在我出生之地也是我父母的故乡——沈阳城的大街小巷，那是我最热爱的外婆所喜欢的花儿。黄来铎先生笔下一簇簇竞相绽放的美丽紫丁香，就像身处动荡但始终对人生处变不惊的娇小的外婆，那代长辈，平凡而高贵。

　　对于远离故乡的游子，暗香流溢的紫丁香弥漫着那个时代的悠远的馨香。对于"丁香王"，一幅幅华丽而幽香的丁香画作，绘就了诗意的世界与生命图景，为人间带来满眼春色，也抒写了画家生生不息的创作激情，跳动着炽热的生命之爱。

　　日新之谓盛德。生生之谓易。感悟黄来铎先生的画作，更深刻地理解了最欣赏的20世纪印象派大师克劳德·莫奈晚年孜孜不倦地创作杰出的《睡莲》组画，那被世界誉为万花筒中的大自然。在莫奈的《睡莲》里，整个画布的主题是色彩，这些画把握了春天，把它留在人间。几十幅《睡莲》画作，成为大师一生中的"第九交响乐"，辉煌至极。

　　艺术追求永恒。古今中外，一批优秀的艺术大师用其一生追求作品及精神的境界与情怀。中国资本市场以及上市公司，同样面临着实现长久发展的考验。最近采访艺术大家的同时，也在关注和调研资本市场上市公司尤其是新近上市的中小企业是否能够肩负起中国产业调整的重任。尤其去年到今年频频看到，资本市场机构投资者慷慨大方地给予一批批中小公司很高的溢价，令许多有远见人士担忧其中一些中小板尤其是创业板公司的可持续成长性。

　　生命不能承受之重。一批站在高价之巅的上市公司如何不负"厚爱"而举重若轻，是困扰着我的一道命题。做客天津一家中小板上市公司，一见面，就聆听到一路创业走来的年轻有为的公司董事长坦言，"我们公司的发行价高达80多倍市

盈率，真不可思议，伟大的苹果公司的市盈率才18倍……怎么看，国内市场都有泡沫"。拜访北京一家以技术创新领先的股价过百元的创业板企业，这家被众多机构寄予厚望的公司董事长直言，"机构的心态也太急了，恨不得明天我们公司就能增长200%……"真言令我哑然，也颇感欣慰，有上市公司还是懂得成长需要远离浮躁，有时要耐得住寂寞。

行万里路下来，"阅遍"一批有特色的中小公司，千姿百态，行业各异，确有收获。从中，真的看到了一些可以引领和代表中国产业转型与技术创新的成长性企业，有的此前甚至是"英雄莫问出处"，但这些公司一旦得到资本市场的支持，将实现超常规的跨越。但所有公司都面对是否能够驾驭企业的快速膨胀与发展、是否能够经受资本的种种诱惑、是否能够保持创业的激情等一系列新的严峻挑战。目前机构给予中小上市公司的高价，有些已经透支了企业未来几年的增长。

老子西游，紫气浮关。在中国艺术的历史长河，每个时期都不断诞生伟大的艺术大家，传承中国艺术的源远流长。采访黄来铎先生结束，临别前，我问，"在现代社会对物质追求越来越占据人们心灵的时代，还会产生艺术大师吗？"老先生笑而无言。

在天地，则气化流行，生生不息，是谓道。与深怀理想和抱负的那些优秀企业家一样，我相信，资本市场中一批优秀的中小上市公司经过磨砺后，将借助资本的东风乘势而上，今后会脱颖而出，发展成为具有国际竞争力的行业领袖企业。也相信，大浪淘沙，未来也会有相当一批公司流于平庸，还有不少公司恐怕将惨遭市场淘汰。

中国当代油画家徐芒耀　守望与求索

（原载于2010年10月19日　上海证券报）

他是一位爱憎分明的画家，毫不掩饰自己的喜好。多年以来，虽然作画的主题和表现方式随着时间的变迁发生了变化，但基于客观真实基础上深入细致的刻画，一直是他不变的艺术追求。

这是一幅看似普通的裸体女子画像。从远处看，画中的模特并不美，甚至有些臃肿。然而近看，我们才发现这其实是一幅半成品，经过画家仔细刻画的部分与那些尚未完成的部分形成了鲜明的对比，细腻与粗糙之间的强烈对比让艺术的张力一览无遗。在徐芒耀位于上海田林东路的工作室中，这张裸体画像格外引人注目。看徐芒耀的画，你得细细品味。多年以来，虽然作画的主题和表现方式随着时间的变迁发生了变化，但基于客观真实基础上深入细致的刻画一直是徐芒耀不变的艺术追求，这一点在其人物肖像的油画作品中表现得尤为显著。

具象的魅力

徐芒耀是一位爱憎分明的画家，他毫不掩饰自己的喜好，对于现当代前卫艺术和抽象艺术他也曾有研究，但不予关心。然而一谈到具象绘画，他便立刻满腔热情。在他的工作室中，所见的作品多数是人物画，人物绘画应是徐芒耀多年来不变的创作主题。

对于学画之人来说，人物绘画是一门基础课，它对培养画家的造型能力和色彩运用能力至关重要。最基础的往往也是最关键的、难度最大的，对于这一点，如今已经在具象绘画领域颇具成就的徐芒耀更是深有体会。"人物是具象绘画中难度最大的"。徐芒耀表示，从素描、造型上来看，人的每一块肌肉的形状不同，运动中肌肉的形状还会发生变化，随着每一个动作的发生，每一块重叠的肌肉发生变化，从而也会形成边缘线的起伏而变化，这对于习画者来说应经过非常复杂的系统的训练与研究。若想把人物画好，就要深刻地理解人体的结构，不仅要理解人体的构成，还要理解肌肉、骨骼彼此之间的关系。此外，还要准确把握皮肤的色彩变化，对画家的色彩运用能力也有着极高的要求。"功力不是一天两天能形成的。"徐芒耀认为肖像画要形神兼备，而"形"是前提条件，没有"形"，"神"在何处？

对人物画的理解清晰地体现着徐芒耀的艺术追求：严谨、细腻、认真、讲究。"我曾经接受过无数次采访，被问到的同一个问题就是为什么会选择具象绘画"。徐芒耀告诉记者，但这一次，他仍然没有给我们一个非常明确的答案。"选择具象绘画没有什么特别的原因，就是一种自然而然的喜欢。"徐芒耀告诉记者。

"徐芒耀是我国少有的具有现代观念的具象画家。在他的画布上，具象形式与抽象意念结合，以细腻的写实技法，抽象的思维，重新组合成一幅幅带有现代意味的作品。"在百度名片中对于徐芒耀有这样一个评价，对这样的评价徐芒耀本人并不是十分认同。"我从来没跟人讲过我是用抽象的理念。我只是用传统的理念表现现代的思维。"徐芒耀表示。

在技法上，徐芒耀吸收了大量西方传统绘画的技法，他对18世纪、19世纪法国学院派的绘画技巧推崇备至。"目前我的作品中借鉴了很多这些传统的绘画技巧，我是有选择地吸收。"这种借鉴与他独特的学习经历有关：徐芒耀早年毕业于浙江美术学院附中，1978年，就在高考恢复的同年，他顺利考入浙江美术学院研究生班。在进入浙江美术学院之后，他在全山石、王德威等教授的指导下，开始进行油画专业系统的训练，研究生毕业后留校执教于油画系。1984年，在学校的推荐下，徐芒耀被文化部派送到法国留学，进入他艺术生涯的转折点。

20世纪80年代的法国艺术，受美国当代艺术的影响与控制，传统的写实绘画已被全盘边缘化，造型能力已不是绘画的基本要求，写实绘画的技巧普遍丧失。徐芒耀进入巴黎美术学院学习，那时几乎所有的画家与学院的学生都痴迷于抽象绘画，他也尝试了抽象绘画练习。"我在巴黎美术学院也尝试了抽象绘画和表现主义绘画，但是画这些东西的时候我没有激情，我懂得抽象画的道理和章法，但是面对这些的时候我没有任何感觉。"徐芒耀表示。

唯独对于具象绘画，他似乎有一种与生俱来的热爱。在绘制具象绘画的时候，他变得非常专注，时时进入忘我之境。因此，他最终毅然决定进入具象绘画领域。而作为艺术之都的巴黎也为他提供了得天独厚的了解具象艺术的条件。"我对19世纪绘画做了大量的研究，包括技术、思想，包括现代艺术。"推崇美术学院系统的绘画训练，推崇对古典绘画的深入研究，重视技法、构图和造型，强调准确的空间透视关系，物体的质量与重量的表达，是19世纪法国学院派绘画的宗旨。了解和认识学院派绘画后，徐芒耀立刻为法国学院派绘画的高超的技法所心动，几乎毫不犹豫地选定了法国学院派绘画。

超现实主义

在一堵深红色的墙面上，"我"正破墙而出，从墙后奔向墙前。"我"的头部、双肩与四肢的大部分均已冒出墙面，而"我"的躯干还部分地埋在墙里将出未出。这便是徐芒耀从法国留学回来之后创作的第一幅油画《我的梦》，这幅创作于1987年的布面油画获得同年举办的"首届全国油画展"优等奖（金奖）。

《我的梦》采用了超现实主义的表现手法。画中徐芒耀对墙作了巨细无遗的精湛描绘：墙体上因陈旧而剥蚀的油漆，残缺处露出内里的红砖与灰缝，进行了精细而又含蓄的刻画，成为画面中客观的存在。此外，他还让"我"直接以自己张开五指的右手对墙面本身的感官接触，使这堵墙又成了主观的存在。

"这种表现手法主要是受到了我在巴黎美术学院期间的教授的影响。"在巴黎美术学院期间，徐芒耀进入皮埃尔·伽洪教授（Prof.Pierre CARRON）的工作室研习现代具象油画。皮埃尔·伽洪教授的创作思想受到超现实主义的影响，虽然他的画作也是具象绘画，但多半表现荒诞题材。而《我的梦》正是受到他的创作思想的影响。"《我的梦》创作构思形成时，我思忖梦中发生的事件不管是否合乎逻辑，在梦中都觉得真实可信，醒过来才觉得荒谬可笑，但梦已经结束了。我在画面上制造荒诞比较节制，我要强调的是现实场景中瞬间突然产生的荒诞感。"徐芒耀表示。

"我的梦"系列可以说是一鸣惊人，也奠定了徐芒耀在具象绘画领域的地位，此后在国内举办的各大美展上，徐芒耀的画都备受关注。继"我的梦"系列之后，徐芒耀又相继创作了"缝合"系列、"雕塑工作室"系列作品，这些油画作品的表现手法都沿袭了超现实主义的荒诞离奇。比如在"缝合"系列作品中，其中有幅画是：两个裸体女子，一个的大腿缝合在另一个的臀部，另一个的后背缝合在墙壁上。

"'缝合'系列与'我的梦'系列是有共同点的，在这两个系列中我想探讨的是人与物之间的关系。"徐芒耀表示。"我的梦"系列表现了人与坚硬实体的关系，而在"缝合"系列中，画家是用绳子将人与人、人与物串起来，极具侵犯性的画面形成了强烈的视觉冲击力。"当然这也是充分利用了我的写实技法，把这种在现实中不可能出现的景象，在画面中营造出来。"

"雕塑工作室"系列作品的主题依然荒诞。"我画这个系列还有一种心理，也就是针对一种言论，这种言论认为，既然照相机已可以把我们眼之所见记录下来，那么写实的绘画已经失去其存在的必要。我正是要反对这种说法，因为幻觉和梦境是照相机无法捕捉的，但画笔可以记录，而且它从某一方面也表现了现代人生存的内在焦虑，甚至是某种真实中的荒诞。"徐芒耀表示。

向视觉回归

一位模特位于画面的远处，画家从画室顶部画起，一直画到画家自己的手上。这样的画面打破了传统的以固定的视点作画的方式，整个画面呈现一种移动中的视觉感受，这种有违常规的画面给人一种奇特的视觉体验，让人印象深刻。这就是徐芒耀最近在作画进行的尝试——打破文艺复兴以来现代油画平面化的作画视角，尝试以立体化的视角作画。

"绘画说到底是一门视觉艺术。"在创作了一系列荒诞题材的超现实主义油画之后，徐芒耀的艺术创作突然发生了转向。"我觉得在画布上讲故事是油画的弱项，还是避免为好。"他认为，在一瞬间告诉人们：不注意的视觉现象是十分有意思的，这也是他1995年前后创作视焦距变位系列题材的缘起。

视焦距变位系列题材主要展现三个不同的视觉现象，而这些现象都无法通过照相技术呈现。在采访过程中，徐芒耀给我们做了两个示范。第一，在我们看一个物体时可以同时发现此物为单影，而在同一视线内，前面和后面的物体均为双影。人的双眼位置平行，从而观物时上述现象就自然产生了。第二，当我们看一个人的头部的时候，同时也会发现其按在胸前的手，包括袖子在内的形与色俱在，但它们处于模糊不清的状态。因为手与袖处在视野边缘，由此产生了这一现象。

除了上述两个之外，徐芒耀还尝试改变传统的运用固定焦点透视法作画，而是在作画时移动站位，移动脑袋。在作画时尝试转动头部，画面就呈现了另一番景象。"绘画就是视觉艺术。我不能说这是一种革命，但这种想法起码是一种革新。"徐芒耀表示。

正如徐芒耀所言，时尚总是要过去的。具象绘画曾经作为时尚风靡了数个时代，然而在艺术发展到今天之后，形式的多样性和繁荣的程度已史无前例。在五彩缤纷的当代画坛中，具象绘画的魅力也许已大不如从前。对于学画之人来说，选择具象绘画似乎是条吃力不讨好的道路。但毫无疑问，具象绘画将随着时代发展继续发扬、光大。对于当初选择具象绘画，徐芒耀从来没有一丝犹豫，这么多年来，他一直带着满腔热忱在这一领域默默地耕耘，他将一如既往地走下去。"每个画家都有自己的主张，对于将来我没想太多。一个艺术家并不需要有更多想法，油画艺术家只需不懈地将自己的思想通过自己最擅长的手段在画布上表现出来就可以了。"徐芒耀说。

天地淡定　激荡永恒

《幽兰操》言：兰之猗猗，扬扬其香。雪霜茂茂，蕾蕾于冬。此乃，君子之守，子孙之昌。

经典，贯穿于历史长河，趋向永恒。一直很欣赏欧洲的传统油画，震撼于其对人体细腻而动感的表现，对生命发自内心的尊重与颂扬。第一次观赏徐芒耀先生的油画作品，一下子激荡起这份审美的视觉与感觉。

面对徐芒耀先生笔下一个个富有生命力与现实意义的中外不同人物，很是赞叹，这位能够如此运用西方写实技法，深入表现人物和人物肖像的具象画家，在中国实属难得。也很关注，目前已经站上中国写实画派艺术高峰的徐芒耀先生，在创作中始终抱有一种怎样的艺术价值理念。

以卓越的具象画蜚声业界的徐芒耀先生，坚持追寻油画语言的本源和油画内涵的本质，积极吸收西方油画的精华，形成扎实而独树一帜的具象画风。这种至今依然令画家心动的具象创作，洋溢着徐芒耀先生对艺术事业的热爱与激情，始终激发他一直走在对写实绘画不断探索的艺术道路上。

从此前只在远处看风景，到逐步深入走进艺术领域，发现艺术界并非净土，艺术家同样有着种种烦恼。相对而言，七十岁左右的一些大画家，更加淡定与达观，这些历经人生风雨的老人家，艺术创作也往往达到了人生的最高峰或新高峰。或许，这就是"七十而从心所欲，不逾矩"的道理。徐芒耀先生还没到"从心所欲"的人生阶段，不过他的乐观与坚守，抒写出对写实绘画创作的执著与自信。

寂兮寥兮，独立而不改，周行而不殆。在艺术科学的发展道路上，绘画走的是一条摒弃情感、摆脱偶然、追求永恒的道路。纵观古今中外的艺术大家，最终都心怀并追求名垂千古的那份艺术创作的永恒。而这份永恒，则来自艺术大家一生坚韧不拔的积累与孕育，千锤百炼的淬炼与升华。

从财经领域走进艺术领域，感慨，目前社会及经济发展阶段，相对于伟大的艺术家及其艺术作品而言，无论是企业家还是金融家，要想打造基业长青的永恒而流芳千古，很难。虽然，许多企业家和金融家都创造并拥有了巨大的眼前财富。

资本市场的东风近年来浩浩荡荡地穿越中国经济领域，激荡起一大批中小民营企业的创业激情。在北京与一些中小板和创业板公司的老总对话交流，这些创业老总坦言，公司当初都是紧紧坚守自己的核心技术领域，艰苦创业，苦心耕耘，"而非这山望着那山高"，最终才修得正果。不过走进资本市场后，如何将坚守与扩张及创新的发展战略平衡好、驾驭好，对公司提出了非常严峻的挑战。投资者目前失望地看到，已有不少新上市公司的创始人提出辞职。面对"一夜暴富"般巨额财富的诱惑，如此浮躁的环境与心境下，谈何淡定与永恒。

全世界的卓越企业都努力追求基业长青。美国学者柯林斯的著作《基业长青》提出了著名的管理理论：企业要造钟而不是报时，要致力于建立一个组织、一个嘀嗒走动的时钟，而不只是找对时机。当前，中国相当多企业包括民营企业对做实业越来越耐不住寂寞，对资本运作则"心动神移"。有著名民营企业家的论断颇为流行，"做了金融才知道原来做实业有多辛苦，做了房地产才知道什么最好赚钱"。中国不少民营企业都在致力于成为投资型的集团公司。至于这种模式能够支撑不同的企业各自走多远，值得深思、研究与关注。

生于忧患。不仅是上市公司，金融机构同样面对着"守业难"的挑战。伴随着创业板的火爆，经过上一轮市场大潮洗礼后的证券公司，面对着直投业务的诱惑，一些证券公司及其投行人士接连发生了PE腐败的案件。这其中，有曾经深怀远大理想的公司，当初也是艰苦奋斗一路走来。还有一些金融机构虽尚未卷入案件，但公司近年来不思进取流于平庸，拥有金融机构的垄断资源却无大作为，也着实可惜。

路漫漫其修远兮。很欣慰，崇尚并追求君子之守的优秀人士依然存在。这两年仍有金融机构的优秀团队，在具有优秀品质的领袖的带领下，以专业、敬业的精神以及不断创新的激情，从小到大迅猛发展。这一路，自然摒弃了很多诱惑。而未来的道路，依然需要他们始终坚守追求卓越的理念与情怀，努力实现成为伟大公司的梦想。

永恒之中并没有停止与等待。唯有循环往复以及不止的生命与运动，才有高山常在，碧水长流。

现代雕塑家张峰攒土造精神

（原载于2010年11月9日　上海证券报）

东西方皆有泥巴造人造万物的远古神话，每个人的童年也都喜欢和泥巴做伴，捏出对世界的最初感知。而对他来说，中国的人文精神已经融入血液，他将这种精神用雕塑的语言、雕塑的材质——泥巴、青铜来表达，这也是他的毕生所求，别无他顾。

看到张峰的雕塑，就会不经意地想到英国著名雕塑大师亨利·摩尔的作品。有趣的是，张峰一件名为《贵妃与仕女》的作品，与雕塑大师亨利·摩尔的《王与王妃》的确有着太多的相似。姿态的简约是对人物身份的高度提炼和精准表达，不同的是我们看到的《王与王妃》被放在自然环境下，岩石上，王室的高傲凌然肆意发散。而如果将张峰的《贵妃与仕女》搁置在某处中国古典园林，伴着婆娑的竹林，或冷艳的蜡梅，那也会是一幅意蕴唯美的中国古典仕女图。现为鲁迅美术学院副教授的张峰，其雕塑作品便是如此，造型、意蕴都传递着强烈的中国画的笔墨精神与东方的哲学思想。

绝大多数艺术家并不喜欢拿自己的作品与他人相比。但正如采访中张峰谈到的一个观点："艺术家必须站在国际的视野，当艺术达到一定的高度后，它便没有国界了。"可能恰恰是因为张峰的视野或者他的努力，看到他的作品才会使人联想到亨利·摩尔。

雕塑可以说与人的关系和人性最为接近。东西方皆有泥巴造人造万物的远古神话，而每个人的童年也都喜欢和泥巴做伴，捏出对世界的最初感知。但雕塑在历史上，直至今天的艺术品市场上，它的地位都在被忽略。对此张峰说道："尽管我国古代的雕塑做得很精彩，但雕塑在中国古代从未走上大雅之堂，被认为是匠人的东西，到现在这个观点还影响着人们。其实国外重要的博物馆里都有中国古代的雕塑作品，这说明雕塑不亚于其他任何一种艺术形式。古希腊、古罗马注重雕塑胜过绘画。虽然做雕塑比较寂寞、不热闹，但这恰恰是它的魅力所在，何况艺术家应该有点儿视艺术高于生命本身的理想，艺术的核心也应该是这个，艺术和时尚文化、潮流不是一回事。"

这个时代需要标志

回到张峰的创作本身，人体从来都是艺术家最为倾情的创作主题，张峰也不例外："我的作品一直尝试将水墨的二维空间与雕塑的三维空间概念的形式转换，将东方的禅境与西方的现代主义抽象语言衔接契合。"

中国的文人画，其形而上的学术态度及美学观念与西方现代主义似乎有一种血缘上的关系，它们都主张维护视觉艺术的纯粹性及感觉方式的精神性。

也正如张峰所说："这么多年我一直在探索文化情结上的东方精神、中国画的水墨和写意，再用雕塑的语言、雕塑的材质——泥巴、青铜来进行表达。光追求形式上的所谓东方艺术是远远不够的，简单地引用一点中国的符号和元素，不可能表达出中国文化的精神内涵。经过多年的实践和锤炼，中国的人文精神已经融入我的血液，我始终将它作为最原始、最本质的创作动力。我并不刻意追求中国传统的东西，这种文化的认同，使我的创作有意无意地都在融合和揉捏这些养分，这就维持了我作为一个中国的、东方的艺术家的创作状态，作品也自然会流露出东方的东西来。比如，我正在用很古典的写实手法创作一件非常具象写实的雕塑，它是我对自然对象的重新认识，相信做成之后也是很中国化的具象写实作品。比如赵无极，他的创作没有简单地挪用中国元素，而是在追求东方精神的力量。我想这才是中国艺术的核心精髓。"

所以我们看到了《姐俩》《洪丽》《倩倩》《大雨》《巡望》《咿呀》这样在形体上的虚实处理，看似放肆和随意的残露却是艺术家深刻思考的布局，粗糙的机理上有着让观者怦然心动的细节局部，整体造型有着中国画特有的大片留白的雕塑作品，仿佛仅仅是一个引子，零星的笔墨之外将无限的空间留给他人感怀、遐想。

同时，张峰也谈到，全球化的进程发展到今天，这个时代的特征就是东西方文化的融合，艺术家的创作简单停留在追求东方的精神上已经远远不够了。西方现代主义和中国文化形而上的思想有着很多相似之处，中国艺术家也参与了西方现代主义和后现代主义的艺术实践。中国艺术的未来应该是东西文化碰撞、冲突与融合后的产物，它不会独立于世界之外，就像中国和西方两种文化的融合形成了中国的当代艺术，当然，这个时代还需要标志——我们能否出现影响世界的艺术流派或者艺术大师。所以，作为中国当代艺术家，视野显得尤为重要。

让城雕回归艺术

"在纽约两年的生活学习让我受益匪浅，最主要是培养了一种开放的心态和眼界。也让我对中国的艺术教育体系有了新的思考和认识。"

张峰认为，通过在美国的学习对比发现，中国的艺术教育体系还不够完善，相比较而言，西方的体系更值得学习。比如纽约艺术学院很好地传承了欧洲古典主义、文艺复兴的理念和方法，因此具象写实的水平达到了比较高的程度。

谈到当代中国的艺术发展，张峰说，物质达到一定程度后，艺术必然会成为精神需求的重要一部分。从美国大都会藏品清晰的收藏脉络上就可看出，文化艺术传承不是一朝一夕的积累。现在美国一年有300多场艺术博览会，韩国也有立法，公共空间必须有千分之三的艺术品，这些做法极大地丰富和刺激了其艺术家的创作热情。中国和西方相比艺术发展整体落后，不仅是雕塑，绘画也是如此。虽然中国一些油画的拍卖价格甚至高于国外大师级的作品，但这并不能直接和世界级艺术家的水平画等号。

中国目前的职业雕塑艺术家群体很小，处于初级阶段。在艺术品市场上雕塑这一块不够活跃，这导致了很多院校的学生毕业后放弃艺术创作而从事城市雕塑。而很多城雕，多是突出纪念性、主题性而缺乏艺术性，尤其所谓抽象的白钢雕塑被称为"白色垃圾"。"但我相信，随着中国人视野的不断拓展，大众欣赏水平的不断提高，我们的城雕会改观的，当城雕回归艺术，没有内涵没有语言的'白色垃圾'自然会减少。将艺术家的作品摆放在公共空间会成为主流，这将促进中国雕塑艺术的发展。"对于未来，张峰表现出他的信心。

信心自有来源——张峰认为，目前中国雕塑艺术品市场，还是价值洼地，没有被人为地炒作过，比较干净，与国外同级别的作品相比价格偏低。"我从2000年开始做个人展览，慢慢有收藏家收藏我的作品，但我一直很注重控制自己作品的价格，同时与规范的画廊合作，这样就不需要我把精力投入市场方面，而是专注创作，努力承担艺术家该承担的责任。"张峰说。

在《你和我》《流水》《空天》此类作品中，透露出张峰对社会现状、教育体制以及人的社会属性的思考，那些身体的拉扯、形式上的残缺与破碎、形体的肢解与分离，让观者不得不承认他的思考和表达的分量并不轻，也并不温和，也让人想起"强烈的生活"这样的句子。

谁是谁的"影子"

"影子"是张峰雕塑作品里最引人关注的。2006年他推出了"影子"系列，作品触动了中外艺术圈的艺术家及相关评论家，有评价认为，张峰的"影子"系列，在雕塑的形式语言上有了全新的飞跃，成功地完成了浮雕和圆雕艺术结合的首次尝试。在保留具象的形象基础上，更多地切入当代人的精神生活，从人文主义的角度，展现当代人丰富多样的精神世界，代表着中国当代写实性雕塑的历史性转型。

但张峰对此则坦言："艺术创作完全是自我意识，它很模糊，很不确定，所以需要艺术家和理论家结合。理论家可以从作品中挖掘出一些艺术家潜意识里更深的东西再传递给观众。我觉得作为一个艺术家，创作是一生的过程，目标是不停的探索和思考，很难停留在他人的评价上，不论是现在还是将来。"同时他说："我很注重艺术创作的感受和视觉的冲击力、震撼力，同样的作品不同的人看到感受不同，艺术家真正想表达的不一定能被他人理解，这也正是艺术的魅力。我的东西能够把我的想法和观点准确地传达出去就是我理想的作品，'影子'系列在雕塑形式语言上，完成了重要的突破，很多艺术家一生都在形式上寻求突破。影子伴随我们一生，这是真实与非真实的哲学思辨，是人真实还是影子更真实我们不能断定，所以影子就有了哲学的趣味和思考。我的作品里，影子延伸出更多的想象空间。"

张峰这一多少掺杂了老庄思想的创作理念，的确使他的雕塑作品意味深远，当你面对雕塑概念上的主体时，它的影子却似乎比主体更为吸引人，让观者一时难辨影子是主体，或主体是影子，在心里选择构架实在关系、察知关系还是虚构关系中，张峰已经把我们的思绪带到了远处。

创作如修行

但就在我们还沉浸在影子的空间里时，他却像个行者，扛起行囊已经到达了下一个站台。"当艺术家形成了自己的语言后，也是需要再突破自己的，如果是清醒的艺术家应该特别能意识到这一点。我最近的创作在形式上没有特别强调影子，这是从作品本身去考虑的。我更主动地去挖掘内心的动力和表现力，在细节处理上、在表现形式上更超越了，作品更强烈了。作品形式固然重要，但最重要的并不是形式本身，而是作品能否将体悟表达出来。所以人一定要修行，艺术家要清心寡欲，我们的专业不是挣钱。于我而言，一个作品只要我想做我就做，不会考虑市场及其他因素。艺术家需要不断地跳跃，当他被束缚，就要想办法挣脱。"

张峰的创作就是这样，完全按照他的脉络和一贯的想法，在与画廊的合作或是展览上，不会考虑市场及其他与艺术无关的因素，他只遵从自己的内心。他的"勇敢"，有追求艺术的顽执，有自我成就的信心，更多的是骨子里东方精神的折射。因为在当下这个热闹的艺术市场里，能够淡然地坚持并不是容易的事情。

"做艺术和做人是一样的，一个忙忙碌碌为生活和过多事物所困的艺术家是很难创作出放松的作品。艺术家也不该只是简单的技能生产，他的作品展现的是精神境界。我也不相信心境过于纠结的艺术家会成为大师，这也是很多艺术家修禅学佛的原因，他们在修炼一种创作的境界。当心境达到一个很高的层次时，必然会在作品里有所体现。我不停地创作，希望在这个领域越走越深，这个过程就是修行的过程、排除杂念的过程。"张峰很认真地说。

而且他清醒地认识到，在艺术创作这条路上走下去，成为大师不是最终目的，而是要到达自己所追求的创作境界："我的艺术创作是修行，高僧的参禅学佛是修行，当达到最高的境界时，我想我和他们没有区别。"

大道无形　淳厚绵长

道可道，非常道。名可名，非常名。

每一次，站在香格里拉酒店大堂，面对著名大师朱德群先生的油画《宇宙的奥秘》，深深地品味从深远的宇宙空间感和无限激情的笔墨之韵中，默读到如云、如浪潮、如开天辟地混乱中宇宙之旋律的震撼与愉悦。超以象外得圜中，宛如聆听宇宙的天籁。这份赏心悦目，成为这一年经常对自己内心的滋养与润泽。

大音希声，大象无形。泛舟在中国水乡朱家角，如银的月色下，缓缓来到著名音乐家谭盾先生创作的"水乐堂"。静静地欣赏实景水乐《天顶上的一滴水》，聆听西方音乐圣人巴赫的音乐与河对岸禅院僧人的禅乐浑然融合，东方与西方交融的天人合一的氤氲，荡漾在天地之间。那一晚，有所领悟"大音自成曲，但奏无琴弦"的古今境界。

以石与刀的对话雕刻时光，用泥和陶的交流塑造历史。这一次展览上面对雕塑家张峰先生的雕塑作品，光雕影塑中展现的一个个人形，呈现的是残缺不全的身体、斑驳陆离的肌肤。她们全都是女子，就那么张扬于世，就那么漠然处之，还有弥漫着的时代气息。这就是现代雕塑，不同于在佛罗伦萨看到的米开朗基罗雕塑的那种雄厚有力，不同于在日本东京美术馆见到的罗丹雕塑的那份唯美经典，但是，有一种深深触动内心的情感与千古不变的生命之美，穿越历史与时空，贯穿于古今雕塑的魂魄中。

"世界上越来越广泛流行的高雅品位，最初是在希腊的天空中形成"，古希腊艺术大师创作的杰出雕塑艺术，被景仰为"高贵的淳朴，伟大的静谧"。在中国，与其他艺术领域相比，雕塑艺术则比较寂寞。作为中国当代雕塑家的领军人物之一，张峰先生倒是颇为淡然，一直坚守行进在这一道路上不断探索，对雕塑的创作与创新始终洋溢着创新与激情。无论是传递生命的虚无，还是凝固生命的存在，他赋予一座座雕塑以血肉，赋予雕塑以灵魂，赋予并努力追求着中国现代雕塑之永恒。

大道无形，生育天地；大道无情，运行日月；大道无名，长养万物。改革开放三十年，中国快速增长的经济与发展，孕育并推动了一批批企业的成长与壮大，创造并积累了惊人的国家与部分个人财富。不过，与大国经济崛起地位不相匹配的是社会文化精神、人文素养的缺失与孱弱。仓廪实而知礼节，国富更要民强的呼声已经成为共识。

中国改革与发展非一蹴而就，需要不断跨越与超越。"位卑未敢忘忧国"。原招商局董事长秦晓博士具有强烈的社会责任感，对于中国转型时期存在的深层次问题，积极探究以及真诚坦言。中国知识分子的风骨，激荡在现代市场经济大潮的天地间。

中国已绘就"十二五"发展新蓝图，资本市场报以积极的响应。当新规划开始弱化对GDP的追求，资本市场对科技创新、节能减排、中国创造等产业以及相关上市公司，给予强烈的关注与期许，加快转变经济发展方式，推动科学发展，成为引领资本市场的投资主线。不过，伴随全球货币泛滥及美元贬值，国际大行看好中国的消费增长与升级，同时也放言会带来全球资源及资产价格的新一轮上涨。此言有失偏颇，但国际竞争与形势，对中国加快实现可持续发展，已形成更大的压力与挑战。

有物混成，先天地生。记得两年前，到嘉实基金管理公司拜访赵学军总经理，一进公司前台，看到一些雕塑错落摆放在大平面空间，近看是一组浑厚拙朴的蒙古人雕塑，当时欣赏很久，印象颇深。这两年，成功发行上市的中小板、创业板公司的高管持有的股票逐步解禁，被广泛流传的是，许多公司高管及股东在股票解禁套现后，纷纷置房、买车、家属移民。与大笔财富频频砸向钢筋水泥的豪宅和高耗能高污染的豪车以及资本外流相比，这段时期采访艺术大家，聆听到艺术界普遍呼吁，加大中国艺术教育、美术馆建设、艺术发展基金方面的力度，提高全民人文及艺术素质。这些，需要社会各方面共同努力。

又是一年深秋落叶飘。回首这一年，看过一幅幅飘散着中国古代及现代大家浓浓的人文情怀的国画，阅过一幅幅抒写着永恒之美的生动而璀璨的欧洲古典及现代主义油画，面对着由混沌初开到一座座凝聚着生命及雕刻着时光的雕塑，深深感叹中外艺术长河的浩瀚与深邃。这是一幅壮美的图景：在天地间，人类深远敬畏与感恩，抒写着远古的沉静，抒写着真美永存，抒写着万里江山，也抒写着百年伟

业，至诚至真，至简至纯，绵远悠长。

当代艺术家陈琦：时光雕刻者

（原载于2010年11月16日　上海证券报）

　　时光可以被雕刻吗？从丝毫也不罗曼蒂克的角度来说，这个问题的答案大多是否定的，因为时光是无形的，而无形的东西是没有办法被雕刻出来的。或许正是由于这个人所共知的常理，让我们在看到中央美术学院教授、当代艺术家陈琦的最新作品《时间简谱》时发出由衷的感叹：原来真的有人可以雕刻时光。

　　11月7日，立冬。北京的天空异常晴朗，冬日和煦的暖阳斜斜地穿过798艺术区龙艺榜画廊的门廊照在展厅里，光线穿过作品上深深浅浅的刀刻痕迹，在空灵的曲面波涛中起伏飞舞，而时间则仿佛在光线的飞舞中消长盈虚。在《时间简谱》个展中，当代艺术家陈琦尝试用多种媒介、多种艺术语言来阐释时间和生命这个主题，展览由木版水印、书、木雕、影像和装置组成，以生动而有冲击力的跨媒介方式将抽象的理念赋予生机。有别于艺术家早期的水印版画作品，通过刀、木板将水墨印痕拓印在宣纸上，《时间简谱——书》通过对纸的层层叠叠的镂空雕刻，以光线、阴影和时间为介质，演奏着思辨与诗情相辉映的时间之乐章。"时间的无限和人生的有限是人痛苦的来源，人永远是未来筵席的缺席者，对这个问题不是所有人会去思考，但是对这个问题的思考，可以帮助我们更好地看待自己的人生。"陈琦表示。

　　与陈琦对话是一件让人愉悦的事情，他思维敏捷、严谨，情感细腻，对于自己追求的理想坚定而执着。正因为如此，他对于自己以往创作的每一件作品都感怀至深。他说："我现在看自己在20世纪80~90年代创作的作品，依然很喜欢，很自豪。"

唯美的写实——早期实践

　　《明式家具》系列作品是陈琦的成名之作，正是这个系列让艺术界重新认识了水印木刻这项最古老的版画创作手法的潜力。陈琦也通过多年以来孜孜不倦的艺术实践将这项传统技艺一步步拓展为自己独特而新鲜的艺术语言。

《明式家具》系列的创作，缘于20世纪80年代艺术家年轻时一次在苏州的游园经历。在苏州园林中，他发现了中国古典庭院的美。那时的他正在东西方艺术的十字路口徘徊、困惑和迷茫，而在与中国古典器物默默无语的对视中，他真切地感受到中国文化的魅力。他说："我最大的本能反应，就是要面向西方转身回归，要找回中国文化的精神气韵，这种回归就来源于苏州园林，从明式家具开始。"

继《明式家具》系列之后，陈琦又做了《古琴》系列、《二十四节气》系列。在这些作品中，他结合西画的光影、造型观念，研究出自己独特的拼版方法，革新了传统水印技艺，将古代器物的古典感觉表现得美轮美奂，博得了一片喝彩。在其后创作的《荷花》《梦蝶》以及《彼岸》系列作品中，我们又看到了艺术家由表象到内心、由物象到精神的艺术嬗变。

其中，陈琦的《荷花》系列很独特，同样是用写实的手法表现荷花，但他的荷花却与众不同。在中国传统文化中，荷花除了具有佛教的意味之外，也是高洁品格的象征。"出淤泥而不染，濯清涟而不妖。"周敦颐的《爱莲说》将荷花的这种品格深深地烙入中国文人的内心，荷花不仅成为历代文人墨客感古怀今的寄托，也成为历代画家笔下描摹的对象。在佛教修行中有一种说法：当修行者的意念高度凝聚的时候，可以想象会从丹田里发出光来。陈琦的《荷花》系列，每一幅都从花蕊散发出光芒，光线从中间向外散发，使花蕊就像一盏明灯，照亮人们的内心。

陈琦的《荷花》之所以动人，是因为他在做荷花时已经到了物我合一的境地。他告诉我们，做荷花时，他把自己想象成荷花，把自己和荷花融合为一体。"艺术家的内心意念应该跟花瓣一样，仿佛能够感受到风，能够感受到空气的湿度。"在创作时，他既希望深入荷花的内部，同时又保持超然于外，以一个观察者的理性去表现。陈琦创作荷花是对自我进行精神的洗涤，是一种内心的修炼。

他说："这个系列的创作应该是一个心灵净化、升华的过程。最初穿越物体表象，深入花的内部，植入心灵的种子，进而忘却物性，自我与莲花融为一体。"

之后的《梦蝶》则与《荷花》系列具有文化上的关联。《梦蝶》由佛教手印、元代倪瓒的山水和人面蝴蝶构成，蝴蝶是作者的化身。这一系列作品是艺术家对中国文化思想的一种梳理，儒、释、道的精神融会贯通，如人面蝴蝶表现了老庄的哲学，倪瓒的山水象征着出世与入世；陈琦把这些元素构成一个画面，表达自己的文化情怀。佛手后面是艺术家在内心深处眺望的一片纯净的精神山水。"对我而言，禅宗理念里融合的文化价值和人性光辉使我迷恋；佛陀跨出了时光的牢笼，也与我对时间的感受有关。"陈琦这样告诉记者。

由醇境入化境——上善若水

随着文化与技术储备日渐丰满，陈琦的创作在2000年左右进入新的阶段。2003年，陈琦开始创作《水》系列作品。对于这个题材，陈琦已经酝酿很久，上学的时候曾尝试过，但当时还无法驾驭。"《水》系列满足了一种真正的心理表达需要。"陈琦表示。

从《水》系列开始，陈琦的作品开始慢慢由具象到抽象，从严谨到放松。这种转变不是一个技术上的问题，而是一个观念的问题，是从文化意义的探寻到自我精神的追问，作品的精神内涵越来越博大。

2009年7月6日，在历时10个月、2136个工作小时之后，陈琦终于完成了《水》系列中最大尺幅的作品——《1963》。陈琦生于1963年，作品以《1963》命名暗示了其重要的转折意义，有力地概括了艺术家的自我存在面对文化传统和个人记忆时所产生的精神感慨和哲学思辨：上善若水。东方哲学中的水与历史长河中的水在他的作品里融合。在创作中，他实验性地融合数字新媒体与古老的水印技艺，构想了一套复杂精密的印制流程系统，共使用九十六块木版，经过九个着色过程，在二十四平方米的尺幅内，描绘了一片源于内心深处的水的波涛。

《1963》以巨人的尺幅和丰富的墨色对水印木刻的技术提出了挑战。陈琦《1963》的画稿完全凭借个人的内心记忆和感受，从无到有地勾画每一片波纹的起伏流向和动态关系；之后采用手工方式，开始了漫长的雕版步骤。在九个主要色阶的基础上，陈琦又通过晕染方法使每一版墨色渐变，营造了更微妙的浓淡变化。各个色阶之间采用交错的拼版，辅以精确的对版，有效地消除了错版和拼缝现象。墨色经过层层压印，历经三个月最终完成了这幅墨色淋漓、令人神清气爽的巨幅作品。

陈琦创作大尺幅作品是源于题材本身的需要，同时也是为了探索水印的技术极限。为此，他发明了一套自己独有的技术系统。而他对技术的重视也体现着他独有的艺术理念。他认为技术即观念，技艺和创作观念已经融为一体，不可分割。而现代技术在发展过程中也呈现出个人化的特色，画家应该根据自己表达的需要来发展自己的技术。

作为艺术创作道路上一个重要的转折，从《水》系列开始，陈琦由写实转向抽象，这种转折对陈琦来说至关重要。"如果说《阐释》之类作品表现了一种艺术创作中的醇境，《水》则有一种进入化境的感觉，心灵表达与技术交辉互动，水印与水的晕化相默契。"《水》真正让陈琦实现了艺术创作上质的飞跃。

抽象的张力——《时间简谱》

如果说陈琦早期的《明式家具》系列、《古琴》系列、《二十四节气》系列、《荷花》系列、《梦蝶》系列、《佛印》系列等作品是对现实物质世界的精微阐释，那么《时间简谱》的抽象语汇就是联系生命本体与所处文化的明确指向。陈琦表示，《时间简谱》更多表达的是对生命、时间的思考，这种思考跨越时代、跨越文化，是对人的存在的终极问答。

在《时间简谱》中如同细胞形态反复出现的造型，恍惚、游动、空灵地附于木质、纸质等介质上。其状如汉代漆器上的云纹历经岁月的浸淫，褪祛"火气"。清凉通透而又斑驳端庄，带着荆楚文化的浪漫气质。无论是层层叠印的纸上的平面作品还是页页透刻形成的立体书，细胞般的光斑或在黑色调子里浮动闪烁，或形成螺旋空洞让观者看到此岸与彼岸的往复循环。水印木刻的多层印染让作品暗处墨色深邃，明亮处光辉如玉，清凉气息充溢于空间。

水印木刻是最古老的版画创作手法，然而目前还能坚守在这个领域的艺术家已经很少。但20余年以来，陈琦一直执著于水印木刻，成功地将这种传统技艺拓展成为具有当代精神的艺术语言形式。他无比坚定地说："我会在空间感知上探索，并发展其他材料的艺术表现力；但在架上艺术领域，我不会从事水印之外的其他画种。"

从《时间简谱》开始，我们已经看到他正在拓展表现媒介上下工夫，而这也正是他未来的方向之一。这位善于创新的艺术家表示，他希望把传统的水印木刻改造成适应当代艺术创作的表现媒介。他说："这是我要竭尽精力、长期不懈地去做的事情。"

在陈琦看来，当前中国版画正处在一个开宗立派的时代，版画艺术有非常远大的前景。从版画的发展看，一开始是由于有图像传播的需要才有版画（如早在公元868年的《金刚经说法图》）。而陈琦则认为在当代艺术中应该强调原创，强调版画本体语言的建设，而本体语言建设的源泉就在于其独一无二的印痕和创作方式，其中蕴涵了丰富的观念性，这将是中国当代艺术的突破点之一。而从这个角度上来讲，版画本身就需要转型。他说："我觉得现在版画的定义应该更新，其对印痕的痴迷延续了古代东方艺术如水墨、碑刻的传统，源于中国文化最深的本质性的感受方式，当代艺术家应该深入研究并发扬光大。"

在生命的长河中，时间是无限的，我们如时间简谱里的音符，在长长的时间简谱里我们显得非常渺小。正如陈琦所言，时间的无限和生命的有限常常让我们感到痛苦，我们常常会问自己想要什么样人生，什么样的人生才是幸福的人生。在陈琦看来，所谓的幸福就是能够做自己喜欢的艺术，将艺术探索当成一种修为无止境地延伸……大道至简，大象无形，艺术如此，人生也当如此。

乘物游心　大道至简

满地秋叶，满眼秋色，金色与红色交织的色彩斑斓跳跃在深绿色枝叶的平静中。立冬的北京，美得炫目。

上善若水。一系列黑白相衬的水印版画，端庄地散发着飘逸而高贵的品质。来到"798"附近的画室，与著名版画家陈琦先生交流，在时间的静静流淌中，那份窗外风景带来的赏心悦目已淡淡地沉淀为一种心灵的清澈与宁静，内心荡漾着一份圆满的喜悦。一份久违了的感觉，源自陈琦先生创作的《荷花》系列作品，怦然心动于淡墨渲染下的荷花的丰盈与润泽、轻灵而通透，这曾经是大学时代追求的人生境界。

致虚极，守静笃。常年潜心于版画创作的陈琦先生身心洋溢着对中国传统文化的热爱、探索与感悟，包括儒家与道家的学说及佛教与禅宗的理念，影响着也贯穿于他的水印版画作品中。以中国式心智，赋予中国古老水印木刻艺术以现代的探索与表现，凝练地演绎着东方文化挥之不去的人文意境。陈琦先生以富有表现力的刀法，雕刻着时光，也抒写了版画艺术高山流水般的隽永与千古不变的情怀。

北冥有鱼，其名为鲲。鲲之大，不知其几千里也……鹏之背，不知其几千里也。与采访其他艺术家不同，在陈琦先生身上，强烈地感受到当代中国精英知识分子、中国杰出中年艺术家的睿智与干练，既有对中国文化的传承又有着开阔的国际视野。这令我欣然，也深深感叹，穿越了中国改革开放三十年的进程，中国一批各行业的优秀人士，包括政治家、企业家、金融家及艺术家，他们的内心与精神世界，蕴藏着坚韧性、创造力与现实性，他们已成为中国社会重要的中坚力量，引领中国未来的发展。

子在川上曰：逝者如斯夫，不舍昼夜。当优秀的艺术家充满生生不息的激情与创新精神，中国博大精深的艺术事业镌刻着充满希望的未来画卷。而中国新一轮深层次政治及经济改革的洪流，也应该奔腾向前。

工笔画大家何家英：工笔·"工"心·"工"意

（原载于2010年12月7日　上海证券报）

"我欣赏南唐后主的词，那种婉约的境界深深地感染着我，与我的心境和情趣相对应，为我日后略带伤感的审美取向埋下了重要的伏笔。"——何家英

用心就是艺术　真诚就是精神

那是个短发女孩，抱膝坐着，若有所思，但在她恬静的神情上却找不到任何思考的蛛丝马迹，有的却是可以容纳天际的开阔和淡然，在谜一般的紫色背景里女孩有着一切远在天边，也能近在眼前的特质，比如美丽、温暖和质朴。这便是何家英很有代表性的中国工笔人物画《秋冥》。

做客何家英的画室，他清瘦的身形和笔下那些刻画丰满、充满魅力的人物形

成了反差，显出了画家生活里的冷静和敏锐。

谈到生活和艺术的边界这一问题时，何家英说："一个艺术家当然要生活在生活中，这就看用心没用心，用心就有艺术。常人常态的生活是惯常的，而艺术家的眼睛是审美的。中国画里很少把人物上升到精神性，而西画却是这样的。所以我自己就找到了一个方向，人物画就是要画形象，画这个时代的人物的形象，而在技法上沿用中国画的技法，保留中国画的品质和写意性。《街道主任》就是活生生的并不漂亮的一个老太太，这是我的一个重要突破，这之后逐渐才有了《山地》和《十九秋》等人物画。"而这些画作与《春城无处不飞花》等在当时的中国美术界引起了很大的反响。

现在的何家英把艺术当成了自己的修行，他说："人的一切其实都是一种修行。艺术也如宗教一样在探寻着宇宙的真相，探寻着艺术的真谛，都会注重对人生的终极关怀。人能否永生？反正死去的我没见着有谁再回来，唯有精神可以永存。艺术是可以永存的，但要看它有没有能够永存的精神。没有真诚就没有精神。"

工笔还是写意

何家英是中国画坛公认的工笔画大家，且评论界都认为他的工笔中有着非常大的写意成分，而这里所说的写意，不仅仅是一种技法和风格，更是一种意境和思想，即他突破了传统工笔画的模式，他画出了切实的属于这个时代的人物形象和人物的内在精神，并具备了一定的审美品格，这就是他的创新。

何家英说："前辈人物画画家中，有很多杰出的，如新中国成立前的蒋兆和，后来的黄胄、方增先、张德育、石齐、卢沉、刘文西等，他们其实继承了中国文人画的传统，这个传统在1949年之后又得到了发扬，而我也是一直喜欢写意画，也没想到这辈子会画工笔画，但是当时看到社会上的一些工笔画就很失望，心里就很逆反，想自己也画工笔试试看，后来浙江美术学院招工笔画研究生，由于人数不够，被取消了，于是我就留校在天津美术学院。面对现实生活，我深感笔墨上的局限，但工笔画可以把西方的很多东西融合进来，这就一下子打开了创作格局，找到了自己。我过去画得很粗犷也很概括，后来越来越深入和精细，在深入的过程中我一步步地前进了。"

　　而这个进步在何家英看来是一个迂回曲折的过程，提高工笔画，要从写意画上入手。何家英说："在写意画上能理解很多东西，从工笔画上派生出的写意，来形成自己新的风格。我把山水画的笔墨融到人物画上，把淡漠的东西、闲适的东西和环境对比，其实这是人的理想和需要，从我的画表达精神的归属感。尽管一些画也没有特别深刻的思想和题材。我希望我的人物画不流于概念，有的画做得到，有的做不到，我还在努力追求，尤其希望在笔墨的表达上能够松动，只有松动才能更好地表达意境，笔墨都不放松，精神更不可能放松的了。而且笔墨是含有内容的，内涵不仅是内容性的，这种内涵恰恰表达的是文化性，有了这些就有内涵，就有韵味。"

　　何家英不仅对中国传统绘画有着深刻的认识，并从中、西方绘画当中找到了绘画根本的东西。

　　他说，大家公认中国画是意象的、平面的、变形的、装饰的，这些是固有的认识。中国画不可能像西方那样追求写实，去深入地表达什么，但是他在思考这个问题时，习惯是不人云亦云，掰开历史的脉络后发现，不论中西方，人类有着共同的意愿。人类绘画一开始都是装饰性的，简单的归纳和图案画同时存在，当图案逐渐越来越写实，绘画就进步了。

　　他还指出，东汉末年佛教传入中国，中国画便从简单到精细，逐渐有了写实、透视、明暗的关系，尤其到唐代更关注现实生活的表达，关注写实就是表达所见。宋代的画风也是往写实发展，李公麟的《五马图》放大后，其中人物的服饰材质和透视都很生动。元代的壁画，更是完善了写实。再到后来，郎世宁的介入影响了中国很多画家，但他画中的透视和阴影，让一些宫廷绘画开始变得庸俗。西方绘画的进入对中国画家在写实上的认知产生了一定影响，明代绘画虽然是写实的，但那是中国味儿的写实，仍然是意象的写实，和西方的写实不同。

　　"我常思考中国画里的平面是什么？不是说就是平面，我们的画仍旧是有空间的，是用线条本身依赖透视的转变给观者意想上的引导，正因为有了这样的空间，我们的画才有了呼吸。这就是中国画极其奥妙之处，中国画要求存在潜在的生机，绘画语言在画面上是有颤动的，是活的。那么中国画的平面其实是成就了一种品位，它不过分强调明暗起伏，不是强烈的东西，这就有了书卷气，是种不追求外露的，平淡的哲学观，有高义的、内在的品格。"谈到这些，画家颇有中国文人雅士的清逸之气，不由感叹，中国传统文化的浸透力和感染力。

如要用一句话来概括何家英关于传统和创新的真知灼见，那就是他所说的，也被广泛引用的"真有传统者总想为创新开路，真求创新者不会拿传统祭刀"。

由此不禁赞叹画家的这份清醒和清醒的分量。

在平淡的生活中创作才有意义

关于艺术教育问题，作为师者的何家英流露出担忧。他认为当前存在的问题非常大，普及教育没能真正从审美上对中小学生产生影响，在提高他们的审美兴趣上做得远远不够，比如只教孩子白菜怎么画，那简直是扼杀孩子的想象力。等到上了大学，只有美术类的讲座了，学校更不可能组织去博物馆或者看艺术展览。而考专业美术院校的学生大多目的并不纯。

何家英甚至说到，作为绘画这类的美术可以减少，也可以降低教师资源的浪费，同时增加实用美术，因为这跟人们的日常生活息息相关。而且，现在的艺术教育中对基础教育很不重视。美术学院出现了风格化倾向，老师个个都是有个性的画家，但他不一定是个好老师，他的一些怪诞的、偏激的东西直接影响了学生，一来学生得不到基本的教育，二来他对学生的创作产生的影响可能一生都难以消除。对此何家英打了个很生动的比方："唱京剧，会唱的才爱看，不会的根本不关心，中国传统文化和欣赏京剧是一样的。你会的才有兴趣，如果对中国画不了解，就不可能去喜欢它。如果没有练过笔墨，就不会在意笔墨的价值。"

作为一个受到市场高度认可的画家，何家英坦言过于频繁的市场行为很难让艺术家沉下心去体验一些东西，也不完全是画家贪得无厌，实在是社会对画家的压力太大，"对我来讲，我还能自持，把持自己的心态，渴望自己有不断的提高，不让经济利益和创作心态产生矛盾。市场的繁荣，更容易满足我的生活需求，心态好了，状态松弛了，就可以把更多的心思放在艺术创作上。不断地提高，也算对得起收藏我画作的人了。"

这就是何家英的大实话。关于生活和创作、关于金钱和艺术等诸多问题，何家英对我们说了一句很意味深长的话：在平淡的生活中，创作才有意义，但安静地画画就没有知名度，这是很矛盾的事情。

一语道出当下艺术家的集体困境与矛盾。

直面还是坚守

"我喜欢这样一幅画，一个女子坐在树下，准确地说是蜷缩在树下，此女子是思考还是休憩，是伤感还是发呆，或者正在想入非非。这幅画让我想到日本的浮世绘，也让我想到中国画中的人物小品……"更妙的是此画还有一个很诗意的名字——秋果。这就是画家何家英创作历程的缩写。很显然是能够坦然面对风起云涌的潮流变化，并将一切化作素材进行创作。

是的，何家英的人物工笔中既有古意和文人雅趣，又有着时尚和潮流的一面，能为大众所喜欢和接受，所以有评论家指出，何家英是商业和艺术上都取得成功的大家，是"最有希望最有代表性的年青一代画家"，这一点画家则认为："为了生计很难踏实地画画，市场化很难锤炼真正的好画家。"

同时，他认为："美术，美是精神，术是技能，当代艺术中很多美成了丑，也没有'术'，那还有什么？但可贵的是很多人还在坚持自己的艺术，我们工笔画队伍现在已非常壮大，当代的艺术家如何丰富内涵提高修养，是很重要的。"

那么如何让画家静心创作，面对当下艺术品的盛世，面对纷繁复杂的市场诱惑，何家英认为："建立艺术基金是非常重要的事情，可以让画家进行严肃的创作，但这是一种理想，因为这个阶段太长了。比如我们现在就很缺少画历史画的人，就是因为现在画画的人不真诚，浮躁，不能虔诚地对待画画这件事情，那么对历史的感受力就不一样了……"

不得不承认，何家英颇有气场，同时又有着艺术家的天马行空和漫不经心。也很显然，何家英是行走在历史与现实边缘的人。"每次创作都是接近心中所想的意境，但过了一些日子，我仍然感觉存在着遗憾，而在我的创作生涯中，几乎每张画都是在这种带着求全责备的遗憾中完成的。过后再回头看看成品，真不知是怎么画出来的。那是因为创作时所投入的是一种忘我的境界，心中的期待远高于手头的水平，那种境界也可以讲是通神的。"

"我现在已经不坚守了，没法拿出画大画的时间来。好几个月一张工笔，很

难画。"这番话，对于爱其画作的人是失去，意味着我们难再有缘被画家的"通神"带入梦境般的瑰丽和宁静。

远古的沉静　高贵的永恒

致虚极，守静笃。夫物芸芸，各复归其根。归根曰静，静曰复命。

绘画在远古时代，是人类发现世界的最初始的方式之一。还没有采访画家何家英先生时，经常翻阅拍卖年鉴上其《丽人百合》等一系列画作。面对画家笔下一个个娴静、淡雅的女性，欣赏这位在创作上已站在人生中年辉煌高峰的画家，在当今日趋商业而浮躁的社会，应该可以说深怀着一份难得的艺术情怀。

以卓越工笔画蜚声业界的何家英先生，一直探索使中国工笔人物画别开生面，最终获得了新境界，已然立定当代工笔绘画的主流。采访中，更清晰地感受到，画家及其笔下女性人物呈现出对人生的那份淡定与从容。何家英先生坦言，他在创作中赋予笔下的女性一律都有高洁的气质、伤感的情绪，"而我的人生体验里，总觉得这是最美的"。"使工笔人物画的气象宏大起来"，是画家的最大愿望和一直追求的创作实践。

艺术大家的作品，让人沉静与回味。回望身处的纷繁世界，无论是动荡的全球经济，还是热钱滚动的中国艺术品市场，已充满着熙熙攘攘的喧嚣、膨胀及更多世人的未知。国际金融危机后，德国经济的率先复苏，使其成为欧元区的领头羊，也让全球对其经济模式颇为关注。11月的中旬，恰逢一家中国公司到德国交易所上市，于是安排出时间，时隔几年又到欧洲。

虽行程匆匆，但还是强烈地感受到制造业在德国经济中的分量。交流中不断聆听到，德国人对其制造业的能力包括新能源产业的未来发展，很是充满信心。这期间，全球经济依然热闹非凡而又动荡不安。就在全球首脑再度聚集G20首尔峰会和日本横滨APEC领导人会议之际，爱尔兰债务危机又"横空"爆发，对已经脆弱的世界经济再度一击。

天下熙熙，皆为利来；天下攘攘，皆为利往。这期间，艺术品市场也传出重磅新闻：中国众多商人及买家在英国伦敦拍卖会上追逐一只乾隆花瓶，最终以5.5亿元的天价成交，引起全球关注与议论并带给市场新的亢奋。出于喜欢，在法兰克福专门走了几个画廊，发现德国当代油画的价格并不是很昂贵。在欧洲，强烈地感受到艺术品已融入社会与生活，无论是金融机构还是酒店与餐馆，世界著名画作、当代油画与木版水印画四处悬挂、随处可见。

在纷繁的乱世里造就了一个梦中的世界，托起了一座梦幻的丰碑。印象深刻的不仅是德国稳健的经济与欧洲优雅淡定的生活，更有美轮美奂的德国古堡天鹅堡。这座由巴伐利亚国王路德维希二世设计并始建于1869年的城堡，历经世纪的荣辱与兴衰，至今仍散发着高贵的美丽。

不可得而贵，不可得而贱，故为天下贵。时隔几个世纪，后人对这位当初被视为另类国王的评价则充满赞誉。这位国王不爱江山不擅政治却狂热痴迷于艺术，在当时抛却对政治的野心与对权力的追逐，倾其毕生的心血建造了这座童话般的城堡，一直被认为很是傻气。但今天的后人则深深地赞叹与仰慕，当年的那些政治角逐早都灰飞烟灭，唯有这座不朽的城堡，以其无与伦比之美吸引着全世界的人们前来欣赏，为当地带来巨大的财富，造福现代世人。

艺术的高贵与永恒，从远古走到现代并走向未来，也给国际金融危机中的当今世界反衬着更多的思考。"当今世界，恢复荣景的最佳方法不是靠看似高增长的金融投资回报，而是老老实实地回到投资实业的路上去"，很是赞同债券之王格罗斯的观点。当美联储宣布启动6000亿美元定量宽松计划时，全球哗然。面对全球流淌着泛滥的廉价资金，债券之王格罗斯宣称现在已进入"投资荒年"。他认为，如果希望靠实干恢复荣景，最好的方法是利用科技，努力制造其他国家想买的产品。

而这需要很长一段时间以及极大的政治勇气。全球各国尤其各国首脑及政要，都正面对着这一历史性的挑战。

张君达　做有品质的慈善事业

（原载于2010年7月6日　上海证券报）

"现在每天我都在被感动着，我是因为感动而在做。"起初，他只是因为喜欢而做慈善，而在投入慈善事业的三年中，他见到了太多悲惨的人生，经历了太多人生的感动。他已经停不下来。现在，他是"因为感动而做"。

就在这几天，他因为感动而做的事业，也让他得到了第一次最为欣喜而现实的回报：从全国各地传来的高考喜报让他感到幸福、满足、振奋与鼓舞。

这些，已经代替物质，成为他人生最丰厚的财富。

"前天收到了湖北黄冈中学发来的07级珍珠生的第一份成绩单，该校07级50名珍珠生中有5人被保送大学，还有2人通过大学自主招生考试，22人获得加分或优先录取资格，看了真是让人很开心。"

"昨天收到宁夏银川育才中学07级珍珠班的高考成绩喜报……"

河南洛阳传来高考喜报！

四川凉山传来高考喜报！

……

浙江省新华爱心教育基金会理事长张君达正在经历人生中最美妙的时刻，这些从全国各地传来的高考喜报让他感到幸福、满足、振奋与鼓舞。1000多个日日夜夜，他用自己的脚步足足把中国大陆丈量了三圈。从2007年开始，张君达走遍了中国东北、内蒙古、新疆、青海、西藏、云贵的无数偏远角落，他登门拜访了近8000个"珍珠生"的家，给予他们经济、生活与精神上的支持和鼓励，如今这些曾经的努力和汗水正在开花结果。

捡回珍珠

张君达现年63岁，是一位事业有成的台湾商人。他1989年就来到上海，在上海经营鞋厂，如今他的家族在中国大陆有两个工厂，雇用着近两万名工人。他也是著名的"外滩18号"的股东之一。

2007年，年满60岁的张君达放心地把自己的企业交给了儿子打理，而他自己则一心扑到了慈善事业之中，并一发而不可收，"如今珍珠班便是我的全部。"张君达向记者表示。事实上，张君达并不是浙江省新华爱心教育基金会的发起人，这个基金会由另一位台湾人王建煊所创建，2008年王建煊回台湾从政，并请张君达接任基金会理事长。"第一年进入理事会的时候，因为有理事长在，我只是一个义工,因为喜欢而做这份工作,如今我是因为感动而做,这些珍珠生太贫困了。"张君达表示。

"捡回珍珠计划"是由新华爱心教育基金会发起的一项慈善计划。"在中国大陆,有很多孩子由于家庭贫困,初中毕业之后,无法继续上高中,只能种田或出去打工挣钱养家;为了让这些孩子能继续上学,我们展开了这项计划。"张君达表示。这项计划与全国各地的重点中学合作建立珍珠班,按照学业特优、家庭贫困的"双特"标准,每班招收50名珍珠学生,学校免除这些学生的学费及住宿费,基金会每学年给每名珍珠学生发放2500元的餐费、书本费等杂费,三年共7500元;帮助这些"蒙尘的珍珠"顺利完成高中三年的学业。这项计划从2007年开始实施,如今已经在全国23个省份建立了珍珠班,已经资助了近8000名珍珠生。

今年是"捡回珍珠计划"资助的第一批"珍珠生"们参加高考,这些天张君达的手机一直响个不停,首批毕业的1000多名珍珠生争相向他传喜讯。在张君达的博客上,来自全国各地的高考喜讯每天都在更新,"珍珠班"的学生们无一例外都取得了优异的成绩。截至目前粗略统计,在已经放榜的学生中,有6人已经以优异的成绩提前进入了北大、清华的录取范围。"看到他们考入了北大、清华,我感觉就像自己考上了北大、清华一样,心里非常高兴。"张君达说。

慈善也要做品质

"做慈善跟做企业是一样的,做慈善也要做品质,我经常跟同事讲,我们一定要把品质做好,这样别人才会相信我们。"张君达表示。对于新华爱心教育基金会来说,它的品质是靠张君达和他的同事们用脚丈量出来的。三年多的时间里,张君达走遍了中国大陆无数贫困的角落,他亲自见了每一个贫困的"珍珠生",并到他们的家里了解情况,不论他们的家是在遥远的黑河,还是在大山里的甘肃会宁,或是在海拔3700米以上的青藏高原……

正因为是做企业出身,张君达跟其他人不太一样。他对品质的追求是常人无法理解的,为了达到自己所要求的品质,他选择一种近似严酷的方式,不惜改变自己的生活节奏、生活方式,将全身的精力投入到这份60岁才接手的慈善事业之中。"以前我是一个捐助者,我很了解捐助者的心理,任何一个团体如果它不能善用捐助的款项，我一定不会再捐了。"正因为如此，张君达给他的基金会定了两条铁律：第一，基金会不从捐助款项中提任何一分钱的费用。在国内，目前包括红十字会在内的机构都采取从捐款中提取一定比例费用的方式来解决行政费用问题，不过新华爱心教育基金会并没有这么做。"我们的行政费用只用捐助费用的定期存款利息就够了。"张君达表示。而他自己每年走访学生家庭的所有差旅费用都是由自己支付，为此他每年投入200多万元。"我有这个经济实力，没有必要再从基金中开销。"

张君达定下的第二条铁律，就是一定要保证每一分捐助款真正用在优秀的贫困生身上。而为了达到这个标准，他和他的同事们付出了万分的努力。"三年里有8000个孩子，每一个孩子我都见过，每一个孩子都有我的电话号码。"张君达表示，这样做的好处就是，如果学生家里有重大困难，他可以帮他们解决，对学生的贫困状况也可以有全面的了解，以防学校造假。而对于那些有造假行为的学校，基金会将会坚决跟它们"决裂"。去年张君达发现一个学校造假，便第一时间终止了同这个学校的合作。

"任何事情都可以商量，但是不诚实是不可原谅的，透明在做慈善事业时是第一位的。"他表示。

为了将慈善事业做好，做出品质，张君达改变了自己的生活节奏、习惯甚至人生目标。从事慈善事业之前，他每天睡到自然醒，出门乘飞机坐头等舱、开奔驰，如今他几乎每天都奔波于最贫困的乡村，乘飞机坐经济舱、出门开面包车。张君达坦言，并非自己的经济条件不允许，他这么做完全是要让捐款人对他和基金会充分信任。

其实作为基金会最核心的工作人员，他做的事是最多的，但从来没有花基金会一分钱。"在台湾，大家都了解我的状况，我不必这么小心，然而在大陆，人们都不熟悉我，我必须处处小心，不要让外界对我和基金会产生误解。"他已将做企业对细节的精到要求严格贯彻于基金会的日常事务之中，从自身的言行举止再到基金会工作人员的举止，一切都有着严格缜密的规范。

携手中欧提升"珍珠"品质

2010年，新华爱心教育基金会在张君达的带领下向前迈进了一步，其中很重要的一项工作就是和著名的中欧国际工商学院的合作。作为著名的工商管理学院，中欧国际工商学院拥有强大的社会资源，而该校也一直谋求在慈善事业方面能有所作为。

"中欧国际工商管理学院是一个非常注重社会责任和公益行为的商学院，我们一直在看项目，最终张君达先生的项目打动了我们。"中欧校友罗念慈对记者表示。

中欧校友爱心联盟成立于"5·12"汶川大地震之时，是由中欧校友组成的公益性慈善组织。在和张君达合作参与"捡回珍珠计划"之前，中欧校友爱心联盟一直在寻求慈善方面的项目资源。在经历了中欧校友前后8次、共10多人次的实地考察之后，中欧校友爱心联盟终于在今年作出决定：与新华爱心教育基金会合作。

"我们之所以会选择张君达先生，主要是出于三方面的考虑。"罗念慈表示。首先，"捡回珍珠计划"这个项目已经运作了三年，有非常成功的经验。其次，张君达企业家出身，使这个基金会的运作效率非常高效。最后，中欧的校友们认为这个项目本身很好，弥补了政府没有关注到的高中生，而且项目本身对中国教育的发展起到了很大的作用。而除此之外，张君达本人的工作热情和对慈善事业的执著也让这些前去考察的中欧校友们非常感动。

2010年，中欧爱心联盟将重点推动"中欧珍珠班"项目——用于支持成绩优异的辍学学生完成高中阶段的教育，并且利用中欧在全国各地的校友资源为他们在大学阶段提供勤工俭学的机会，以帮助他们更好地适应社会。

"我们的珍珠生都是非常优秀的，但是他们的视野太窄了。"张君达表示。由于珍珠生都是在异常贫困的家庭长大的，虽然"捡回珍珠计划"帮助他们完成了学业，但是由于经济条件的限制，他们综合素质的发展受到了制约。正是出于这方面的考虑，张君达和中欧之间建立了合作。中欧的校友除了可以捐款参与资助"中欧珍珠班"之外，这些事业有成、视角宽广、拥有丰富人生阅历的校友们还可以踏访珍珠班。

基金会组织常态的踏访珍珠生活动，中欧校友可以给珍珠学生讲解自己所熟悉行业的性质、内容、前景及其他有利于未来职业发展的参考信息。此外还可以不定期为在大学学习的珍珠生们提供职业指导和建议。为"中欧珍珠班"的学生提供合适的勤工俭学机会。"我们都是把最好的资源用在最好的学校。"张君达表示。据悉，中欧对口支持的学校包括著名的黄冈中学、江西上饶一中和贵州省的遵义一中等。

张君达考虑的问题还有很多。由于此前都是将所有的"珍珠生"放在一个班，这样做既有好处又有坏处：好处是这些家庭背景相似的学生在一起生活、学习不会产生落差，学生们不会有自卑感。但是贫困生的单一性对于学生综合素质的发展是不利的。为此，张君达希望在"珍珠班"的设立形式上作进一步的探索。"明年可能会在珍珠班中引入一半非珍珠生，即每班25个珍珠生，再加入其他生源。"张君达表示，一定不能让这些珍珠生散落在分散的班级，以防对他们的心理造成影响。而为了解决珍珠生可能遇到的心理问题，目前他已经跟国内知名大学的心理学系共同开设了一个课题——珍珠生心理辅导。"我们的孩子不仅是自卑而已，自卑很好克服，但很多孩子的命运都很坎坷，他们需要这样的辅导。"

为了提高学生的综合素质，张君达还在暑假期间组织珍珠生夏令营。今年将在云南、四川、甘肃、河南等五个地区开展夏令营。珍珠生夏令营吸引了近100名大学生志愿者报名参加，他们来自上海、北京、台湾，通过一系列选拔，并经过培训，目前有85位在校大学生成为珍珠生夏令营的辅导员，这之中每个营将有一个美国的大学生、一个中国台湾的大学生，其他15个都是中国大陆的大学生。"明年我们会办10个夏令营，明年可以请上了大学的珍珠生回来做中学生夏令营的辅导员，让他们现身说法。"张君达表示。而随着首批珍珠生进入大学，张君达也计划将"捡回珍珠计划"延伸到大学校园。"今年9月有大学生了，我们会在上海办珍珠生的联谊活动。"他计划在北京、上海、西安、重庆、成都都做这样的联谊活动，而初步的时间就定在中秋节前夕。他认为只有经常办联谊活动，珍珠生才会有向心力，才会有社会影响力。

为感动而做

"现在每天我都在被感动着，我是因为感动而在做。"对于自己目前的状态，张君达这样描述。他告诉记者起初进入基金会时，只是想在退休之后给自己找个事情做，是因为喜欢而做。而在从事慈善活动的三年中，他见到了太多悲惨的人生，经历了太多人生的感动。珍珠生不幸的命运和他们的纯真常常让他动容，他感觉自己已经停不下来了，"现在是因为感动而做，将来我也一定会把这件事做下去"。

在张君达经历的这么多动人的故事中，内蒙古小姑娘方晓燕的故事最让他感动。方晓燕是内蒙古赤峰市第二实验中学的"珍珠生"。她的母亲因患病截肢，同学们为她捐了4000多元，准备装假肢。不料，2008年10月，比方晓燕低一级的"珍珠生"张玲丽的父亲突发脑血栓，没钱住院。虽然，家里还背着2万多元的外债，妈妈只能坐在床上，方晓燕还是毫不犹豫地捐出了这4000多元，她说："妈妈装假肢可以等，而张玲丽的父亲不能等。"

"她可能这辈子都没见过这么多钱，却能一分不留地捐出来。换我，我做不到。"张君达说，这样的孩子你怎么可能不帮她？

张君达也经常跟人讲张萌的故事，张萌是陕西渭南市大荔中学的学生，是个聪明、活泼的女孩。不开口，看不出她初中二年级便双耳失聪，不但听力完全丧失，还伴有持续性耳鸣。这个顽强的女孩，一度因病辍学，但很快，她不但回到学校和正常学生一起升入高中，还取得了全年级第六名的好成绩。

2009年初，到渭南走访"珍珠班"时，张君达听说了张萌的故事。"我非常惊讶。你能想象吗，两年多时间，完全听不见老师的声音，却坚持坐在教室里听课！"当他和朋友台商蒋至强讲起张萌时，蒋至强也感叹这个小姑娘的毅力实在不可思议，他们一致认为，"这样的小朋友不能放弃"。2009年3月，在张君达与蒋至强的资助下，张萌到上海五官科医院做了人工耳蜗植入术。重新进入有声世界的张萌不孚众望，术后半年，听力还未完全恢复，就跃升为全县第一名。

正是因为这些太多的感动，让张君达更坚定地下决心要将慈善做下去。而企业家出身的他，具有天生的危机意识。虽然目前基金会运作良好，捐款数量突破了4500万元，但他还是早早地为基金会未来的发展做着计划。

在他的计划中，首先要继续扩大募集善款的来源范围。基金会成立之初，捐款全部来自海外，包括中国台湾、北美等地区。而如今，来自中国大陆的捐款已经占到31%，这些捐款主要来自上海、北京。他计划在今后两年将这个比例扩大至50%，而他也将募集善款的对象定位于目前先富起来的阶层。"相比于富人，中产阶层更热衷于做慈善事业，他们将是未来慈善事业的中坚力量。"张君达表示。而之所以要竭力扩大中国大陆捐款的来源，主要是因为现在海外对中国大陆的认知在改变："我的很多台湾朋友都在讲，如今大陆已经这么富裕了，为什么还要捐款给他？"他认为将来的捐款一定会往非洲走，因为那里的人们不仅是教育问题，还在为解决生存问题而挣扎。

此外，张君达也在谋求更多的企业加入到慈善事业之中。目前，基金会正在跟东方希望集团合作，东方希望集团以在设有自己工厂的地方赞助"珍珠班"的形式参与到此项计划之中，而这些"珍珠生"可以到工厂实习、勤工俭学甚至就业。"只要能帮到孩子，我觉得任何形式都可以商量。"

谈及对慈善事业的发展建议，张君达只有简单的一句话："希望更多人参与进来。"

牛锡明：财富管理是银行转型必然选择

（原载于2012年10月16日　上海证券报）

作为理财规划的一部分，与普通老百姓一样，交行行长牛锡明也爱买银行理财产品。牛锡明偏爱短期理财产品，35天的、15天的，甚至是7天，当然产品必须是交行的。

不过与普通老百姓不同，牛锡明买理财产品的目的并不仅仅是为了追求经济收益。作为一行之长，他想通过这种方式对自家的产品有一个切身的体验。在有了切身体验之后，他通常会对业务部门提出改进建议。

近两年以来，商业银行理财产品发行火爆，而发行理财产品也成为商业银行发展财富管理业务最重要的内容之一，但建设财富管理银行不仅仅是发发理财产品这么简单，还涵盖更加丰富的内容。针对未来国内财富管理市场的发展以及商业银行向财富管理银行转型等话题，牛锡明接受了本报记者专访。

财富管理：银行具备天然优势

银行在网点和电子化销售渠道以及专业化的财富管理队伍方面拥有绝对优

势。

上海证券报：目前信托、基金、券商、保险以及银行均提出了财富管理的理念，在财富管理市场的竞争中，银行具备哪些优势？面对来自其他金融机构的竞争，商业银行应该如何应对？

牛锡明：我认为，银行在财富管理领域的竞争优势包括以下几个方面：首先是服务渠道和声誉优势。与其他金融机构相比，银行在网点和电子化销售渠道以及专业化的财富管理队伍方面拥有绝对优势。其次是风险管理优势。从风险角度看，银行业受到的风险监管是整个金融业中最严格的，拥有专业化的信用风险、市场风险和流动性风险管理队伍和管理能力，整体风险可控。

此外，银行还有综合经营的优势。近年来，我国商业银行，特别是大型商业银行的综合经营试点稳步推进。综合经营丰富了商业银行的服务内涵，使银行可以通过子公司与母行之间的联动，发挥自身的牌照优势，整合集团内部各业务部门的专长，开发出创新性的产品，提供差异化的服务，在财富管理领域形成竞争优势。

面对来自其他经营机构的竞争，商业银行可采取以下策略：首先，加大与其他金融机构的合作，建立共赢的利益合作机制，通过产品代销、产品定制等形式更好地满足客户的需求；其次，稳步推进综合化经营，提高集团内部满足客户多元化财富管理需求的能力；再次，加快国际化步伐，提高境外配置资产的能力；最后，内部进一步提高自身财富管理能力，优化客户结构，加快产品创新，进一步提升服务质量。

银行理财产品：回归资产管理属性

银行理财产品填补了投资领域从无风险低收益的银行存款到高风险高收益的股权类产品之间的空白；随着货币政策的阶段性调整，全行业的存款饥渴症将在一定程度上得到缓解，通过理财产品揽存的动机有所减弱，银行理财产品资产管理的属性将逐步占据主导地位。

上海证券报：近两年，商业银行理财业务飞速发展，银行理财的爆发式增长一方面受益于中国经济的高速成长，另一方面也跟目前的宏观经济环境有关系，您如何看待银行理财业务的爆发式增长及今后的发展？

牛锡明：纵观近几年银行理财市场的发展走势可以看出，银行理财市场与宏观经济运行特征、市场流动性状况、资本市场景气程度以及投资者的风险情绪等因素息息相关。究其原因，既有来自市场需求和银行供给层面的动力因素，也有银行需要满足监管规定的压力因素。例如，2011年通货膨胀和负利率催生了居民的投资理财热情，银行理财产品对存款的替代性高，满足了客户需求。再如，中国大规模的储蓄存款有着提高收益率的巨大需求。近几年股票市场整体延续震荡下行的趋势，股票和基金在风险资产配置中的重要性和地位明显下滑。银行理财产品为投资者提供了一个可分享市场利率的渠道，不仅收益率明显高于银行存款，且主要投资于固定收益类产品，风险相对较小，填补了投资领域从无风险低收益的银行存款到高风险高收益的股权类产品之间的空白，消除了中国金融市场投资谱系中风险收益配比的断点，从而满足了广大投资者的需要。

预计未来银行理财市场将呈现以下变化：首先，银行理财产品发行数量和产品余额增速将有所放缓。随着通胀的回落和市场利率下行，银行理财产品的吸引力将有所下降。从供给端的情况看，随着货币政策的阶段性调整，全行业的存款饥渴症将在一定程度上得到缓解，通过理财产品揽存的动机有所减弱，银行理财产品资产管理的属性将逐步占据主导地位。

其次，理财产品的期限结构有所拉长，收益率将有所下降。受监管政策指引，短期理财品种（1个月以内）的发行数量将明显下降。商业银行出于期限错配的需要，会适当拉长产品期限，以获取相对较高的收益。随着市场利率下行，理财产品的收益率也将随之步入下行通道。

此外，资金池类产品将更加规范，对商业银行风险管理提出更高的要求。在监管政策引导下，2012年，资金池类理财产品将向现代资产管理模式下的资产组合类理财产品演化，商业银行的资产管理能力也将由此迈入到一个新的阶段。

上海证券报：交行是国内商业银行中最早提出财富管理理念的银行，目前交行财富管理体系建设得如何？有哪些独具特色的业务类型？

牛锡明：目前国内银行业在财富管理业务上基本处于同一起跑线上。但交行在财富管理业务的六个要素上（客户、平台、产品、队伍、品牌、渠道），已形成一些特色做法和先发优势。

我们率先在业内建立起客户分层服务体系，形成了包括"私人银行""沃德财富""交银理财"等品牌的个人财富管理客户分层服务体系，其后推出了公司客户"蕴通财富"服务品牌。

我们还率先在业内搭建起了跨境、跨市场的全球综合财富管理平台。2010年启动以建设新一代信息系统为目标的"531工程"，为财富管理业务的发展提供系统支撑。

此外，交行拥有丰富的产品线，能够提供包括投行、资产管理、信托、租赁、供应链金融、托管、理财、贵金属销售等在内的多品种金融服务。

我们还建立了一批财富管理领域的人才队伍。截至2012年6月末，境内各类个金客户经理合计超过1万人，其中沃德客户经理2178人。境内银行机构共有AFP、EFP和CPB持证人员5750人。

在品牌的培养方面，我们也形成了较高的品牌知名度和美誉度。塑造"交通银行，您的财富管理银行"的崭新形象，财富管理品牌形象不断凸显。

我们还独家提出了"三位一体"（物理网点+电子渠道+客户经理）服务模式。致力构建便捷强大的"全渠道"电子交易平台，新一代手机银行、网银功能处于行业领先地位。最近，我们推出全国首台全新ITM远程智能柜员机，打造"远程智能柜面服务"新模式，以实现未来网点的"无人银行，有人服务"。

跨境管理：知难而进

我们希望能够为高净值客户提供跨境、跨业的组合型服务，于是我们就提出打造一个跨境和跨业的财富管理平台。

上海证券报：我们注意到交行最近在财富管理领域提出了一个新的概念，叫跨境财富管理，跨境财富管理主要涵盖哪些内容？

牛锡明：在财富管理领域我们做了一系列系统建设。在这么多年的工作实践中，我们发现，对于很多客户仅仅发些理财产品是无法满足其需求的，财富管理的内容需要丰富和充实。客户的需求是多元的，比如有些客户不仅有银行业务的需求，也有租赁、信托、保险等方面的需求。有些客户不仅有境内的需求，也有境外的需求。我们希望能够为高净值客户提供跨境、跨业的组合型服务，于是我们就提出打造一个跨境和跨业的财富管理平台。

这项工作的提出已经有一两年的时间了，目前我们也正在探索，但真正做起来是比较难的。就跨境来说，会涉及全球不同的市场，这里面就有监管的问题、汇率的问题、资金流动的问题，还有IT系统的支撑问题，我们目前的IT系统支撑商业银行业务是没问题的，但如果要做跨境和跨业，我们的IT系统必须要跟上去。这一系列问题做起来是有难度的，对我们来说是一个很大的挑战。但不管怎么说，未来的趋势是我们必须要能够为客户提供跨境和跨业的财富管理服务，如果没有这样一个平台，你就不能为客户提供全方位的服务，下一步肯定要这么走。

目前在跨境方面，我们首先在香港建了一个私人银行的平台，这个平台与我们内地是相通的，香港的私人银行平台可以为内地的私人银行客户提供服务。另外，我们今年提出要进一步加快发展离岸业务。目前主要通过这两个方面推进跨境财富管理。

在综合化经营方面，交行以满足客户多元化的财富管理需求为宗旨，加强境内外机构、母公司与子公司之间的协同联动，形成了包括银行、基金、保险、信托、租赁、投行、证券等业务领域的全牌照经营，为客户提供多元化、跨市场、一体化的财富管理服务。

利率市场化：银行"阵痛"

利率市场化下是银行业"各显神通"的时候，银行业将加速分化，甚至重新洗牌。

上海证券报：目前商业银行发行的理财产品同质化现象比较严重，并且品种也不够丰富，未来应该如何通过金融创新提供更加丰富的产品？

牛锡明：实事求是地讲，当前银行理财产品的种类并不少，目前的问题主要是风险可控的、高收益的产品比较少。这种产品比较少是因为受到了一定的限制，由于目前公众对于银行理财产品低风险的固有认识，银行理财为保证低风险只能在银行间市场做。其实有些高收益的产品往往是跨市场的，甚至是跨境的，还有一些收益较高的产品是跨行业的。

　　银行理财产品面临的一个重要问题是收益和风险匹配的问题，目前来看，普通老百姓有一个理念就是，银行是国家的，代表着国家信用，因此银行理财产品是低风险的。但就金融市场的规律来看，低风险必然是低收益，而高收益的产品必然是高风险。

　　在发行理财产品方面，今后我们还将以发行低风险产品为主，与此同时也会对客户进行分层，即针对普通老百姓销售低风险的产品，也会向高净值客户销售高收益高风险的产品，在销售这样的产品时必须充分向客户披露风险，让客户自主选择。

　　上海证券报：目前正在推进的利率市场化对银行发展财富管理业务提供了哪些机遇和挑战？交行将如何应对利率市场化带来的挑战并抓住可能存在的机遇？

　　牛锡明：长期以来，中国商业银行习惯于利差保护的温室下经营，利率市场化势必会对未来银行经营管理带来重大而深远的影响。首先是潜在盈利能力下降。根据其他国家的经验，利率完全市场化后的短时期内息差会有较明显的下降，中国银行业利润高增长时代将告一段落。其次是银行业经营模式将发生重大变化。在利差管制下，"规模即效应"，但在利率市场化环境下，传统的粗放式经营模式将面临颠覆性挑战。最后是市场竞争格局发生重大变化。利率市场化下是银行业"各显神通"的时候，银行业将加速分化，甚至重新洗牌。

　　利率市场化将是中国银行业必须面临、必然要走的路，因此交行也已经未雨绸缪，提前做了一些准备工作，做好应对挑战。首先，我们主动优化收入结构。实现非利息收入的重点突破，提升中间业务占比。在保持信贷业务平稳发展的同时，大力发展金融市场、同业机构、投资银行、资产托管、资产管理、国际结算、银行卡、电子银行、交易类等非利息业务。其次，调整业务结构。比如，大力发展消费金融、提高中小企业信贷占比；做大资金业务，将金融市场业务打造成新业务增长点；在传统信贷业务无法继续大发展的时候，大力发展投行等新兴业务，开展综合经营。此外，我们还着力调整客户结构，打造成长型客户结构，夯实客户基础；提升精细化管理能力，优化定价机制；加大创新力度，以差异化产品和服务提升客户黏性，避免价格战。

牛锡明：交行业务转型"在路上"

睿智、幽默、机智，这是交行行长牛锡明给记者的第一印象。掌舵交行近三年来，曾在多个场合与他相遇，这一印象愈发深刻：不论是在新闻发布会上，还是在其他场合与媒体"狭路相逢"，牛锡明总能用他的"牛氏幽默"机智地对答如流。

2012年9月，在上海陆家嘴交行总部的办公室里，牛锡明接受了本报记者的独家专访。作为国内首家提出财富管理理念的商业银行，交行如今已经在财富管理领域树立了自己的特色，而建设财富管理银行也成为交行"两化一行"发展战略的重要落脚点。

随着利率市场化的推进以及中国经济结构的转型，商业银行也面临着经营模式的转型，商业银行主要依赖息差的传统盈利模式必须改变。牛锡明介绍，从长远发展看，交行将逐步形成传统银行业务、金融市场业务和财富管理业务三大业务板块格局。

据了解，目前信贷业务在交行的收入占比在70%左右，未来这一比例将下降至50%，取而代之的是，资金交易类业务的占比将上升到30%，财富管理业务上升至20%，形成"532"的收入结构。目前来看，后两类业务有着很大的提升空间。

在具体的业务规划方面，交行将从对公和对私两个业务领域全方位推进向财富管理银行的转型。在对公业务方面，确立以财务顾问为核心，突破以销售产品为主的现状，完成向知识型、智慧型银行的转变，形成跨行、跨业、跨境、以财富管理顾问为核心的个性化服务特色。此外，建设优秀的对公财富管理专业团队，并建立对公财富管理及融资总量安全体系。

在对私业务层面，为加快沃德财富管理的建设，交行已于去年成立了由行长担任组长的财富管理银行建设领导小组，统筹财富管理业务发展。目前，交行已成立了私人银行一级部门，正在积极争取私人银行专营机构牌照。

在掌舵交行之后，牛锡明就开始在对公业务层面对交行的业务进行大刀阔斧的改革，其中最重要的一项内容就是推行为集团化的客户提供"一站式"服务。这项改革主要包括两个层面的内容，即首先对交行内部的资源进行整合，推行"准事业部制"，给客户一个交行的总体感觉。其次，为客户提供一揽子整体服务方案。

为此交行在北京成立了一个大客户部，这个大客户部牵头做63家大型企业的业务，这63家企业主要是央企。目前北京大客户部已经为5家企业提供了这样的服务，今年可以增加到10家。而除了北京的大客户部，各个地方的分支行也有各自牵头负责的企业，这些分支行在做业务时，只要向总行公司部汇报，就会由总行统一协调解决。这项改革正是为了适应交行目前正在推行的业务转型。用牛锡明的话来说，大型企业不仅有信贷需求，还有融资租赁、理财等多方面的需求，通过整合全行资源、统一协调的方式可以很好地满足企业在这些方面的整体需求。

牛锡明介绍，交行还将深入推进个人财富管理体系的建设。交行将继续按照八大个人财富管理银行体系建设目标要求，紧紧抓住财富管理银行建设的"客户、产品、规划和队伍"四大支柱，着力提升品牌、科技、风控和评价等关键因素的支撑力，积极推动财富管理业务快速增长。

第五章

Chapter5

新 三 板 建 设 ， 还 在 路 上

任何新鲜事物的诞生，在资本市场往往意味着新的投资机会。全国中小企业股份转让系统也称为新三板于2013年成立并扩容到全国，意味着资本市场多层次建设的丰富完善。

上海证券报社是比较早关注新三板建设的专业媒体，并一直引领着新三板报道的话语权。2014年5月27日上证报社举办"2014中国股权投资论坛"，邀请股转系统董事长杨晓嘉发表主题演讲，在当晚组织的第一届"金融资"沙龙，邀请了10家中小企业进行了现场路演活动，受到投资界人士的强烈关注。

恰逢其时，"金融资"沙龙推出后在资本市场反响热烈。每一期沙龙嘉宾盈门，专业、务实、严谨，成为专业探讨新三板市场发展和制度建设的闭门会议，也是新三板公司与投资人有效对接的专业平台，一定程度成为新三板市场趋势的风向标。在我们专业团队的共同努力下，近两年时间的精心运作，"金融资"沙龙真正发挥了专业财经媒体作为市场建设者和推动者的基石作用。

千江有水千江月。未来，新三板市场的制度建设依然任重道远，需要市场各方共同努力推动，需要时间的检验。本章选取我在"金融资"沙龙上的几篇发言，作为当时的专业财经媒体人士，专业、客观、严谨的作风与淡定从容的智慧，是不倦的追求。

往事并不如烟，再回首，非常感谢当时报社新三板负责团队所做的努力和工作。感谢我们曾经携手共同走过一段美丽的人生岁月。

沟通创造价值　融合孕育卓越

——在2014年8月22日"金融资"沙龙上的讲话

　　感谢大家今天来到上海证券报社参加"金融资"沙龙活动。从2010年开始，我们已经连续五年举办了"中国股权投资论坛"和"金融资"颁奖活动，构建了一个聚集国内优秀PE机构交流碰撞合作的重要平台。从今年开始，"金融资"沙龙也正式启幕。我们通过邀请有融资需求的企业和有并购、投资需求的机构、上市公司等各界人士，利用闭门沙龙的形式，进行路演沟通，促进投融资各方实现充分交流，搭建为各方提供更具价值的信息和项目服务的平台。

　　两个月前，在我们举办的年度融资论坛上，专门设置了"金融资"沙龙专场，举行了第一次"金融资"并购沙龙，邀请了数十家上市公司、PE机构和拟融资企业参与。路演效果很理想，会后成功帮助一家企业完成了融资。这家企业恰好也是一家新三板公司。

　　今天这场"金融资"沙龙，是上海证券报作为中国第一家财经日报和主流财经媒体，第一次主办以新三板企业为主角的活动。各位所处的这个场地，一直是资本市场一大批蓝筹公司和价值成长公司进行新股发行以及再融资路演的地方。我们非常高兴，今天有四家紧扣经济转型和产业发展方向的新三板明星企业即将走上演讲台。

　　今天恰好是做市商制度开闸前的最后一个交易日，下周一也就是8月25日，新三板市场具有划时代意义的大幕将徐徐拉开，做市商制度正式推出，三板市场股权交易的流动性有望发生质的飞跃。可以想象，包括今天来到现场的四家企业在内的诸多优质新三板企业，有望在新三板新规下的蓝海里受到更多投资者的青睐。希望在未来的新三板市场，有可能走出中国未来的Facebook、微软，也会有一批价值投资者随着新三板和优质企业的成长，成为中国的"巴菲特"。

　　在这个时刻，上证报社举办这样一个活动，可谓天时、地利、人和。我们衷心希望通过搭建这个平台，更好地为各位企业家朋友和机构投资者朋友们整合聚集资源，我们希望通过各种主题的项目对接，推动企业进一步做强做好，实现投资者、企业家和中介机构的多方共赢。

未来，"金融资"沙龙还将就新三板拟挂牌企业、上市公司并购项目以及文化产业、环保产业等主题进行专场活动，继续欢迎各位朋友们共同参与。谢谢！

远见者，稳健

——在2015年7月13日"金融资"沙龙上的讲话

这两个星期，中国资本市场惊心动魄，众多市场投资者在这一轮冰火两重天的市场变幻中感受深刻。今天，我们举办"金融资"沙龙活动，相信在座的诸位嘉宾应该对资本市场以及新三板市场的理性投资与健康发展，有着更为刻骨铭心的体会。这非常有意义。

一定是有不少投资人都目睹了新三板市场的跌宕起伏。在这一轮极端的行情中，短短几个小时三板做市指数放量暴跌超过12%，600家发生交易的公司中，约30家公司的市值跌去了三分之一。不过我们也看到，在这次震荡中，年轻更具市场化的新三板市场也发挥了自身高效和自我修复的能力。不少优质企业大股东积极入场自救，二级市场投资者也自发入场，做市指数领先于主板企稳、反弹。一些优质企业，包括今天与会的新三板企业，在本次下跌中彰显了投资者对其内在价值的信心。这也很不容易。

市场的剧烈调整有其必然性，暴露出资本市场在制度设计和监管理念等方面存在的弊端与漏洞。此次调整，也同时系统性地重塑了新三板市场的估值体系。目前，新三板整体市盈率低于30倍的公司占比已上升至44.4%，做市板块整体估值低于30倍的公司占比上升至45.6%。截至7月7日，2682家挂牌企业中连续两年符合创业板IPO财务条件的企业已经高达710家，这些企业2014年ROE达14.24%，高于创业板以及符合创业板IPO财务条件的中概股。

对于大家尤为关注的新三板流动性问题，就流动性指标看，目前557只做市股票的平均股东户数已从4月末的71户上升至92户。我们从监管机构获得的信息称，改善流动性，促进市场健康发展的"组合拳"，如优化交易制度、引入非券商做市机构、提高现有做市商的市场作用等，正在有条不紊地进行中。

上次"金融资"沙龙举办之时，正是资本市场如火如荼之际，也是在这张讲台上，我提出了"站在风口上，希望新三板市场各方冷静，风动而心静"。知易行难，只有经过市场洗礼，才能体会稳健前行的意义。对于调整后的新三板市场发展，我还是比较有信心。从宏观层面讲，最近几个月，几项经济数据在企稳走好，包括工业增加值、出口降幅、PMI连续三个月回升，这也是对改革和资本市场走好的重要支撑。从新三板自身角度讲，这是比较市场化的市场，一步实现注册制，投资者主要是机构和有一定实力的投资人，相对更稳定成熟。从国家对资本市场以及新三板市场的定位讲，希望资本市场尤其新三板市场能够为实体经济的发展带来活力和推动，能够成为承接中国经济这一轮改革的坚实平台。

但是，不容忽视的是，资本市场本身长期存在的弊端及问题，投资人的急功近利及浮躁贪婪，这些都决定了资本市场难以走出周而复始的循环怪圈。在这种环境下，新三板企业稳健经营持续发展的定力、智慧，以及回报投资人的意识，就显得难能可贵。

在此，我祝愿各位企业家朋友们路演成功，也欢迎各位到场的机构代表畅所欲言，积极交流。未来，"金融资"沙龙还将继续推出各项专场活动，欢迎各位朋友们多多支持，共同参与。

让资本回归本源　让三板创造价值
——在2015年8月31日"金融资"沙龙上的讲话

感谢大家在百忙中再次相聚到上海证券报社，参加本届"金融资"沙龙活动。

一个月前的7月8日，新三板做市指数创出正式运行以来的新低1103点，令众多新三板企业家和投资人陷入失望乃至绝望之中。就在这天后的7月10日，我们逆势举行了"金融资"沙龙，上百位企业家和投资人济济一堂。在那天的活动中我以"远见者稳健"为主题进行了演讲，获得了业内人士的认可。

随着这轮股市调整的持续和加剧，关注新三板的更多企业家和投资人士开始深刻地意识到：新三板市场由于天生的更具市场化基因，使其更接近于价值投资。这要求我们的企业家更要脚踏实地，摒弃浮躁，以持续稳健的经营和业绩来回报投资者。投资者也要回归价值投资本源，寻找并发现投资一批真正具有发展潜力和发展前景的可持续成长的优秀公司。

从事证券市场报道多年，我深刻地认识到资本市场存在的深层次问题：一个是上市公司普遍存在的公司治理问题，另一个是市场制度设计上存在的不完善，以及市场上弥漫的散户投机文化。

新三板作为最新设立的全国性的股权交易场所，应该说一定程度上吸取了A股市场的经验及教训，从设立之初就努力探索在制度建设上更加市场化，以及加快与国际资本市场接轨。新三板市场不仅承载着本届政府的"万众创新"战略推进器的功能，也有着推动多层次资本市场体系健康发展的使命。截至目前，新三板挂牌家数超过3200家，蔚为壮观。

不过，今天的新三板，虽然迈出了发展的重要步履，但还只是探索实践的一小步。市场建设需要时间，新三板的制度红利归根结底是市场化的红利，而非简单政策套利的红利，这就需要市场的各方参与者都要真正适应市场化的市场，按照市场化的思路，践行投资、融资、服务、创新，从而实现价值创造。这样，才能让资本回归本源，让新三板创造价值。

当前，中国资本市场这次巨大的震荡调整还没有结束，新三板后续政策的落地还需要时间，流动性问题短期内也无法改变。但是，在这里，可以与到场的各位朋友一起分享一下我们对新三板市场观察到的一些积极现象。

我们欣然看到，相对于主板企业，代表中小微企业和新兴产业的新三板企业中报的整体业绩增长情况更为乐观，一些优质的新三板企业已经在逆势中布局、发力，甚至在股价上走出独立走势。即将进入尾声的中报披露显示，对比同期披露半年报的千余家A股上市公司的数据，新三板中报的这份成绩单还不完整，但新三板企业已经开始显露出朝气。据上证报社"金融资"统计，截至8月14日，3211家新三板公司中已有1036家企业披露中报，占比32.26%。其中728家公司营业收入增幅为正，占已披露中报企业的70.27%；营业收入超过亿元的有162家，占比15.64%。

净利润超过千万元级别的新三板企业达到195家，其中有18家企业超过5000万元，6家企业超过亿元。

自2014年5月上海证券报社举行第一次"金融资"沙龙路演以来，我们关注和报道了大量的优秀新三板企业，目睹了它们如何面对产业和资本市场的各种挑战，如何一步步做大、做强。在一年多对新三板市场的观察、报道和研究中我们深深地体会到，长远的战略规划、优秀的管理团队、良好的业绩回馈对企业以及具有战略思维的投资人，这些都是核心与根本。

本周正值新三板推出做市商制度一周年。做市企业数量从一年前启幕时的首批做市企业43家，占市场总数1069家的4%，提升至8月24日的737家，占市场总数3295家的22.3%。做市商的数量也增加到了88家。这一年间，新三板市场的发展对做市商提出的挑战和考验，也是全新而严峻的。这背后，则是推动中国投行回归价值创造的本源，要求做市商真正具有资本定价能力，具有全产业链服务能力，具有不断创新的能力。

显然，在审批制下发展多年的券商投行，这些能力已经弱化。尤其是一批跟不上市场发展的券商，做市商的角色非常不到位。这一轮股市剧烈震荡调整过程中，不少新三板企业开始关注并要求做市商为企业提供的服务究竟怎么样，提供的做市交易金额是否充足、流动性是否充裕。

将做市成交总金额作为依据，从去年10月27日到今年的8月14日，做市成交总金额在50亿元以上的只有四家券商，国信证券87.34亿元，东方证券79.15亿元，齐鲁证券71.26亿元，国泰君安54.4亿元。根据"提供做市服务的企业平均成交金额"这一数据，东方证券自2014年第四季度至今，名列前茅。优秀的做市商，需要肩负起对新三板企业规范服务与创造价值的责任。

这次中国资本市场的大动荡还没有结束，对于新三板市场发展的未来，在这里与大家分享一下我的观点。

回顾中国过去30年的改革开放，在国家主导的改革陷入停滞之时，真正有突破性的改变却在社会主义经济的边缘暗潮涌动，家庭联产承包、乡镇企业、个体经济和经济特区成为20世纪80年代中国经济转型的先锋力量。正是在这一系列边缘革命的带动之下，中国逐渐步入了现代市场经济。实际上，在任何一个社会中，实力最强大的要素一般都不是变革的最佳动力。纵观股市这轮震荡中的新三板市场，没有政府救市的强大支撑，而是完全依靠市场自动出清调整，实现让股价回归应有价值，企业家回归创业经营与价值创造的核心，投资人回归投资本源。最近，一批各有特色的企业依旧源源不断地加盟新三板，市场每天充满朝气，散发着勃勃生机与活力。

"要坚持改革，允许改革犯错误，但不允许不改革"，这是中国领导人的至理名言，影响了中国一个时代和整个世界。

我们相信，市场和时间是真正的试金石，新三板的未来属于远见者、实干者、价值创造者以及坚守者。

今天这场"金融资"沙龙专场，活动的主角是由我们团队邀请到的五家充满活力的中小企业，它们分属于生物医药、TMT、高端物流、有机农业等领域，各自深耕多年。在此，我祝愿各位企业家朋友们路演成功，也欢迎各位到场的机构代表畅所欲言，积极交流。未来，"金融资"沙龙还将继续推出各项专场活动，欢迎各位朋友们多多支持，共同参与。

规范运作是新三板市场发展之本

——在2015年11月20日"金融资"沙龙上的讲话

感谢大家在百忙中再次相聚到上海证券报社，参加本届"金融资"沙龙活动。

在座的许多朋友已经陪"金融资"一起走过了一年多的时间，也一起见证了新三板市场从去年的扩容，到今年年初的疯狂，再到7月的暴跌，以及如今的复苏。7月初新三板做市指数创出正式运行以来的新低1103点的时候，我们逆势举行了"金融资"沙龙，提出了"远见者稳健"的观点，获得业内人士的认可；8月、9月市场持续低迷，投资人和企业家陷入迷茫，我们在那一期沙龙中提出，新三板才是让资本回归本源的市场，实现价值创造的市场，新三板的未来属于远见者、实干者、价值创造者以及坚守者。相信今天来到现场的朋友都是这个市场的坚守者，也从坚守中分享到了11月以来市场复苏的喜悦。

在今天的"金融资"沙龙上，我们继续提出建设性意见和对未来的希望：只有规范运作，才是新三板市场发展的根本。希望新三板市场从监管者到投行、做市商等中介机构以及新三板公司，都能对"规范运作"积极践行并坚守。

最新的新三板市场情况不错。截至2005年11月17日，新三板做市指数报收1460.05点，十连阳后的累计涨幅已经在10%以上，从新三板的二级市场交易上，可以看到有明确的回暖迹象。新三板的一级市场，也就是定增的数据显示，10月新三板预计募资总额为176亿元，出现了小幅回升，实际完成金额累计达到121亿元，融资效率为47.5%。

企业的估值水平也正在得到修复。截至上周末，新三板整体PE为37.4倍，做市板块和协议板块的估值水平分别为38.2倍和36.4倍，均较9月出现了大幅回升。定增的估值上，10月新三板一级市场预案公告日计算的整体市盈率为26.2倍。

种种数据显示，新三板市场正在渐渐走出低谷，更多的投资者正在回到市场中来。

新三板市场的发展及波动与我国宏观政治、经济的变化以及资本市场的改革息息相关。今年的资本市场充满变数，从监管部门的反腐风暴，到核心机构的整顿、洗牌，一系列重拳出击，意味着中国资本市场进入了转型的关键时期。从企业家到投资者，都面临着需要思路的转变。

多年以来，中国资本市场尤其是证券市场存在着种种问题。其中两种现象尤其突出，一是市场制度设计上存在的不完善，从机构到散户弥漫着投机文化；二是大量上市公司普遍存在着公司治理问题，不按规则实现公司治理、信息披露、公司运营，忽视乃至践踏中小投资者的利益。

随着今年资本市场的大变局，相信越来越多的市场参与者已经开始意识到：投机、违规迟早要付出惨痛代价。一个规范健康的资本市场，应该是企业家脚踏实地，摒弃浮躁，以持续稳健的经营和业绩来回报投资者；投资者回归价值投资本源，寻找发现投资一批真正具有发展潜力和发展前景的可持续成长的优秀公司；监管者也回归本位，从制度设计和监管上有所为有所不为，这样整个中国资本市场才会走上健康可持续发展之路。

新三板作为最新设立的全国性股权交易场所，应该说一定程度上吸取了A股市场的经验及教训，从设立之初就努力探索在制度建设上更加市场化，以及加快与国际资本市场接轨。新三板市场不仅承载着本届政府的"万众创新"战略推进器的功能，也有着推动多层次资本市场体系健康发展的使命。截至目前，新三板挂牌家数已经超过4000家，我们也看到越来越多从财务指标、发展前景不亚于主板、中小板、创业板公司的优质企业越来越多地出现在了新三板上。

新三板呈现出了复苏的迹象，我们可以预计，随着未来分层细节的不断明朗化，具有基本面支撑的企业将得到更多关注。分层之后，做市商制度完善或将提上日程。我们相信未来投资者准入门槛调整、做市商扩容、交易制度变革等一系列改革的路径将逐一展开。

但在这里，我还是要再次提醒新三板的挂牌企业以及中介机构，目前新三板市场还只是探索实践的一小步。市场建设需要时间，新三板的制度红利归根结底是市场化的红利，而非简单政策套利的红利，这就需要市场的各方参与者都要真正适应法律法规的规定和要求，认认真真坚守稳健经营，踏踏实实严格规范运作，以真正的投资价值回报投资者。只有这样，市场才能健康发展，走得长远。

新三板将经历一个大浪淘沙的过程

——在2016年1月15日"金融资"沙龙上的讲话

感谢大家在百忙中再次相聚到上海证券报社，参加本期"金融资"沙龙活动。

回想起两年前的2014年1月，也是在冬去春来的时候，新三板市场迎来了大扩容。当时，我们上海证券报社参与报道百家企业挂牌大会，投资者充分感受到大地回春、生机勃勃的氛围。而今，新三板的春天还在继续，希望今年的新三板市场能够进一步呈现出活力。

今天，进一步与大家交流一下我们对当前资本市场尤其是新三板市场的思考。我们认为，新三板市场作为最年轻的全国性股权交易市场，发展势头迅猛，前景远大。同时，也必然要经历一个大浪淘沙的过程。作为市场的参与者，一定要居安思危，有所为有所不为，扎扎实实、脚踏实地，耕耘在这块希望的田野上。

我今天讲几个观点。观点一，在多层次资本市场建设的背景下，直接融资比例将大幅提升，包括新三板市场在内的制度建设在不断完善，对此我们要抱有长远的信心。

去年年中到今年年初，中国股市经历了一场巨幅波动，引发了人们对系统性金融风险的担忧。但从近两年资本市场改革与发展来看，从IPO重启到注册制改革推进，从新三板扩容到分层制度公布，从人民币中间价放开到SDR入篮，从地方政府债务置换到公司债新规，从资本项目进一步放开到自贸区扩围，从QFII额度提升到沪港通等，总体而言，中国多层次资本市场沿着市场化、法治化、国际化的方向深化改革。当然，过程一定会有起伏，其中一些问题，比如人民币汇率的走势，股市的波动能否解决好，也还在考验监管层的智慧。

我们了解到，股转系统下一步将从四个方面进行完善和调整。第一，强化融资功能，进一步完善股票发行制度，鼓励挂牌同时发行，发展适合中小微企业的债券品种，开展挂牌股票质押式回购业务试点。第二，改善市场流动性，将优化协议转让制度，大力发展做市业务，发展培育多元化的机构和投资者队伍，扩大长期资金的市场供给。第三，完善市场体系，在年内推出分层，建立新三板与区域股权市场的合作对接机制。第四，加强市场监管，进一步完善市场摘牌制度，完善市场监管规则和技术系统，牢牢守住不发生系统性风险的底线。

观点二，新三板市场进一步加强投研力量投入，加快以券商为核心的投研体系建设，将是目前市场的一个重点，也是股转系统高度关注的一个问题。

我们知道，要改善市场流动性，发展培育多元化的机构和投资者队伍，扩大长期资金的市场供给，前提就是要有强大的投研力量、丰富的投研报告和多元的研究、估值体系。目前新三板市场这一块的建设还是欠缺。具体到投资机构中，专业的新三板投研人员和投研团队也比较稀缺。无论是从规避风险的角度还是从获取长期收益的角度，未来新三板市场的主体无疑是属于有持续和完善投研体系的机构和投资者。

观点三，随着新三板挂牌企业快速突破五千家，2015年融资规模突破千亿元，一些新三板企业也出现了一些问题。我们认为，随着问题的积累和外部环境的变化，未来新三板不可避免地会迎来一个大浪淘沙的过程，也正是在这个过程中，真正优质的企业才会脱颖而出。

一年来的新三板市场上，我们看到了一些"乱象"，比如PE机构屡屡出现百亿元级的大规模融资，且投向不明，部分新三板企业股东甚至实际控制人操纵股价、从中牟利。一些问题企业已经被监管机构给予了叫停或者相应的处罚，有一些才刚刚浮出水面。这些现象值得我们关注重视，需要加大监管力度、加大处罚力度，也要求中介机构负起责任。

观点四，希望新三板企业家坚持规范经营，投资者坚持理性投资和融资，秉承"慢就是快"的大智慧，有所为有所不为。企业家应该扎根主业，做好产品和服务，在产业升级和转型中找准自己的位置。投资者要以调研和独立思考为基础，稳健规划、价值投资，不只定位为新三板市场的掘金者，更要定位为播种者、耕耘者。

目前新三板市场还只是探索实践的一小步。市场建设需要时间，需要市场的各方参与者都要真正适应市场化的市场，按照市场化的思路践行投资、融资、服务、创新，从而实现价值创造。

以脚踏实地的姿态看待新三板发展
——在2016年7月29日"金融资"沙龙上的讲话

感谢各位在百忙中来到上海证券报社路演中心，参加由上海证券报社与海通证券联合举办的新三板路演，也是第十期"金融资"路演沙龙活动。

长期以来，上海证券报在新三板这个蓬勃发展的市场上一直走在舆论引导和引领市场发展的前沿，为这个新兴市场的健康发展提供着正能量。早在两年前的2014年5月，上海证券报举办了首期"金融资"沙龙，这也是上海首个面向新三板企业和投资方的路演平台。今年3月29日，我们与全国股转系统共同举办了"新三板创新发展论坛"，发起了国内首个新三板研究机构的投研宣言——陆家嘴宣言。

作为中国第一家财经日报和权威专业的财经媒体，为什么我们会高度关注新三板市场？我们一直认为新三板是中国资本市场上最具创新和发展空间的一个挂牌交易市场，截至7月27日，新三板挂牌家数已经达到7878家，新三板市场上涌现出越来越多从财务指标、增长速度到发展前景令人眼前一亮的优质企业。正在进行的新三板中报披露，已经有约90家企业披露了业绩预报或半年度报告，85%以上的企业实现了净利润的增长，显示了新三板优秀企业的巨大潜力。

我们也关注到高速发展的新三板市场目前面临着的问题。比如，随着市场持续扩容，而增量资金没有入场，当下的新三板市场面临着越来越严峻的流动性问题，融资功能受到越来越大的挑战。一些新三板公司转而走向被A股公司并购的道路。挂牌企业中出现的问题公司更值得警惕，一些公司在信息披露违规、大股东违规占款、侵害中小股东权益甚至财务造假等方面存在各种问题，《上海证券报》对上述违规行为也进行了系列报道。

任何市场的发展都并非一蹴而就。新三板市场这一年轻而快速发展的市场，目前出现的问题以及发展的状况，正是市场在这一发展阶段的综合反映。在近年来全球资产收益率一路下行的大背景下，在今年上半年国内GDP明确下调的宏观背景下，新三板企业的估值和价值出现下行并趋于回归市场平均，一批之前冒着泡沫的企业出现了泡沫的蒸发，而一批真正有着独特竞争力的优质企业也在脱颖而出。未来，即使新三板市场能够成长出十分之一的优秀企业，也相当令人充满期待。新三板市场的调整，将倒逼政策的推出。不过各项政策推出的时机，一定需要有政治和宏观层面的把握。

作为权威、专业、主流财经媒体，上证报伴随着中国资本市场的诞生而萌芽，跟随资本市场的发展而成长。我们始终善用媒体的力量，为建立多层次资本市场的良好生态而不断耕耘。新三板市场，是我们报道和服务的一个重点领域。在这里也诚挚地希望将来与在座各位展开更深入的合作。

附录一

Appendix 1

公募基金：浓墨重彩抒写荣耀

　　大力发展机构投资者，是资本市场制度建设非常重要的一环。1998年3月27日，中国证监会批准第一批公募基金成立，分别是基金开元和基金金泰，各20亿元规模，分别由南方基金管理公司和国泰基金管理公司管理，开启了中国公募基金发展的历史篇章。

　　见证了整个基金业近二十年的发展历程，这是专业财经媒体的价值。往事历历在目，至今记得，基金行业初创时期可谓蹒跚起步，基金经理到上市公司调研甚至面对"防火防盗防基金"的尴尬。

　　而后，经过一代制度建设者和行业创业者的奋斗，行业不断发展壮大，目前基金业规模达到近10万亿元，行业集聚了最为优秀的资产管理人士。

　　携手同行，专业财经媒体长期持续关注、深入报道、积极推动基金业发展，发挥着不可或缺的重要作用。走过近二十年的发展历程，基金业仍然存在着一系列深层次的问题：包括公司治理存在弊端，普遍忽视投资人利益；基金经理投资常常比较短视，没有更好发挥机构投资者中流砥柱的作用；行业内优秀管理人才不断流失，有效的激励机制一直没有很好地建立起来，等等，这些问题，市场各方一直在呼吁和探讨更好地解决。

　　这个行业是对人性的挑战，欲望与贪婪时时诱惑着基金经理包括资产管理行业的从业者。提升道德教育与约束，加强制度监管力度，加大法律严惩处罚，成为促进基金行业良性发展的重要课题。

　　致力于打造聚集优秀基金公司的专业评价平台，是上海证券报社多年的精心努力。自2004年推出第一届"上证报最佳基金公司奖"，至今，一年一度的"金基金奖"评选颁奖及中国基金业高峰论坛活动，已持续十四届，成为基金业年度盛会。

　　有风拂过。回首翻阅行业的荣耀（本书选录了前十三届获奖公司榜单），承载着基金业一代人的开拓与耕耘，凝聚着中国经济增长对资产管理行业发展的巨大推动。

　　风流总被雨打风吹去。这些年，虽然有那么多的优秀管理人先后离开了公募管理体系，令人叹息，但无论是公募基金的领军企业还是领军人物，在行业中都留下了浓墨重彩的一笔。而整个行业，也在不断走向发展壮大。

首届"上证报最佳基金公司奖"榜单 （2004年4月24日发布）

2003年度"最佳基金公司奖"： 博时基金管理有限公司

华夏基金管理有限公司

2003年度"最佳回报基金公司奖"： 易方达基金管理有限公司

2003年度"最佳服务基金公司奖"： 国泰基金管理有限公司

2003年度"最佳风险控制基金公奖"： 嘉实基金管理有限公司

2003年度"透明度最高基金公司奖"： 融通基金管理有限公司

2003年度"最佳创新基金公司奖"： 南方基金管理有限公司

第二届"上证报最佳基金公司奖"榜单 （2005年4月26日发布）

2004年度"最佳基金公司奖"： 易方达基金管理有限公司

2004年度"最佳回报奖"： 湘财荷银基金管理有限公司

2004年度"最佳服务奖"： 招商基金管理有限公司

嘉实基金管理有限公司

2004年度"最佳风险控制奖"： 国泰基金管理有限公司

2004年度"最佳管理团队奖"： 南方基金管理有限公司

2004年度"最佳营销奖"： 华安基金管理有限公司

2004年度"最佳投资者关系奖"： 博时基金管理有限公司

大成基金管理有限公司

2004年度"最佳创新奖"： 华夏基金管理有限公司

2004年度"最快进步奖"： 富国基金管理有限公司

2004年度"最佳潜力奖"： 景顺长城基金管理有限公司

第三届"中国最佳基金公司奖"榜单（2006年4月18日发布）

2005年度"最佳基金公司TOP大奖"： 广发基金管理有限公司

2005年度"最佳回报奖"： 易方达基金管理有限公司

2005年度"最佳服务奖"： 华宝兴业基金管理有限公司

2005年度"最佳风险控制奖"： 嘉实基金管理有限公司

2005年度"最佳管理团队奖"：　　　　海富通基金管理有限公司

2005年度"最佳营销奖"：　　　　　　南方基金管理有限公司

2005年度"最佳投资者关系奖"：　　　华安基金管理有限公司

2005年度"最佳创新奖"：　　　　　　华夏基金管理有限公司

2005年度"最快进步奖"：　　　　　　长盛基金管理有限公司

2005年度"最具潜力奖"：　　　　　　交银施罗德基金管理有限公司

2005年度"最具人气奖"：　　　　　　博时基金管理有限公司

第四届"中国最佳基金公司奖"榜单（2007年4月6日发布）

2006年度"中国最佳基金公司TOP大奖"：　华夏基金管理有限公司

2006年度"最具人气奖"：　　　　　　嘉实基金管理有限公司

2006年度"最佳投资回报奖"：　　　　景顺长城基金管理有限公司

2006年度"最佳风险控制奖"：　　　　海富通基金管理有限公司

2006年度"最佳管理团队奖"：　　　　交银施罗德基金管理有限公司

2006年度"最佳产品创新奖"：　　　　富国基金管理有限公司

2006年度"最佳营销服务奖"：　　　　上投摩根基金管理有限公司

2006年度"最佳投资者关系奖"：　　　广发基金管理有限公司

2006年度"最快进步奖"：　　　　　　工银瑞信基金管理有限公司

2006年度"最具潜力奖"：　　　　　　汇添富基金管理股份有限公司

2006年度"特别贡献奖"：　　　　　　南方基金管理有限公司

2007年度第五届"金基金奖"榜单：（2008年3月28日发布）

2007年度"金基金TOP大奖"：　　　　华夏基金管理有限公司

2007年度"金基金最佳投资回报奖"：　兴业基金管理有限公司

2007年度"金基金最佳管理团队奖"：　汇添富基金管理股份有限公司

2007年度"金基金最具创新精神奖"：　国投瑞银基金管理有限公司

2007年度"金基金最佳风险控制奖"：　工银瑞信基金管理有限公司

2007年度"金基金最具社会责任奖"：　建信基金管理有限责任公司

2007年度"金基金最佳营销服务奖"：　　　　融通基金管理有限公司

2007年度"金基金最佳投资者关系奖"：　　银华基金管理股份有限公司

2007年度"金基金最快进步奖"：　　　　　光大保德信基金管理有限公司

2007年度"金基金最具潜力奖"：　　　　　中银基金管理有限公司

　　　　　　　　　　　　　　　　　　　　中邮创业基金管理股份有限公司

"中国基金业十年杰出贡献奖"：

　　　　　　　　　　　　　　　　　　　　华夏基金管理有限公司

　　　　　　　　　　　　　　　　　　　　嘉实基金管理有限公司

　　　　　　　　　　　　　　　　　　　　博时基金管理有限公司

　　　　　　　　　　　　　　　　　　　　易方达基金管理有限公司

　　　　　　　　　　　　　　　　　　　　南方基金管理有限公司

　　　　　　　　　　　　　　　　　　　　华安基金管理有限公司

　　　　　　　　　　　　　　　　　　　　广发基金管理有限公司

　　　　　　　　　　　　　　　　　　　　交银施罗德基金管理有限公司

　　　　　　　　　　　　　　　　　　　　富国基金管理有限公司

　　　　　　　　　　　　　　　　　　　　上投摩根基金管理有限公司

2008年度第六届"金基金"奖榜单（2009年3月27日发布）

2008年度"金基金TOP大奖"：　　　　　华夏基金管理有限公司

2008年度"金基金投资回报奖"：　　　　兴业全球基金管理有限公司

2008年度"金基金管理团队奖"：　　　　华安基金管理有限公司

2008年度"金基金风险控制奖"：　　　　博时基金管理有限公司

2008年度"金基金创新精神奖"：　　　　交银施罗德管理有限公司

2008年度"金基金营销服务奖"：　　　　嘉实基金管理有限公司

2008年度"金基金社会责任奖"：　　　　南方基金管理有限公司

2008年度"金基金投资者关系奖"：　　　汇添富基金管理股份有限公司

2008年度"金基金最快进步奖"：　　　　工银瑞信基金管理有限公司

2008年度"金基金最具潜力奖"： 华宝兴业基金管理有限公司

2008年度"金基金特别贡献奖"： 易方达基金管理有限公司

2009年度第七届"金基金奖"榜单（2010年6月21日发布）

2009年度"金基金TOP公司奖"： 华夏基金管理有限公司

易方达基金管理有限公司

博时基金管理有限公司

2009年度"金基金投资回报公司奖"： 兴业全球基金管理有限公司

银华基金管理股份有限公司

华宝兴业基金管理有限公司

2009年度"金基金成长公司奖"： 新华基金管理股份有限公司

华商基金管理有限公司

摩根士丹利华鑫基金管理有限公司

2009年度"金基金创新公司奖"： 国投瑞银基金管理有限公司

长盛基金管理有限公司

嘉实基金管理有限公司

2010年度第八届"金基金奖"榜单（2011年4月8日发布）

2010年度"金基金TOP公司奖"： 华夏基金管理有限公司

嘉实基金管理有限公司

广发基金管理有限公司

2010年度"金基金股票投资回报公司奖"： 华商基金管理有限公司

农银汇理基金管理有限公司

东吴基金管理有限公司

2010年度"金基金债券投资回报公司奖"： 工银瑞信基金管理有限公司

富国基金管理有限公司

2010年度"金基金海外投资回报公司奖"： 海富通基金管理有限公司

交银施罗德基金管理有限公司

2010年度"金基金成长公司奖"：　　　　摩根士丹利华鑫基金管理有限公司

信诚基金管理有限公司

金鹰基金管理有限公司

2010年度"金基金创新公司奖"：　　　　国联安基金管理有限公司

汇添富基金管理股份有限公司

华安基金管理有限公司

2011年度第九届"金基金奖"榜单：（2012年4月20日发布）

2011年度"金基金TOP公司奖"：　　　　嘉实基金管理有限公司

华夏基金管理有限公司

建信基金管理有限责任公司

易方达基金管理有限公司

博时基金管理有限公司

富国基金管理有限公司

2011年度"金基金股票投资回报公司奖"：　新华基金管理股份有限公司

东方基金管理有限公司

兴业全球基金管理有限公司

2011年度"金基金债券投资回报公司奖"：　中银基金管理有限公司

广发基金管理有限公司

2011年度"金基金海外投资回报公司奖"：　国泰基金管理有限公司

南方基金管理有限公司

2011年度"金基金成长公司奖"：　　　　摩根士丹利华鑫基金管理有限公司

泰达宏利基金管理有限公司

东吴基金管理有限公司

2012年度第十届"金基金奖"榜单（2013年4月10日发布）

2012年度"金基金TOP公司奖：　　　　富国基金管理有限公司

广发基金管理有限公司

	嘉实基金管理有限公司
	交银施罗德基金管理有限公司
	南方基金管理有限公司
	鹏华基金管理有限公司
	易方达基金管理有限公司
	中银基金管理有限公司
2012年度"金基金股票投资回报公司奖"：	国海富兰克林基金管理有限公司
	国联安基金管理有限公司
	农银汇理基金管理有限公司
	新华基金管理股份有限公司
2012年度"金基金债券投资回报公司奖"：	长信基金管理有限责任公司
	工银瑞信基金管理有限公司
	万家基金管理有限公司
2012年度"金基金海外投资回报公司奖"：	国投瑞银基金管理有限公司
	华安基金管理有限公司
	建信基金管理有限责任公司
2012年度"金基金成长公司奖"：	东方基金管理有限公司
	浦银安盛基金管理有限公司
	信诚基金管理有限公司
	中欧基金管理有限公司

"金基金十年"特别奖：

"金基金十年·卓越公司奖"：	博时基金管理有限公司
	富国基金管理有限公司
	国泰基金管理有限公司
	广发基金管理有限公司
	华夏基金管理有限公司
	汇添富基金管理股份有限公司

嘉实基金管理有限公司

兴业全球基金管理有限公司

易方达基金管理有限公司

银华基金管理股份有限公司

"金基金十年·投资回报奖"：兴华证券投资基金（华夏基金管理有限公司）

安信证券投资基金（华安基金管理有限公司）

泰和证券投资基金（嘉实基金管理有限公司）

安顺证券投资基金（华安基金管理有限公司）

裕阳证券投资基金（博时基金管理有限公司）

汉盛证券投资基金（富国基金管理有限公司）

同益证券投资基金（长盛基金管理有限公司）

裕隆证券投资基金（博时基金管理有限公司）

普惠证券投资基金（鹏华基金管理有限公司）

国泰金鹰增长证券投资基金（国泰基金管理

有限公司）

"金基金十年·杰出领军人物奖"：　嘉实基金管理有限公司总经理　赵学军

2013年度第十一届"金基金奖"榜单（2014年4月18日发布）

2013年度"金基金TOP公司奖"：

景顺长城基金管理有限公司

嘉实基金管理有限公司

中银基金管理有限公司

农银汇理基金管理有限公司

华夏基金管理有限公司

上投摩根基金管理有限公司

华商基金管理有限公司

汇添富基金管理股份有限公司

华宝兴业基金管理有限公司

交银施罗德基金管理有限公司

2013年度"金基金股票投资回报奖"：　　　　银河基金管理有限公司

国联安基金管理有限公司

新华基金管理股份有限公司

泰达宏利基金管理有限公司

2013年度"金基金债券投资回报奖"：　　　　工银瑞信基金管理有限公司

万家基金管理有限公司

南方基金管理有限公司

2013年度"金基金海外投资回报奖"：　　　　广发基金管理有限公司

国泰基金管理有限公司

大成基金管理有限公司

2013年度"金基金成长基金管理公司奖"：　　天弘基金管理有限公司

摩根士丹利华鑫基金管理有限公司

华富基金管理有限公司

浦银安盛基金管理有限公司

2014年度第十二届"金基金奖"榜单（2015年4月22日发布）

2014年度"金基金TOP公司奖"：　　　　　　宝盈基金管理有限公司

兴业全球基金管理有限公司

中银基金管理有限公司

南方基金管理有限公司

华商基金管理有限公司

工银瑞信基金管理有限公司

景顺长城基金管理有限公司

长盛基金管理有限公司

华泰柏瑞基金管理有限公司

汇添富基金管理股份有限公司

2014年度"金基金股票投资回报奖"：　　　　浦银安盛基金管理有限公司

银河基金管理有限公司

	中欧基金管理有限公司
	信诚基金管理有限公司
	中邮创业基金管理股份有限公司
2014年度"金基金债券投资回报奖"：	易方达基金管理有限公司
	华富基金管理有限公司
	招商基金管理有限公司
	长城基金管理有限公司
2014年度"金基金海外投资回报奖"：	鹏华基金管理有限公司
	大成基金管理有限公司
	广发基金管理有限公司
	华安基金管理有限公司
2014年度"金基金成长基金公司奖"：	新华基金管理股份有限公司
	金元顺安基金管理有限公司
	汇丰晋信基金管理有限公司
	信达澳银基金管理有限公司
	平安大华基金管理有限公司

2015年度第十三届"金基金奖"榜单（2016年5月10日发布）

2015年度"金基金TOP公司奖"：	富国基金管理有限公司
	易方达基金管理有限公司
	汇添富基金管理股份有限公司
	华商基金管理有限公司
	中欧基金管理有限公司
	中邮创业基金管理股份有限公司
	华宝兴业基金管理有限公司
	广发基金管理有限公司
	工银瑞信基金管理有限公司
	南方基金管理有限公司

	银华基金管理股份有限公司
	嘉实基金管理有限公司
2015年度"金基金股票投资回报奖"：	银河基金管理有限公司
	浦银安盛基金管理有限公司
	新华基金管理股份有限公司
	长盛基金管理有限公司
	兴业全球基金管理有限公司
2015年度"金基金债券投资回报奖"：	长信基金管理有限责任公司
	建信基金管理有限责任公司
	博时基金管理有限公司
	华夏基金管理有限公司
	中加基金管理有限公司
	华泰柏瑞基金管理有限公司
2015年度"金基金海外投资回报奖"：	华安基金管理有限公司
	国泰基金管理有限公司
	上投摩根基金管理有限公司
	国投瑞银基金管理有限公司
2015年度"金基金成长基金公司奖"：	财通基金管理有限公司
	东方证券资产管理有限公司
	国金基金管理有限公司
	兴业基金管理有限公司
	国寿安保基金管理有限公司
	前海开源基金管理有限公司

注：以上数据均根据公开资料整理。

附录二

Appendix 2

信托业的超速发展

信托业规模一举逼近22万亿元，这是信托业截至2017年第一季度的骄人数据。作为信托业发展一直的见证者，与其之间有着颇为复杂的情缘。

忆往昔，当年我接手分管报社的信托业务时，信托业正又一次处于风雨飘摇之中。自1979年，信托业遭遇多次整顿。2005年左右，不仅有"江南第一猛庄"金信信托因"违规经营和经营不善，造成较大损失"被监管部门勒令停业整顿，庆泰信托、伊斯兰信托也分别遭遇清理整顿。信托业一片萧条，从业者纷纷面露苦涩，思考着行业何去何从。信托业的发展承载着监管者的智慧与行业机构的努力，2007年3月1日，信托业两条新规《信托公司管理办法》《信托公司集合资金信托计划管理办法》正式实施，明确了信托业发展的方向。

正是那时，2007年6月15日，上海证券报社策划组织"第一届信托峰会"，信托业监管者、资深研究人士和几十家信托公司高管纷纷出席，共同探讨信托业发展创新之路。这是一次信托行业闭门会议，对于信托业信心的鼓舞和发展的支持，具有深远的影响。

历经风雨，终见彩虹。随后，得益于中国经济的高速发展，信托业步入了快速发展的轨道，行业规模连连跃上新台阶。每一届"诚信托"颁奖和信托峰会，都不断迎来信托公司的资产管理规模连连刷新纪录的局面。中国经济发展的晴雨表，在信托业充分显现，信托业作为金融业四大支柱之一的地位和作用，正在发挥。

超速发展也容易引起失速发展，这是信托业不断思考的问题。新常态下，金融体制面临新的变革，信托业是否成为"影子银行"一度成为关注的焦点。信托业自身积极提出要进一步回归信托主业，回归本源，真正实现"受人之托，代人理财"，做强做大信托业。

回首连续十届"诚信托"奖获奖榜单（本书选录了前九届榜单），是对信托业这些年大踏步发展的分享与总结。新形势下，信托业谋求转型实现新发展，需要勇气，更需要智慧。

第一届上海证券报"诚信托"获奖榜单 （2007年6月15日发布）

2006年度"诚信托最佳信托公司奖"：

　　　　　　　　　　　　　　　华宝信托有限责任公司

　　　　　　　　　　　　　　　上海国际信托投资有限公司

　　　　　　　　　　　　　　　中国对外贸易信托投资公司

2006年度"诚信托最佳创新奖"：　　平安信托投资有限责任公司

2006年度"诚信托最佳回报奖"：　　深圳国际信托投资有限责任公司

2006年度"诚信托最佳风险控制奖"：　中海信托投资有限责任公司

2006年度"诚信托最佳服务奖"：　　苏州信托投资有限公司

2006年度"诚信托最佳房地产信托计划奖"：北京国际信托投资有限公司

2006年度"诚信托最佳公益信托计划奖"：云南国际信托投资有限公司

2006年度"诚信托最具发展潜力奖"：重庆国际信托投资有限公司

2006年度"诚信托最佳信托计划经理奖"：

　　　　　　　　　　　　　　　北京国际信托投资有限公司　吴庆斌

　　　　　　　　　　　　　　　华宝信托有限责任公司　白洋

　　　　　　　　　　　　　　　上海国际信托投资有限公司　顾安

第二届上海证券报"诚信托"获奖榜单 （2008年6月3日发布）

2007年度"诚信托最佳信托公司奖"：　　上海国际信托有限公司

2007年度"诚信托最佳创新公司奖"：　　华宝信托有限责任公司

2007年度"诚信托最佳回报公司奖"：　　深圳国际信托投资有限责任公司

2007年度"诚信托最具潜力公司奖"：　　交银国际信托有限公司

2007年度"诚信托最佳风控公司奖"：　　中诚信托有限责任公司

2007年度"诚信托最佳服务公司奖"：　　平安信托投资有限责任公司

2007年度"诚信托最佳成长公司奖"：　　中海信托股份有限公司

2007年度"诚信托最佳信托经理奖"：

　　　　安徽国元信托投资有限公司信托经理　梁晓明

　　　　华宝信托有限责任公司信托经理　刘雪莲

北京国际信托有限公司信托经理　何晓峰

第三届上海证券报"诚信托"获奖榜单（2009年6月6日发布）

2008年度"诚信托TOP大奖"：　　　　　华宝信托有限责任公司

2008年度"诚信托管理团队奖"：　　　　华润深国投信托有限公司

2008年度"诚信托投资回报奖"：　　　　中海信托股份有限公司

2008年度"诚信托风险控制奖"：　　　　上海国际信托有限公司

2008年度"诚信托创新领先奖"：　　　　平安信托投资有限责任公司

2008年度"诚信托品牌价值奖"：　　　　中国对外经济贸易信托有限公司

2008年度"诚信托营销服务奖"：　　　　北京国际信托有限公司

2008年度"诚信托社会责任奖"：　　　　重庆国际信托有限公司

2008年度"诚信托成长潜力奖"：　　　　大连华信信托股份有限公司

2008年度"诚信托行业新秀奖"：　　　　交银国际信托有限公司

2008年度"诚信托信托经理奖"：

北京国际信托有限公司　田耀山

安徽国元信托投资有限公司　刘斌

中海信托股份有限公司　邓举功

华润深国投信托有限公司　程红

上海国际信托有限公司　顾安

第四届上海证券报"诚信托"获奖榜单　（2010年6月3日发布 ）

2009年度"诚信托卓越公司奖"：

华润深国投信托有限公司

中海信托股份有限公司

平安信托投资有限责任公司

中诚信托有限责任公司

上海国际信托有限公司

北京国际信托有限公司

                                        华宝信托有限责任公司

                                        大连华信信托股份有限公司

                                        重庆国际信托有限公司

                                        中国对外经济贸易信托有限公司

2009年度"诚信托成长优势公司奖"：

                                        交银国际信托有限公司

                                        吉林省信托有限责任公司

第五届上海证券报"诚信托"获奖榜单（2011年6月17日发布）

2010年度"诚信托卓越公司奖"：

                                        平安信托有限责任公司

                                        上海国际信托有限公司

                                        华润深国投信托有限公司

                                        中国对外经济贸易信托有限公司

                                        华宝信托有限责任公司

                                        北京国际信托有限公司

                                        中海信托股份有限公司

                                        中诚信托有限责任公司

                                        大连华信信托股份有限公司

                                        重庆国际信托有限公司

2010年度"诚信托投资回报奖"：

                                        华润深国投信托有限公司

2010年度"诚信托创新领先奖"：

                                        国投信托有限公司

2010年度"诚信托管理团队奖"：

                                        交银国际信托有限公司

2010年度"诚信托成长优势奖"：

                                        吉林省信托有限责任公司

2010年度"诚信托行业新秀奖":

中兴业国际信托有限公司

第六届上海证券报"诚信托"获奖榜单 （2012年6月20日）

2011年度"诚信托卓越公司奖":

中信信托有限责任公司

平安信托有限责任公司

中国对外经济贸易信托有限公司

华宝信托有限责任公司

华润深国投信托有限公司

上海国际信托有限公司

北京国际信托有限公司

中海信托股份有限公司

重庆国际信托有限公司

大连华信信托股份有限公司

2011年度"诚信托投资回报奖":

北京国际信托有限公司

新华信托股份有限公司

2011年度"诚信托创新领先奖":

长安国际信托股份有限公司

2011年度"诚信托成长优势奖":

中兴业国际信托有限公司

2011年度"诚信托管理团队奖":

交银国际信托有限公司

渤海国际信托有限公司

2011年度"诚信托行业新秀奖":

四川信托有限公司

第七届上海证券报"诚信托"获奖榜单（2013年6月21日发布）

2012年度"诚信托卓越公司奖"：

平安信托有限责任公司

华润深国投信托有限公司

中信信托有限责任公司

中国对外经济贸易信托有限公司

新华信托股份有限公司

兴业国际信托有限公司

北京国际信托有限公司

长安国际信托股份有限公司

交银国际信托有限公司

中海信托股份有限公司

2012年度"诚信托投资回报奖"：

上海爱建信托有限责任公司

2012年度"诚信托管理团队奖"：

上海国际信托有限公司

重庆国际信托有限公司

2012年度"诚信托创新领先奖"：

华宝信托有限责任公司

2012年度"诚信托成长优势奖"：

四川信托有限公司

方正东亚信托有限责任公司

第八届上海证券报"诚信托"获奖榜单（2014年6月27日发布）

2013年度"诚信托卓越公司奖"：

中信信托有限责任公司

平安信托有限责任公司

中国对外经济贸易信托有限公司

上海国际信托有限公司

华润深国投信托有限公司

兴业国际信托有限公司

北京国际信托有限公司

重庆国际信托有限公司

交银国际信托有限公司

中海信托股份有限公司

2013年度"诚信托管理团队奖"：

华宝信托有限责任公司

华信信托股份有限公司

长安国际信托股份有限公司

百瑞信托有限责任公司

2013年度"诚信托投资回报奖"：

新华信托股份有限公司

上海爱建信托有限责任公司

安信信托股份有限公司

西部信托有限公司

2013年度"诚信托创新领先奖"：

中信信托有限责任公司

平安信托有限责任公司

北京国际信托有限公司

中融国际信托有限公司

2013年度"诚信托成长优势奖"：

山东省国际信托有限公司

方正东亚信托有限责任公司

中泰信托有限责任公司

陆家嘴国际信托有限公司

紫金信托有限责任公司

云淡风轻，也是情
——走过美丽财经岁月

第九届上海证券报"诚信托"获奖榜单（2015年6月17日发布）

2014年度"诚信托卓越公司奖"：

中信信托有限责任公司

平安信托有限责任公司

中融国际信托有限公司

重庆国际信托股份有限公司

华润深国投信托有限公司

上海国际信托有限公司

中诚信托有限责任公司

长安国际信托股份有限公司

兴业国际信托有限公司

北京国际信托有限公司

2014年度"诚信托管理团队奖"：

中海信托股份有限公司

交银国际信托有限公司

山东省国际信托股份有限公司

2014年度"诚信托创新领先奖"：

中信信托有限责任公司

华宝信托有限责任公司

百瑞信托有限责任公司

2014年度"诚信托投资回报奖"：

新华信托股份有限公司

四川信托有限公司

方正东亚信托有限责任公司

上海爱建信托有限责任公司

2014年度"诚信托成长优势奖"：

安信信托股份有限公司

陆家嘴国际信托有限公司

302

中泰信托有限责任公司

渤海国际信托有限公司

2014年度"诚信托财富管理品牌奖"

平安信托有限责任公司

上海国际信托有限公司

中国对外经济贸易信托有限公司

中铁信托有限责任公司

紫金信托有限责任公司

2014年度"诚信托优秀信托经理奖"：

中信信托有限责任公司　王汝鹏

华润深国投信托有限公司　刘辉

中诚信托有限责任公司　王会妙

北京国际信托有限公司　郭金龙

华融国际信托有限责任公司　刘存义

中江国际信托股份有限公司　王海萍

注：以上数据均根据公开资料整理。

后

postscript

记

出一本自己的书，是一直的心愿。

忙忙碌碌的时光，倏忽而过，这个心愿，却一直尘封在一边。

生命中的每一段开始和结束，都是最美的铭记。回首最美光阴二十载，此刻，我希望静静地坐下来，把这段岁月回忆总结，捧出一份书香，滋润瑰丽的人生。

感恩最亲近的同事们对我的呵护与关爱。二十年风雨兼程，情深深，雨蒙蒙，那么多的同事已经亲如家人，点点滴滴，给我温暖与支持。有幸这份事业一直隶属于权威的新华通讯社，有那么多的领导给予鼓励与帮助，感恩之心，鞠躬拜谢。

曾经，我们都希望守着最初的那颗心，期许此生岁月静好。如能在阅过沧桑的风烟后，还在一路风雨兼程，便是最美的修行。人生的每一次选择，没有绝对的完美。欣赏与智者同行。岁月，来日方长。

不以物喜，不以己悲。经历弥足珍贵，这些年，前后接待了来自全国各地1500

余家上市公司高管团队，大大小小，各行各业，深切地感受到公司走上市之路的不易。其中，既领略了优秀企业家的风采，赞叹企业踏实努力二十年和不断进取占领国际市场的进取精神，也目睹一大批企业的潮起潮落，不少公司最终被资本市场的大潮"浪淘尽"。

云淡风轻近午天。日子如流水一般滑过，很幸运，有那么多相识多年相互信任的上市公司和资产管理行业的朋友，有那些相知多年相互欣赏喝彩的美丽姐妹知己朋友，还有这些年彼此遥遥守望并远远鼓掌的财经媒体朋友，一路走来，一直给予认可与温暖。这本淡淡的书香，也是送给朋友们最好的注释和留言。友谊，地久天长。

在长长的岁月里，有人一直把你当作身边最美的风景。2017年这一年，注定有太多的事情发生。最为热爱的父亲于六月刚刚度过八十大寿，高大帅气的他一直是我年少时最崇拜的偶像，而我也一直是他心中不落的骄傲。淡淡的书香，作为老人家的一份生日礼物。

生命的恩赐，是一个可爱小天使的降临。风过耳，转眼他已经五岁。这个小男生，每天带给我对人生的深刻体验和感悟。正是他的笑容和欢乐时刻鼓舞着我，纵使心有千千结，瞬间展露欢颜。他的真善美，让我领悟到生命的深邃与本质，感受天地人合之浩荡。江南无所有，聊赠一枝春，抱拥生命的朝阳，唯愿送他一幅满园春色的好时光。

非常感谢，中欧国际工商学院副院长丁远教授百忙之中为本书写序。深厚睿智，幽默淡然，会计学出身的丁远教授，对中国股市有着深入分析和独到见解。对于资本市场的观点，我与丁远教授有着很多的共鸣。

心若美好，岁月自当花开。走过八千里路，见过风花雪月，而今，用心聆听花开花谢，用情感受花好月圆。吾心，充满喜悦和平和。

高山常在，碧水长流。君不见，几度夕阳红。

李　彬

二零一七年七月